U0923683

打捞中国愤青

廖保平·著

北方文艺出版社

图书在版编目（CIP）数据

打捞中国愤青 / 廖保平著 . —哈尔滨 : 北方文艺出版社，2010.9

ISBN 978-7-5317-2493-3

Ⅰ. ①打… Ⅱ. ①廖… Ⅲ. ①青年—问题—研究—中国 Ⅳ. ①D432.6

中国版本图书馆 CIP 数据核字（2010）第177451号

打捞中国愤青

作　　者 / 廖保平
责任编辑 / 陈颖杰
特约策划 / 刘杰辉　俞根勇
特约监制 / 刘杰辉
特约编辑 / 俞根勇
封面设计 / 柏拉图
出版发行 / 北方文艺出版社
地　　址 / 哈尔滨市道里区经纬二道街17号
网　　址 / http://www.bfwy.com
邮　　编 / 150020
电子信箱 / bfwy@bfwy.com
经　　销 / 新华书店
印　　刷 / 北京慧美印刷有限公司
开　　本 / 787mm×1092mm　1/16
印　　张 / 18
字　　数 / 280千字
版　　次 / 2010年11月第1版
印　　次 / 2010年11月第1次印刷
定　　价 / 32.00元
书　　号 / ISBN 978-7-5317-2493-3

* 国内第一本从理论上透彻剖析中国愤青、打捞中国愤青的个人专著；
* 国内第一本教材式的愤青读本，中国愤青脱“愤”必读物；
* 国内第一位将“愤青”这个以讹传讹的概念进行系统性正本清源的作者；
* 国内唯一一位被中国愤青撰文痛骂、批驳多达十多万字的“中国反愤斗士”。

★ **本书的新锐观点**

— 中国愤青是对盲目爱国、狂热排外、愚昧自大、鼓噪鲁莽的非理性群体的统称，其中主要指狭隘病态的民族主义者。

— 愤青破坏的热情往往大于建设的热情，当愤青得势的时候，正是全民疯狂的时候，也正是整个国家民族遭殃的时候。

— 很多愤青受过高等教育，却未必比我们楼下卖煎饼的老太太更明白事理。

— 假愤青就是揣着明白装糊涂。

— 一腔热血就像一把火一样，可以煮饭、取暖、炼钢、拒敌，但用得不好，也可以把大好的财富付之一炬。

— 把嫖妓上升到爱国，是中国愤青的专利。

— 床上的就让它回到床上，爱国的就让它回到爱国，拿上床来爱国，本身就很下三烂。

— 爱国就做强自己，因为只有自己强大了，你才能保护自己，保护你想保护的人。大多数人都能获得保护，具有自救能力，这个社会才算得上强大，一个基于强大社会的强大国家才能成为可能。

—“铁血腔”说白了就是用拳头说话，坚定地相信“社会达尔文主义”，披着文明的外衣崇拜“丛林法则”，企图通过拳头来扩张势力，抢夺利益。

— 只要有愤青的地方，就有情绪商机和爱国生意，商人瞄准了这些商机和生意，为愤青提供着种种服务，大赚而特赚。

— 愤青喜欢讳疾忌医，而且在“痛并快乐”的自我感觉良好中一条道走到黑。

— 一个民族要是种下了“打人”才能发财的思想，未必不是灌输仇恨思想，那结出的果子是很可怕的。

— 愤青始终沉浸在仇恨之中，随时需要获得贬斥别人的复仇快感。

— 阴谋论真是一种受虐的心理，别人给你送杯糖水来，就怀疑别人是不是在里面下了毒，要是倒来一杯苦涩的良药，就更有理由怀疑别人下了剧毒。

— 愤青跟“五四”青年最根本的区别在：“五四”青年是一切不愿做精神奴隶、追求民主与科学的青年人的集合。愤青是头脑简单、偏执狂热的病态民族主义青年人的集合。

— 在现代文明的清单中，无论科学、技术、制度、规则、器物，自近代以来，我想象不出我们有哪些东西不是依托于西方而是自己弄出来的。

— 极端一点讲，没有 1840 年的炮声，就没有中国近现代化的开始。

— 把“崇洋”与“媚外”两个词捆绑在一起，就像把林黛玉跟西门庆捆绑在一起，怎么看怎么让人不舒服。

— 中国人的重要价值观：人的价值在于“他者承认”，他人、外界、社会对自己的评价，才是自己的价值依据，多数中国人就是做给别人看，活给别人看。

— 中国人丢不得的东西不是文言文，不是几块裹脚布，不是冒牌的爱国，丢不得的是：别喝有毒的文化奶粉。

— 每个平凡的人都争取让自己“活得像个人样”，就是最大的爱国。

— 贪官（不管是被发现了的还是没有被发现的）是目前中国最大的卖国贼。

—“狼道主义”猖狂，人道主义湮灭，这个社会必然会变得缺乏亲情和友情，冷漠而残酷，不适合于人类居住。

— 韩寒不光是一个火种，而且是一个播撒火种的人。

— 愤青拉柏杨来撑门面完全找错了对象。好比一个求雨的人请水神共工，结果误把火神祝融请了回来。

— 把人逼成伪君子的力量远远大于宽容真小人的力量的时候，我愿意站在范美忠这只鸡蛋这边，而不是道德权威之墙那边。

— 中国人的虚荣心与“治人者”的“我能”抱团取暖，互相媾和，怪胎生生不息。

目 录

序　言

捞起“愤青”做“奋青”

一、“愤青”是一场雨

虽与廖保平缘悭一面，但读了他《打捞中国愤青》的部分书稿后，还是欣然应诺为这本书写篇序言。不仅因为愤青现象已经成为稻田蝗灾般的网络公害，不可不正视，更因为廖保平先生用来去除此害的灵丹，不是杀虫剂，而是悲悯之心。他不是要打倒愤青，而是打捞愤青。捞起愤青做奋青，是他这本书的良苦用心。

“愤青”像飘在空中的云，你抓不到它，等你抓到它时，它就不再是云，而是水滴。愤青就是极其细小的水滴聚集起来的情绪之云。它的存在靠聚集，会场、广场、战场，尤其是网络，都是它聚集与存在的方式；当年的义和团是战场愤青，一回到乡下，就成了农民；后来的红卫兵是广场愤青，一上山下乡，就变成了知青；当下以“网友”符号存在，为爱国而骂人的那些匿名者们，是网络愤青，一回到生活中，就是张三李四。在现实生活中，你很难找到愤青。当年采访愤青的《瞭望东方周刊》记者有过切身感受：

“在互联网上，愤青仿佛是一种铺天盖地的存在，可是当你拿着愤青这个词去寻找它的主人的时候，却不得不面对一种‘大象希形’的尴尬。”

“‘别人都说我也是愤青呢……’然后突然刹住话头，迟疑：‘不过……’最后是否认：‘我不是愤青。’而更多的人则明确表示了对‘愤青’一词的蔑视以及记者将其称做愤青的不理解和愤慨：‘我怎么能是愤青儿呢，愤青儿是什么东西?’仿佛记者说他犯了什么罪行一样。这是记者整个采访过程最常见的一幕。”

这说明显示存在的“愤青”不是一个真实存在的社会群体，而是一场“暴雨”，只有“下”的时候才存在，下之前或下之后，都不存在。这是一场什么“暴雨”？唾沫飞溅的情绪暴雨。由于这种暴雨通常是下在匿名网络上的，因而它的存在具有三种特性：非个体性、非真实性、非持续性。

就像一颗雨滴构不成一场暴雨一样，一个“网友”构不成骂倒一切的“愤青”。它必须滂沱而下，铺天盖地，淹没一切，这就是非个体性。它像雨做的乌云一样，是一群临时聚集的匿名乌合之众。

骂人涉嫌犯罪，诽谤罪或侮辱人格罪。既要谩骂，又不想承担罪责，所以第一必须许多人一起骂，法不责众，很难追究；第二必须手里拿着“圣旨”骂，奉旨讨伐，何罪之有？第三自然是掩藏和匿名，这就是它的非真实性。

最后，世界上没有下不完的暴雨。老子说，“飘风不终朝，骤雨不终日”，意思是雨越暴，下的时间越短，即使是泼妇，谁见过她一天到晚、一年四季骂街？谁见过永远不散的乌云？这就是愤青存在的非持续性。它的情绪集体发作像癫痫一样，是间歇性的。就这个特性来看，愤青其实就是精神癫痫症患者，在他不发作时，在他或她与其他人之间，很难做出区分。

二、内火：肝虚脾湿

问题自然是，好端端的青年为什么会感染这种精神癫痫病毒？其实，没有内邪，外邪（病毒）就难以侵入；没有内火，也不容易外感风寒。感染“愤青”病毒的青年，一般都有“内火”。这些内火有些来自成长的烦恼。这是任何人在青春期前后都有的烦恼，精力和能量突然增长了，但倾泻这种精力的泄洪口一时还找不到，于是精力过剩，心火大炽。孙猴子在花果山也曾有过这内火，他忽然获得广大神通，而且手握定海神针，但有劲没地方使，最后使到了天宫，被压到了五行山下，才精气内敛，成为圣徒，最终修得正果。因此，九九八十一难，不仅是唐僧取经的艰难历程，也是孙猴子从“齐天大圣”成长为孙行者的艰难历程。著名的反日愤青郭泉曾经对记者说：“我认为我的成长是没有教材的。我有我自己的抗战史。”他还表示，他是属于天马行空的那种性格，做事情从来不跟别人商量。不问可知，我们能从他身上看到谁的影子。这是狂傲的自大。

其实，这种自大是表面的，是肝虚；掩藏在下面的其实是自卑，是脾湿。和当了弼马温的“齐天大圣”，以及与朝廷离婚与酒私定终身的李太白一样，不少感染愤青情绪的青年，除了天生我材必有用的狂傲之外，还有怀才或怀情不遇的愤懑。这些人有的刚进入社会，有的甚至没有稳定的工作，吃了上顿，不知下顿在哪里；这个月住在这里，不知道下个月住在哪里；想爱人，但找不到爱他的人，只好爱国。

杨鹏博士有一次到“乌有之乡”网站会议室演讲，经常被打断，话说不下去，于是问台下那些不想当听众的听众们：“你们结婚了吗，或者有女朋友吗？有的请举手。”只有一两只手举起来，孤单得像鸭绒中的凤毛。“这样吧，”杨博士笑道，“等你们找到女朋友时我再来讲，今天你们互相讨论吧。”杨鹏说这个故事时解释说：“人不是天生的愤青，还没有尽过起码的人生义务的年轻人容易成为愤青。”

确实，爱不仅是一种权利，也是一种义务，没有在爱或爱过的人，不知道义务和责任为何物，就会经常处于愤青癫痫病发作状态。爱人，不仅要动口，还要动手，因为你可能要做早餐，要洗碗，要挣钱买房子，这是爱的义务；爱国呢，似乎只有权利（骂人的权利），没有义务，可以君子动口不动手，对国家的爱挂在嘴上，用谩骂他人寻求快感。这其实是一种与国家的口交，所以被称做“口水爱国主义”。本书作者就是要从口水里把愤青打捞上岸：爱国从爱人开始，而不是从骂人开始。如果爱国就是骂人的话，那中国就不再是中国，而是“骂国”。只有在爱具体的人的课堂上，才能学到责任和义务。从这个角度，我可以给愤青下一个简单定义，所谓愤青，就是对自己的行为后果不负责任的人。

因此，感染愤青病毒的人，既是逃避自由的人，也是逃避自我的人，让自我迷失在临时性群体中。所以成群结队，要动一起动，要静一起静，静如乌云，动如蝗雨。自由是与责任对称的，不负责任的人，也逃避自由。这样的人在生活中很难成功，经常失败，社交困难。由此可以引出对愤青的另一个定义：他们是还没有完成社会化的人。伴随着他们的是失败、孤独，甚至被遗弃，不待见。我的朋友许洋几年前告诉我，他曾经主持过一个网站，把评论区里风头最劲的网友请来开会，发现他们形容猥琐、言谈磕巴。可以想见，他们几乎不可能在社交场合获得成功，甚至患有社交恐惧症。这迫使他们躲进网络江湖，用谩骂的唾沫寻求最简单的认同和虚拟的成功，不需认证，就可以成为世界上数量最大、毁灭力量最强、党费（仅限于网费）最低的“政党”——“骂人党”党员。这个党的党员，可以在网络的江湖中用唾沫相互拥抱、相互取暖，但回到生活中呢，就像鱼儿上了岸，可能会更孤独、更寒冷，生活更没有着落，甚至呼吸困难。

三、外邪：怀旧排外

说了“愤青”热病的内火，现在来说说它的“外邪”。这个“外邪”就是“病态民族主义”。

国外的“愤青”很少被这种病态民族主义所侵害，原因之一可能是：在西方，走在社会前面，能力超出社会需求，渴望引导社会潮流的人们成为愤青；而在我们这里，更可能的是落在社会后面，能力或知识水平还不能满足社会需要，观念还留在过去的人们成为愤青。这是从权力社会向市场社会过渡的改革时代很容易发生的现象。由于走回旧体制的门还没有彻底关闭，走向世界的门并非对所有人开放，那些被关在市场经济和西方世界门外的年轻人成为怀旧排外的愤怒青年是可以理解的。

因此，廖保平要打捞愤青，不仅是要把他们从他们自己骂人或爱国的口水里打捞上来，更重要的是，要把他们从还浸泡着他们下半身的旧体制的残汤剩水中打捞上来。留着退路，又退不回去，人们会逃避，会愤怒；不留退路，只能前行，人们会奋发。不仅打仗要有破釜沉舟的精神，搞改革也要有这种精神。还有一点也并非不重要，官方要减少对他们的需求，不要把他们的口腔当做网上水利工程的蓄水池来使用：要灌谁就灌谁，要怎么灌就怎么灌。依我之见，对民主的需求和对愤青的需求正好成反比。投票站里的公民越多，网络上的暴民就越少。

吴稼祥

2010 年 7 月 26 日至 29 日于济南，北京

第一部分　中国愤青简史

一　什么是中国愤青

愤青在中国被叫烂了，但愤青为何物，很多人并不知道。更多的人只是对愤青进行了现象式的描绘。比如一位我查不到确切名字的网友写了一首关于愤青的打油诗，对愤青有直观可感的描述，刻画得很到位，但我们仍然很难照着这首诗去一一对应地把一个个人找出来，然后说，他就是愤青。

小粪青，封建种；后杂交，想成精。
义和团，红卫兵；一师傅，一师兄。
智商低，脑袋空；瞎咋呼，好逞能。
头愚昧，心愚忠；既盲信，又盲从。
对主子，痴痴情；奴身贱，媚骨轻。
鞭子抽，乐融融；打耳光，笑脸迎。
喜独裁，爱暴政；反民主，仇文明。
信谎言，发狗疯；乱喷粪，臭烘烘。
此孽种，害无穷；除左祸，莫放松。
粪青灭，民族盛；粪青亡，中华兴！

为了避免伤及无辜，很有必要对愤青进行相对严格的界定。不过，要给任何一个事物下定义都不是一件容易的事，何况人。任何一个人都是复杂的，十恶不赦的人也会有温情可爱的一面，给中国愤青下定义，有必要梳理一下对愤青的种种界定。

国内对愤青的定义很混乱，在百度百科里，是这样定义愤青的："愤怒青年"这个称呼早在20世纪70年代的香港已经出现，当时特指一班对社会现状不满，而急于改变现实的青年。后来，被简称为愤青，并成为中国大陆网络语言中的专有词汇，四个字的原称反而不常用了。

愤青通常是二三十岁的年轻人，接触网络者居多，很大一部分为学生，尤其是在校大学生，有强烈的狭隘民族主义思想。这是中国经济快速发展过程中，在网络时代开始后中国的一种特别的现象。愤青最初只是在网络的BBS上表达着各种不满意见的少数人群，因为网络的虚拟化和不确定化，决定了最初的愤青仅是一些发表激进文字的用户。而随着中国大陆互联网的迅速发展、人群的扩大，这一部分具有极端思维的人更容易吸引媒体和民众的目光。而其队伍逐渐壮大，思想日益复杂，并且有网络虚拟个体与现实实在个体关联的扩大化趋势。现在的愤青，已经不局限于网络之中，更多的人走向街头，表现自己的主张和情绪。

这个定义的前提是要有网络，是不是没有网络之前，就没有愤青呢？显然不是，网络之前，也会有"愤怒的青年"。春秋战国时期的孔夫子，主张仁爱，照说是很平和的，也曾经是一个"愤怒青年"，当他看到"八佾舞于庭"时，怒不可遏地说："是可忍，孰不可忍！"（出自《论语·八佾》）八佾是天子之礼，你们诸侯目无法纪朝纲，居然拿来自己用，能不怒乎？

不过，这个定义里提到的"愤怒青年"，可能是源于1973年香港邵氏电影公司出品的影片《愤怒青年》。这部影片记述了一群不满社会现状而急于改变现实的青年。一般地认为，现在国内的"愤青"一词是由香港传入，时间大概在20世纪80年代。

我认为这是合乎事实的，中国大陆从1978年开始实行改革开放，国门再次洞开，各种新思想新思潮涌入。当年很多新思想新思潮都是从港台涌入的，这不仅因地缘的关系，也因香港台湾与我们一衣带水，同根同族，容易接受，在大部分人还没有走出国门之时，通过港台了解世界，是最好的渠道。相信就在邓丽君、"四大天王"的港台流行歌曲席卷大陆的80年代，"愤怒青年"这个概念也随之引入。

缥缈在其著作《愤青史记》中对愤青也有一个定义："义士者，胸中无私愤，惟深明大义者也；愤青者，不明大义，惟胸中有愤必泄之而后快者也。"（《愤青史记》中国友谊出版公司　2006年10月）

我觉得这个定义也不太准确，一个人愤不愤跟是否明大义恐怕没有必然的联系。任何一个人都希望胸中有愤而必泄之而后快，这叫"有屁就放，有气就出"，老是憋在肚子里，有伤身子。只不过各人泄愤的途径方法不同，有的人像张献忠杀人泄愤，有的人如司马迁著书发愤。

缥缈的定义跟百度百科的定义大同小异，基本上是从字面上去理解，如果单从字面上理解，愤青就是"愤怒的青年"。这是一个广义的愤青概念，古今中外皆然，"仅仅只是愤怒，狗也会！"何况人。

维基百科对愤青的解释，指20世纪60年代，西方国家中不满传统社会价值的叛逆青年。比如1968年法国五月风暴中，反对法国当局教育和劳工政策的巴黎学生，被视为青年人有理想、有行动，敢于反抗社会不公的代表。这个定义应该是比较接近愤青本质的定义。

在国内，最早用较大篇幅来探讨愤青的主流媒体是《瞭望东方周刊》。2005年11月《瞭望东方周刊》做了一个“中国愤青们的真实生活”专题，认为：“愤青一词本源自西方，它的产生带有鲜明的时代色彩。20世纪六七十年代，伴随着欧美左翼思潮的兴起，西方媒体渐渐开始用愤青这个词来指谓那些主张颠覆传统社会价值的叛逆青年。在美国的代表便是60年代的嬉皮士。”

我个人认为，这个定义是最接近愤青本质的定义。所谓嬉皮士，是指西方国家20世纪60年代和70年代反抗习俗和当时政治的年轻人。嬉皮士这个名称是通过《旧金山纪事》的记者赫柏·凯恩普及的。嬉皮士运动不是一个统一的文化运动，它没有宣言或领导人物。嬉皮士用公社式和流浪的生活方式来反映出他们对民族主义和越南战争的反对。他们提倡非传统的宗教文化，批评西方国家中层阶级的价值观。他们批评政府对公民的权益的限制、大公司的贪婪、传统道德的狭窄和战争的无人道性。

以嬉皮士为代表的西方愤青是总体偏向进步的社会力量，他们反对民族主义，高扬人道主义；反对战争，渴望和平；批评政府，争取人权，呼唤自由，反思主流。现在看来，这些丝毫也没有过时，仍然发散着迷人的光辉。他们可能有一些为人诟病的生活方式，但这并不能抹杀他们的价值。

只是，愤青，一个即便不算正面也算中性的词舶到中国来以后，就像“南橘北枳”一样，完全变了味，已经演变成了一个贬义词。人们一说到愤青，就想到那些没头没脑、整天反美反日、永远没有长大的情绪动物。据说，中国最初很有一些具备独立人格和自由思想的知识精英都很喜欢以愤青为标榜，并以当愤青为荣。罗永浩先生就自认是一个“老愤青”，鄢烈山先生也曾自称“资深愤青”，梁晓声公开宣布自己是一个愤青。这是基于对愤青的原本意义的理解，可是后来，我发现他们越来越讨厌愤青这个词，害怕这个词如同污水泼向自己一样躲得远远的。概因此“愤青”非彼“愤青”，中国式的愤青已经不是自己所追求的而是自己讨厌的东西。

“‘愤青’完全成为一个负面词汇了。比较愤青与俄国社会末叶的‘多余的人’，或欧美社会的‘垮掉的一代’，我们可以看出，多余的人、垮掉的一代都在人格精神和实践上大大丰富了他们的社会。愤青本来也是有强烈的社会意识、坚定表达并自我成全的人，却在我们的社会里最终成了一种创造性为零为负数的姿态。

这确实是一个无法忽视的现实。我们总有把美好事物变成污秽不堪的本事。国际上好的惯例一接轨到我们这里就全然变了，把独立董事接轨过来，独立董事就同流合污地买办化；把油价市场化办法接轨过来，变成了盘剥的大好机会；把公车改革接轨过来，成了不法者谋取福利的好借口；把愤青引进来，“却在我们的社会里最终成了一种创造性为零为负数的姿态”。

既然舶来的愤青早已面目全非，既然我们这里普遍贬义了的愤青已非西方原本意义的愤青，很必要搞清楚中国愤青是什么样的一群人，对这群人重新进行定义。否则，西方的愤青还真的不愿意与中国所谓的冒牌愤青为伍，定义不明的国内青年也容易互相掐架。

基于对西方愤青的探本求源和对中国愤青的种种表现的观察，在此，我给中国愤青下的定义是：中国愤青是国内盲目爱国、狂热排外、愚昧自大、鼓噪鲁莽的非理性群体的统称。其中主要指狭隘病态的民族主义者，又以青年人为主，依据年龄不同，有愤青、愤中、愤老之分。

显然，这不是一个广义的愤青定义，而是一个狭义的中国愤青定义，十分明确地指向一部分人，以避免“滥杀无辜”。从这个定义基本上可以看出中国愤青有四个最基本的特征：一是爱国但很盲目，不懂得什么是真爱国；二是排外且很狂热，尤其是仇日仇美；三是自大皆因愚昧，这是愤青之为愤青的根源；四是鼓噪而多鲁莽，显示出强烈的非理性特征。

在这样一个基本定义之下，我们再来谈中国愤青，就有指向性和针对性了，不然就会陷入到定义混乱的无谓之争中。就像有些愤青将我反唇相讥为愤青，这是莫须有的。

我认为，这个“中国愤青”的概念不同于西方的、本源的愤青的定义，主要表现在这几个方面：

其一，西方愤青（本源意义上的愤青，或者说真正的愤青）高扬人道主义，摒弃狭隘民族主义，中国愤青与之相反，钟爱民族主义，无视人道主义；西方愤青对国家的爱基于人性、真理、正义之上，中国愤青对国家的爱凌驾于人性、真理、正义之上；西方愤青是真爱国，中国愤青常常假爱国，乃至误国。

其二，西方愤青反对战争，渴望和平，哪怕是本国侵略别国的战争（如越战）也为他们所反对，中国愤青则渴望有机会反攻列强，称霸世界。

其三，西方愤青是“向内用力”，中国愤青是“向外用力”；西方愤青对国内社会不满，中国愤青对国际社会不满。

其四，西方愤青关心与他们切身利益相关的人权、自由、平等等问题，身体力行地去争取；中国愤青崇尚空谈、口水主义，关心大而空的利益。

其五，西方愤青寻找或者揭示社会问题的根源，探求解决问题的根本办法；中国愤青既看不到社会问题的深刻症结所在，也提不出有价值的改进建议。

其六，西方愤青对既有传统和政治抱质疑和批判的态度，中国愤青随波逐流，缺少怀疑和批判精神。

其七，西方愤青虽然也有情绪，会愤怒，会冲动，但具有独立的理性意识（这是认识揭示社会问题根源的前提），中国愤青是被情绪左右的非理性者，他们鲁莽鼓噪，行为偏激。

在解释“中国愤青”概念时，我要补充说明两点：一、无论是西方还是中国，愤青是有坚定的价值立场的，比如西方愤青坚定地批判国内政府，中国愤青坚定地反美反日等。一个人偶尔的愤怒不算愤青，一个愤青的偶尔理性也不能说他就不是愤青，愤青有自己的理想和信念，会对政治话题持有“主见”，一谈到那些背离其立场信念的话题，就能表现出愤怒，久而久之，就形成愤怒的条件反射。

二、中国也有西方原本意义上的愤青存在，像戊戌六君子、孙中山、鲁迅等都是西方意义的愤青，只可惜，这样的西式愤青越来越成为稀有物。目前，占主流的是“没头脑和不高兴”的中国式愤青。在这本书里，如果没有特别的说明、批判或打捞的，都是中国式愤青。

愤青有大佬级的，也有小喽啰，愤青大佬有时能影响决策，愤青喽啰是一些跑龙套的小鬼。这些小鬼在网络上常常被称为“粪青”、“粪粪”、“FQ”、“小左”、“左左”等。

如果要形象一点讲，我给中国愤青做了一个类比，叫“当代义和团”、“民族自恋狂”。一方面，他们把国家、民族、政府、政党等概念混作一团，因此他们的关于爱国的“主义”和爱国的“行为”也让人哭笑不得；另一方面，他们只觉得自己的国家民族是世界上最好的，泱泱大国、唯我独尊。说起西方，那都是夷狄，既不拿正眼瞧人家，还要极力排斥。看到有人批评了中国的坏处，或者讲了日本的好话、美国的好话……就要扣帽子，最经典也最恶心的几顶帽子是：“汉奸”、“走狗”、“卖国贼”、“二毛”、“假洋鬼子”。

培根在《论称赞》中讲道：“最廉价的品德最容易受到称颂；稍高一点的德行也能引致庸众的惊叹；但正是对于那种最为上乘的伟德，庸众却是最缺乏识别力的。”如果将培根的话倒过来推演，是不是可以反思：被称赞得最多的最泛的美德会不会是最廉价的品德呢？果真如此，在愤青眼里最值得称赞的一些德行（如爱国排外）就不一定是高层次的德行。理由是愤青连最基本的政治常识都不具备，无法探明社会问题的根源，脑子被信息屏蔽，缺少怀疑精神，被简单的情绪左右，因此，“最缺乏识别力”，故而他们称赞或践行的德行（如爱国排外）是最廉价的。

在网络上，愤青有很多称谓：白痴、弱智、愚民、暴民、无知、无耻、无畏、小屁孩、意淫癖、爱国贼、社会下层、网络流氓、投机作秀分子。说他们是投机作秀分子，那是因为他们特别懂得采用什么样的爱国举动，然后配合出什么样的爱国举动，分寸把握得很清楚。说他们是网络流氓，那是因为他们人肉出他们认为是汉奸的人，到别人家里去泼粪、打砸，进行人身攻击。说他们是爱国贼，那是因为他们会假爱国之名行误国之事。说他们是意淫癖，是因为他们经常是“口号爱国者”。说他们是小屁孩，是因为他们未经世事，还没有在社会上碰壁吃苦……

中国愤青身上愚蠢可笑的言行有着深层复杂的原因，本书在下面章节将逐一解释。

二　愤青的前世今生

在《什么是中国愤青》里，我给中国愤青下了这样的定义：盲目爱国、狂热排外、愚昧自大、鼓噪鲁莽的非理性群体的统称。这个定义之所以特别强调“盲目爱国、狂热排外”这一狭隘民族主义气质特征，一是要准确定义愤青，这是狭义的愤青，避免“打击面过大”；二是强调我这里讲的愤青并不是从盘古开天地以来就存在，而是近代随着民族国家的形成和民族危机爆发，中国社会发生前所未有的深刻变化，而涌现的思潮与群体。

确切地说，狭义的中国愤青是有了国家概念以后“诞生”的，只是那个时候还没有如此命名罢了。而这一切，都是中国与西方列强，中华民族与西方民族，东方文明与西方文明发生了冲突之后才被摆上桌面的事。倘若泛泛而谈“愤怒的青年”就没有多说的必要，人人皆可成“愤怒的青年”，不一定要抬到“爱国排外”的高度来谈。

在近代以前，中国只有“天下”的概念，没有“国家”的概念，就像梁启超说的：中国人只知有朝廷，不知有国家。“且我中国畴昔，岂尝有国家哉？不过有朝廷耳！我黄帝子孙，聚族而居，立于此地球之上者既数千年，而问其国之为何名，则无有也。夫所谓唐、虞、夏、商、周、秦、汉、魏、晋、宋、齐、梁、陈、隋、唐、宋、元、明、清者，则皆朝名耳。朝也者，一家之私产也。国也者，人民之公产也。”（《少年中国说》）

关于国及爱国，梁启超说，“中国自古一统，环列皆小蛮夷，无有文物，无有政体，不成其为国，吾民亦不以平等之国视之。故吾国数千年来，常处于独立之势，吾民之称禹域也，谓之为天下，而不谓之为国。既无国矣，何爱之可云？”（《新民说》）

中国人在近代以前没有国家概念，是因为历朝历代都遵循着“普天之下，莫非王土，率土之滨，莫非王臣”的硬道理，天下是某姓某氏的“私家财产”，百姓只是他家的奴才。理所当然，治理天下，那是“肉食者谋之”的事，国家治理不好，亡国了，关老百姓何事？无怪乎顾炎武认为，亡国与亡天下大有区别：有亡国有亡天下，亡国与亡天下奚辨？曰：易姓改号谓之亡国，仁义充塞而至于率兽食人，人将相食，谓之亡天下……保国者，其君其臣，肉食者谋之；保天下者，匹夫之贱，与有责焉而矣！（顾炎武《日知录》卷十三“正始”条）

不知是确实无知，还是被迫“选择性接受”，身在网络时代的愤青对“国”和“天下”的理解还不如明末清初的顾炎武。他们张口就来的“天下兴亡，匹夫有责”中的“天下”，很多时候是指“国”，需要肉食者谋之，而不需要他们瞎操心的。也就难怪林语堂要感叹：中国就有这么一群奇怪的人，本身是最底阶层，利益每天都在被损害，却具有统治阶级的意识，在动物世界里找这么弱智的东西都几乎不可能。（林语堂《一夕语》）

五四启蒙运动的旗手陈独秀也是在很晚才懂得“国家”这个概念的。陈独秀曾在 1904 年《说国家》一文中回忆说：“我十年以前，在家里读书的时候，天天只知道吃饭睡觉。就是发奋有为，也不过是念念文章，想骗几层功名，光耀门楣罢了，哪知道国家是个什么东西，和我有什么关系呢？到了甲午年，才听见人说有个什么日本国，把我们中国打败了。到了庚子年，又听什么英国、俄国、法国、德国、意国、美国、奥国、日本八国的联合军，把中国打败了。此时我才晓得，世界上的人，原来是分做一国一国的，此疆彼界，各不相下。我们中国，也是世界万国中之一国，我也是中国之一人。我生长到二十多岁，才知道有个国家，才知道国家乃是全国人的大家，才知道人人有应当尽力于这大家的大义。”文化巨人尚且如此孤陋寡闻，更不要说普通老百姓，老百姓没有国家观念，何来爱国情感？没有爱国情感，何来爱国热情、狂热排外？

不要说排外，就是外国人打进来，他们也有理由作壁上观。麦天枢、王先明在《昨天——中英鸦片战争纪实》（中央编译出版社 1996 年版）里讲道：如果以为沿海和长江的炮声与白旗，已经在国民中掀起了多么巨大的精神波澜和情绪风涛，那便是属于今人想当然的自作多情。事实上，英国殖民者也发现了这一点。1841 年的鸦片战争中，英国舰队突破虎门要塞，沿江北上开向乌涌的时候，江两岸聚集了数以万计的当地居民，平静地观看着自己的朝廷与外夷的战事，好似在观看两个不相干的人争斗。

有人拿三元里人民抗英来反证人民有爱国之情，孰不知三元里人民抗英，是因为自己的祖坟被英夷挖了，母亲妻女被英国人强奸了，才奋起反抗，有人认为这种反抗是基于一个民族的伦理自觉与伦理本能。本能的反抗被视为为国抗英，“家仇”被夸大成“国恨”，显然有失依据。

天下是某个利益群团的天下，而且对自己还不仁不义，“宁赠友邦，不与家奴”，老百姓凭什么会有国家概念？凭什么站出来对外国愤怒？人家洋人要你西太后下台，你不肯下台又不敢得罪洋人，想出个“量中华之物力，结与国之欢心”，那你就结去呗。总之，事不关己，高高挂起，你走你的独木桥，我走我的阳关道。

可能有人会说，古代没有国家概念，可古代不缺少爱国的仁人志士啊？古代是有仁人志士，其实呢，只是把忠君当做爱国而已，忠君等于爱国，不忠君就等于叛国。像岳飞这样“精忠报国”的志士，他忠的是赵家，报的也是赵家；袁崇焕被认为不忠君，所以也就不爱国，要被人肉分食。

近代，当中国人发现这个世界上不光只有我天朝，以及向我天朝进贡的夷狄，还有不同的国家、不同的民族，中国只是万国之一。这是一个爆炸性的知识。对于普通民众来说，“万国”应该让自己有了更多的关于本国政府、政治、社会、经济、生活的参照对象，或许多了一个“适彼乐土”的去处。

不幸的是，近代，中国国家民族的觉醒，是靠西方外来民族的坚船利炮轰醒的，是被动式的“惊醒”。在战争与屈辱的阴影下，中国形成了猜疑、排外和被动反应式民族主义，“弱小和缺乏安全感的民族倾向对外来的、陌生的东西充满猜疑，认为所有外来势力都包藏着威胁本族利益的祸心。这些民族既怀疑外部势力的动机，又害怕遭到外部势力的侵犯，最终往往把自己孤立起来，一心追求自给自足。弱小民族的脆弱无助感使他们对外来压力与凌辱异常敏感，尽管有些压力和凌辱只存在于他们的想象之中”。（王绍光《民族主义与民主》）

被动反应式民族主义让中国愤青对外来压力与凌辱异常敏感。这也就助长了愤青的盲目爱国与狂热排外。这一先天性的症状一直延续至今，仍然能从现在的愤青身上看得十分清楚。

中国愤青什么时候登上中国的历史舞台，以我的学识很难从源考证。不过，我认为最早应该是从晚清教案（或称反洋教斗争）算起。据赵树好在《晚清教案发展阶段新探》一文中考证，最早的教案是开始于1842年的北京教案，这或可作为源起。赵先生说，“鸦片战后的不平等条约改变了传教士的地位，使其从受压制者一跃而变为特权阶层；也在一定程度上改变了中国教民（特别是广州、福州、厦门、宁波、上海五口地区的教民）的地位。此后，一些教士和教民违背条约，无视地方官的权威，横行霸道，引起了中国官绅们的反对；加上清朝君臣对基督教的忌恨，也时而打击教民，因而开始出现教案。”

在我看来，教案发生的主要原因不应该是教士和教民多么横行霸道，而是因为鸦片战争中国战败，中国愤青出于民族情感而采取的排外主义。与中国传统文化有明显差异的基督教神学文化首当其冲，成为忌恨攻击的对象，具化起来就是打击教士和教民，本质上是愚昧自大、爱国排外。

中国愤青第一次集中闪亮登场，是在戊戌变法时期。戊戌变法是以康有为为首的改良主义者通过光绪皇帝所进行的资产阶级政治改革，主张学习西方，提倡科学文化，改革政治、教育制度，发展农工商等，试图在政治上建立资产阶级君主立宪制，在经济上发展民族资本主义。这本是符合历史发展趋势的，却遭到思想极端守旧、抗拒一切新生事物的封建顽固派的反对，他们表现出了盲目爱国、狂热排外、愚昧自大的愤青特点，说“天不变道亦不变”、“老祖宗之法不能变”、“君权天授，不可动”，极力打压维新派。

最后，戊戌六君子被真正的“卖国贼”慈禧太后污蔑为崇洋媚外的“汉奸卖国贼”，押到菜市口砍头示众。愤青们对变法的怨恨都化作刑场上的拍手称快，大骂六君子是勾结洋人颠覆中国的汉奸。维持了103天的变法被扼杀了。

中国愤青真正扬名天下，是以义和团身份登台亮相。他们扛着“扶清灭洋”的大旗，登坛作法，口念诅符，扒铁路，烧教堂，但凡有点近代科技含量的东西都成了捣毁的目标。他们杀洋人杀得起劲，连老人、妇女、儿童也不放过。变法图强的维新志士被视为“汉奸卖国贼”，理所当然地成了屠杀目标。后来凡跟“洋人”相关的二毛子、三毛子也统统砍掉，连使用洋货的中国平民也不放过。时人记载说：“若纸烟，若小眼镜，甚至洋伞、洋袜，用者辄置极刑。曾有学生六人仓皇避乱，因身边随带铅笔一支、洋纸一张，途遇团匪搜出，乱刀并下，皆死非命。罗稷臣星使之弟熙禄，自河南赴津，有洋书两箱，不忍割爱，途次被匪系于树下，过者辄斫，匪刀极钝，宛转不死，仰天大号，顾以为乐。一仆自言相从多年，主人并非二毛，亦为所杀，独一马夫幸免。其痛恨洋物如此。”（见《西巡回銮始末》，佚名《天津一月记》，载《义和团》第2册，第146页）

王树增在《1901年》里也提到：“义和团们砸了所有带‘洋’字的东西，……还通告所有的居民，‘各家不准存留外国洋货，无论巨细，一概砸抛，如有违抗存留，一经搜出，将房烧毁，将人杀戮，与二毛子一样治罪’。义和团们还宣布白色、灰色都是洋人的颜色，所有在街上看见穿这种颜色衣服的人，一律斩杀。一家有火柴一枚，而一家八口，一律砍死刀下。”

据说，义和团只杀了几千外国人，但屠杀的中国教民却高达五十多万！可惜“刀枪不入”的灵符敌不过洋人的真枪实弹，愤青们的愚昧丢了人现了眼还献了命。更可叹的是，这批愤青终究逃不过被当局利用之后，又遭清洗的命运，一腔爱国之情全做了炮灰。

进入新时期，随着中国国力不断增强，愤青们发现“中国可以说不”了，可以“不高兴”了，盲目仇外的情绪又高涨起来。1996年《中国可以说不》横空出世，一书难求，印证着民族情绪高涨。1999年北约轰炸中国驻南联盟大使馆，2001年中美南海撞机，愤青群情激愤，以排美为己任，在排美的同时，也把西方的民主、自由、人权一并排斥在外。那些敢跟美国作对的人物，米洛舍维奇、萨达姆、金正日等都成了他们心中的英雄。

最近两年，随着中国的经济总量进入世界前三甲，胸肌和肱二头肌发达起来了，愤青的活动更为频繁了。他们内外呼应，范围不断扩大，一会儿反法，一会儿排美，一会儿打砸日货，一会儿封堵家乐福……忙得不亦乐乎，猜疑、排外和被动反应式民族主义越来越向优越、骄横和侵略性民族主义转变。

回顾愤青的光辉历程不难发现，愤青不仅排斥西方先进文明，而且对本民族的传统文明也是一次次痛痛快快的打砸捣毁。愤青破坏的热情往往大于建设的热情，当愤青得势的时候，正是全民疯狂的时候，也正是整个国家民族遭殃的时候。

三　愤青是病态民族主义下的蛋

每个人都归属于一个民族，民族是每个人与生俱来的“胎记”。流淌着一个民族的血液，就会对这个民族有千丝万缕的感情，有强烈的认同感和亲附感。这一天然的感情既能把一个民族的成员凝结起来，又能把这个民族的成员与其他民族区隔开来，民族情感具有两面性。

德国纳粹对日耳曼民族有非常强烈的认同感，觉得它是世界上最最优秀的民族。这有助于本民族的团结合作，迅速崛起，成为世界强国。可一旦民族情感变成强大的排他性的情感，就麻烦了。当排他性演变成极端民族主义，就会变成一种灾难。当日耳曼人将《我的奋斗》奉为圣经的那一刻起，整个民族的厄运已经悄然降临。有统计说，两次世界大战共有上千万日耳曼人死亡，而整个世界死亡人数过亿。这不仅是一个民族的灾难，更是全世界人民的灾难，灾难的根源就在民族主义的热血升腾。

可见，民族主义集优与劣、进步与反动、健康与病态于一身，既非天然的健儿，也非天生的洪水猛兽。阅读关于民族主义的著作，发现世界上对民族主义的定义众说纷纭，有以好坏来区别的，有以东西方来划分的，有以种族和文明来定义的，林林总总。我比较赞同胡适先生对民族主义的界定，胡适先生说：“民族主义有三个方面：最浅的是排外；其次是拥护本国固有的文化；最高又最艰难的是努力建设一个民族的国家。因为最后一步是最艰难的，所以一切民族主义运动往往最先走上前面的两步。”（胡适《再谈“五四运动”》）

依据胡适的划分，则中国民族主义至少有三种人群。第一种就是典型的狭隘民族主义，我称其为病态民族主义。以愤青为主流，狂热排外，认为外国人非我族类，其心必异，更何况洋人曾经欺负过我们，因此，逢“西”必反，凡洋人赞成的，我们坚决反对，凡洋人反对的，我们坚决支持。第二种是文化民族主义，认为中华文化是最先进的文化，世界要靠中华文化来拯救。他们捧着国学、国粹的小脚吻了又吻，迷恋不已。这些人主要是新左派和新儒家。第三种是真正的民族主义，可以视为制度民族主义，认为中国的出路在于制度的改进，在于民主自由，寻求“制度救国”，这些人可以称为自由派民族主义。

三种民族主义都标榜爱国，但爱国的方式迥异。病态民族主义盲目爱国，狂热排外，民族优越感至上，将爱国与仇洋画等号，充满偏执，一强大就不可一世。文化民族主义迷恋于本民族的文化，缺乏自省，指责西方文化有问题，不承认自己文化有什么问题，主张用中国的文化来“拯救”世界。制度民族主义对本民族有很强的认同感，同时又对本民族的劣根性保持警惕，对本民族优劣与是非、功过与成败有清醒的认识和批判，对本民族的发展有真知灼见。

随着中国经济日益强大，中国的民族主义思潮正以一种非常强大的力量在复兴。自20世纪90年代中期以来，每次中国与其他国家的摩擦，都会激起中国民族主义的愤慨和抗议。正如胡适所说，最高的民族主义最艰难，中国的民族主义往往表现为最浅最狭隘最病态的民族主义，主导人群就是盲目爱国、狂热排外的愤青。

民族主义本来是对自己的国家、民族、家园、亲人十分真挚而美好的情感，但是，在愤青的手里，早就贬值了，肮脏了，面目全非了。有愤青居然在网上给中央军委写信，称中国需要战争。把自己的民族往火坑里推算什么美好情感？民族主义本来是最有人性、最懂人性的，但是，在愤青的眼里，只剩下兽性了，按照丛林法则来处理一切，对弱者缺乏同情——你之所以混成这样，是因为你无能、下贱，不是别的原因。民族主义本来是深刻的、博大的，但是在愤青脑子里，变成了肤浅的、病态的东西。他们认为中国潜伏着不出头啥事也干不成，于是到处挥舞拳头。

粗暴的理解只能造成粗暴的结果，民族主义中好的东西没有被发挥出来，坏的东西却被表现得淋漓尽致。中国许多“智识”阶层对中国民族主义卷土重来深感忧虑，正是基于此。

中国病态民族主义势力抬头，除了自身经济发展，需要重新确立自己有国际社会的话语权；除了因过去屈辱的历史带来的仇恨心理，准备随时报复；西方国家对待中国民族主义的态度也很重要，如果一味地打压，会适得其反。

熊培云先生在一篇文章中有一个观点，认为德国纳粹是“一战”战胜国亲手制造的祸患。他们对德国崛起的恐惧导致他们对德国的过度惩罚，使得德国的民族主义情绪裂变为仇恨和报复，这正是酿造希特勒主义的最好酵母。（2008年5月《南风窗》）我不能完全赞同这个观点，这可能会为希特勒独裁推卸责任，但外部挤压而激起民族情绪是很自然的。显然，这种情况是今日中国以及所有外国都不愿意看到的。如果“西方世界”继续将中国设为假想之敌，鼓吹“中国威胁论”，势必会激起国内极端民族主义的高涨，同时也为那些反对开放、想开历史倒车的人提供支持。

这并非夸大其词，“好孩子是表扬出来的”，一个本质上并不坏的孩子，缺少正确的引导与说服，过度惩罚只会造成逆反心理。

新文化运动高扬“德先生和赛先生”，本来是亲西方国家政治物质文明，欲建立“西洋式之新国家”。陈独秀说：“欲建设西洋式之新国家，组织西洋式之新社会，以求适合今世之生存，则根本问题，不可不首先输入西洋式国家之基础，所谓平等人权之新信仰，对于与此新社会新国家新信仰不可相容的孔教，不可不有彻底之觉悟。”

然而，我们不要忘了，五四运动的爆发，恰恰是中国人欲学习和模仿的西方国家在巴黎和会上伤害了他们。当时法国驻华外交官佩斯曾向法国外交部总秘书致信：“应把中国牵进西方列强的轨道和家庭，由此导致伟大的共通性国际政治了解。如果我们使中国失望，对西方来讲，后果将是极为严重和无可挽救的，而只会使俄国人因此获益。”1920 年 4 月 21 日，佩斯在给巴黎朋友的信中说：“巴黎和会对中国的侮辱是无以复加的。我为可怜的、不快乐的中国所担心的一切终于发生了。不出十年，我们就会感到这些后果的撞击，确使中国在将来能亲向西方的好机会就此丧失，只有苏俄会从这一切马上赚取好处。事情发展至此，实要归咎于英国政策短视的愚昧，克里孟梭对亚洲的无知和威尔逊精神的崩溃。”史实证明，佩斯的预言惊人地命中。（凌沧洲《检讨“五四”西化的歧途》）

西方国家假想中国有很强大的反西方势力，或许会加剧西方对中国的偏见，同时也为国内某些人提供了绝好的机会。你不是怕我们搞当代义和团吗？那你就别老批评我们人权如何如何，内政如何如何，要不，小心我“放狗咬人”。这一里一外相结合，岂有不助长愤青的气焰？

这样看会发现，病态民族主义热血升腾缺少不了政治的思想发酵或动员，少不了别有用心的政客上下其手。希特勒想要控制国家，想要发动战争，就把日耳曼民族鼓吹成优等民族，把犹太人贬为劣等民族，发酵出一套狭隘民族理论，然后鼓动仇外情绪，将战火燃遍整个欧洲，最终将整个民族拖进灾难。此时，民族主义变成了政客维护自身利益，侵略他国的最好借口和工具。

而被利用的病态民族主义却有一万个理由相信他们的暴行是正义的，犹如当年纳粹德国党卫军把犹太人赶尽杀绝的时候，他们可以自豪地说，我是一个坚定的民族主义者，我的行为是合理正义的。他们把自己当成了民族英雄，而不是刽子手。同样地，当中国愤青被利用，并施行打砸封堵的行为之时，他们也会不以为意地说，我是炎黄子孙，我是华夏儿女，我深深爱着我的国家，我的所作所为都是爱国行为，是合理正义的。

愤青是病态民族主义下的蛋。当病态的民族主义思潮泛滥的时候，我们不妨发出这样的质疑，病态民族主义是不是成了维系人心的最后一根救命稻草？

“参差多态是幸福的本源”，这个世界上有不同的民族，就会有民族文化差异。差异恰恰是交往的前提，是互补的需要。然而，病态民族主义不仅排斥差异，而且还要取消差异，因为他只认为自己是最优秀的，别的民族的文化不值一提，也不值得存在。当他们要按照自己的理想去创造人间天堂时，也正为别人制造着人间地狱。

社会学家李银河说得好：“如果只鼓动民族主义，不鼓动民主主义，那就只能达到义和团的水平。民族主义是一个族群的价值；民主主义是普适价值。尤其在我们这样一个缺乏民主传统的国家，目前知识分子和爱国志士的主要责任是推动中国的民主进程，而不是煽动民族主义情绪。”消解病态民族主义的恶，让世界各民族和谐共处，必须用一种公认的价值来维系，达到求同存异、共同发展。这公认的价值就是民主主义。如果说“民族主义具有排他性，而民主必须有包容性”，那么用包容性来安放排他性是可取的。这并非说一下子建立“世界主义的民主”，而是在民主的普适价值指引下，好比在专制统治下，民族与民族之间可以增加和解与合作，减少对抗与冲突，像欧盟的国际民主形式就是一个良好的开端。

中国应提倡民主主义，而不是鼓动民族主义，还因为中国是一个多民族国家，不像日本、韩国那样是一个国家与民族高度重合的社会。中国有56个民族，各个民族有不同的文化背景，我们如果鼓动民族主义，那就要问，这民族主义是汉民族的民族主义，还是满民族的民族主义呢？那些提倡汉服的愤青是汉民族主义，未必就会得到满族的赞同。中国要创建具有高度凝聚力的政治共同体，民主主义是个好平台，因为民主最可贵的精神是平等，做到求同存异，不会像病态民族主义那样具有强烈的排他性。

中国的当务之急，不是发酵病态民族主义、鼓动排外情绪，让中国在对抗中孤立于世界，甚至陷入灾难之中，而是推动中国的民主进程，回归世界文明主流，在世界民族之林求同存异，合作共赢。

四 愤青是一群不明真相的群众

为什么说愤青不明真相

社会上有一句话——“不明真相的群众”。其实，愤青也是一群不明真相的群众。

为什么说愤青是一群不明真相的群众？这不是因为愤青掌握的信息太少，而是掌握信息的角度太少。如果只有一个信息的角度，那么这个角度的信息越多，说不准不是让人越明白真相，而是让人更加固执己见，认为自己掌握的就是真相，就是真理。用国学大师钱锺书的话说：“从前的愚民政策是不许人民受教育，现代愚民政策是只许人民受某一种教育。不受教育的人，因为不识字，上人的当，受教育的人，因为识了字，上印刷品的当。”（钱锺书《围城》，人民文学出版社，2003 年 12 月）“不怕不识货，就怕货比货”，要是一个人掌握信息的角度足够多，而且每个角度的信息量也足够多，他就可以进行信息的比较辨别，用自己的思考去找寻真相，也就不会迷失，也就不会成为不明真相的群众。

愤青从小到大都在苦读，“两耳不闻窗外事，一心只读圣贤书”，为的是考学而“填鸭”。这个比喻不仅是形象的，也是真实的，就好比养鸭专业户为了尽快获利而拿专门的饲料填鸭一样。当一个人只吃一种食物，并且还吃上了瘾，他就不想去接触别的食物，不会懂得别的食物有什么味，说不准还觉得别的食物是有毒的，万万不能碰。这就是一个信息自我封闭的过程。人的胃具有很强的偏向性，所以有的国人出到外国，什么都不爱国了，就只剩下一个“爱国胃”。思想也是如此，强烈的偏向性，必然导致视野的闭塞、思考的停顿、真相的蒙蔽。

看起来，很多愤青接受过高等教育，但细想起来，是缺乏独立思维并机械性地接受了高等教育。尽管他们接受过高等教育，却不懂得举一反三，未必比我们楼下卖煎饼的老太太更明白事理。本来是要培养“对社会有用的人”，结果出来之后，变成了对社会无用甚至有害的人。

一群被填了鸭的愤青，加之“未经风雨，未见世面”，对社会一知半解，对政治一知半解，对外在的世界一知半解，甚至对自己也一知半解，很容易不明真相。

愤青需要接受社会的再教育，在社会里多碰一些壁，会加快成长的步伐。当有一天，他因为自己的事情投诉无路、上访无门、求救无助、喊天无应时，或许就会变成明白真相的人。当然，也有一些愤中、愤老，别看年纪一大把，仍然处在一知半解的状态。更为可悲的是，即便是受到了社会的再教育，也仍然没有活明白，这样的愤青只能让人无奈地摇头。

具有诗人气质的摇滚歌手崔健也许对此特别有领悟，他在《一块红布》里唱出的每一句歌词，在我看来都是那么的触耳惊心，让我知道，一个人被蒙住双眼，不明真相，真的也会“看见幸福”、“感觉舒服”。

一块红布

崔健

那天是你用一块红布
蒙住我双眼也蒙住了天
你问我看见了什么
我说我看见了幸福

这个感觉真让我舒服
它让我忘掉我没地儿住
你问我还要去何方
我说要上你的路

看不见你也看不见路
我的手也被你攥住
你问我还在想什么
我说我要你做主

我感觉你不是铁
却像铁一样强和烈
我感觉你身上有血

因为你的手是热乎乎

这个感觉真让我舒服
它让我忘掉我没地儿住
你问我还在想什么
我说我要你做主

我感觉这不是荒野
却看不见这土地已经干裂
我感觉我要喝点水
可你的嘴将我的嘴堵住

我感觉这不是荒野
却看不见这土地已经干裂
我感觉我要喝点水
可你的嘴将我的嘴堵住

我不能走我也不能哭
因为我的身体已经干枯
我要永远这样陪伴着你
因为我最知道你的痛苦

嘟……

那天是你用一块红布
蒙住我双眼也蒙住了天
你问我看见了什么
我说我看见了幸福

为了与愤青交流，为了打捞愤青，我在网上建了专门的聊天群，不少愤青闻讯加入进来，结果加入进来的不仅有愤青，还有一些反愤青的人。这个群每天都热闹得不得了，天天谈经论政，“左右开弓”，吵得不亦乐乎。

在这个吵吵闹闹的群里，成员进进出出在所难免，多数人退群是因为“政见不同”、“思想不同”，有些人是见不得愤青脏嘴“喷粪”就走了，也有一些人默无声息地走了。这些都好理解，唯独有那么几个愤青，火急火燎地进来，没待两天就走了，走之前还跟我私聊。他们告诉我，群里的人聊的东西太真实了，太残酷了，所以他们承受不了，只好逃离。

对这种人，我真不知道说什么为好。我有个朋友称他们太矫情，就像一个男孩子对女孩子说，我告诉你一个真相。小女孩蒙着眼睛撒娇地喊着：我不要知道嘛，我不要知道嘛。

为什么不要知道？因为他们已经像温室里的花朵，他们不相信外面的世界竟然还有刮风下雨打雷飘雪；他们以为世界应该总是23度，温暖如春，平静而可爱嘛。

有一个女孩走之前说，你们讲这些东西，会破坏我对世界的美好的看法。她对世界的看法是美好的，这诚然不错。然而世界定然不总是美好的，这些将来她必然会知道，不论她如何拒绝知道。

如果说愤青不明真相多数是被信息所阻隔，那么，当信息包括信息的多维度摆在他们面前时，他们却因为害怕真相而退缩，而拒绝真相，因为一下子有了选择而无从选择，这真是无奈得让人哀叹的事。

时而清醒时而糊涂的群众

极为有趣的是，当愤青融入社会变成群众之时，猛然间又从“不明真相的群众”变成了“眼睛雪亮的群众”。

“群众的眼睛是雪亮的”大体意思是说，群众心中有数，没有什么东西可以瞒骗得过群众。“不明真相的群众”则是说，群众的眼睛未必是雪亮的，他们会被假象蒙蔽，常常陷入无知中，容易被哄骗。

“群众的眼睛是雪亮的”，非某个伟人的独到发现，历史上的明君圣贤们也清楚得很。有一回，齐宣王问孟子：“吾何以识其不才而舍之？”（《孟子·梁惠王下》）也就是向孟子请教如何识才，如何把那些庸碌甚至祸害百姓的官员从领导岗位上撤下来。

孟子告诉他一个十分可行的办法：“左右皆曰贤，未可也；诸大夫皆曰贤，未可也；国人皆曰贤，然后察之；见贤焉，然后用之。”孟子的意思是，群众的眼睛是雪亮的，一个人贤与不贤，群众看得清清楚楚。因此，您老人家要想任人唯贤啊，就要相信群众，依靠群众，发动群众。正因为群众如此厉害，得罪不起，有人就拼命恭维、抬举群众，说群众是能载舟的水，说群众是真正的英雄，说群众最可爱、群众最可亲、群众最可敬、群众最可怕……

于我而言，确实相信“群众的眼睛是雪亮的”，要不然怎么说群众心里有杆秤呢？他们当然能准确度量轻重。而我又确实相信群众“不明真相”，试看南宋岳飞死的时候，围观而愤怒的群众何曾眼睛雪亮过？明末袁崇焕被凌迟的时候，痛恨汉奸的群众争食其肉，眼睛又何曾雪亮了呢？

然而，人都是渴望聪明而非傻蛋的，群众并非不能探究真相，而是不具备拥有明白真相的能力。余生已晚，余生多幸，在信息时代，网络让世界变平，也变透明了很多。人们获取信息的渠道多了，公开公平公正的呼声一浪又一浪。在这些条件下，群众的眼睛定然要雪亮很多，不明真相大大减少。

因此，我们看到，愤青虽然是一群不明真相的人，但是愤青有一个不断成长的过程。当他们获悉足够的信息之后，就不再是“不明真相的群众”，而是变成“眼睛雪亮的群众”。当然，他们“眼睛雪亮了”，也就不成其为愤青了，而是会成为坚定的奋青，坚定的真理追求者。

五 做愤青的几个考核指标

愤青本质上是“病人”，有明显的中国文化病症。关于愤青的文化病症，我自认为是有深入观察的。但是我在网上发现凌沧洲先生早已写了一篇《文化捞粪运动宣言》，将愤青的病症讲得很清楚了，而且又讲得那么的精彩。我爱不释手，又自叹莫如，不如就拿将过来，与读者分享。凌沧洲兄总结的愤青病症有五个方面：

1. 盲于世界。粪粪对世界各国灿烂的文明一知半解，所了解的信息多是过滤、扭曲、片面的信息。粪粪自己处于愚昧之中，还想照亮别人。

2. 聋于周边。粪粪对身边的民生、民瘼，冷酷如同路人。举凡房奴、讨薪、自杀等等，粪粪均有理由为之辩护美化，可以说路边哀号之声不闻，人民疾苦不问。

3. 昧于良知。粪粪发帖时完全以利益为驱动，完全置良心于不顾，敢为朝鲜核爆喝彩，敢为黑心老板矿主贴金，忍心说莺莺该死。

4. 奴入骨髓。粪粪在咒骂异己者为“洋奴和假民主”的同时，从来拿不出鼓吹真民主的帖子，推不出真民主的观点方案。对权力和金钱的膜拜驱动他们可为几毛钱出卖灵魂和肉体。

5. 淫在深喉。若干年前，美国上演一部色情电影《深喉》，轰动一时。中国粪粪的深喉，经常能发淫声，作淫腔，知道何时放言，何时沉默。

愤青的病症，从某种意义上说就是愤青的特征；愤青的特征，从某种意义上说就是做愤青的门槛。这个道理一如一个人起码在血压高、脂肪高、胆固醇高这三者之中占有一“高”，才可以称为“三高人群”，这叫“人以病分”。

所以讲，并不是你想拥有什么身份就可以拥有的，也不是你想做愤青就能做愤青的。想做愤青，得有几个硬指标，想做愤青的朋友对照检查一下，看够不够当愤青的资格。如果做愤青的门槛很低，随随便便就可以当一个愤青，那么，当愤青就不会被愤青认为是一件光荣的事儿了，真正的愤青也耻于与你为伍。以下是做愤青的几个考核指标，想做愤青的朋友不妨对照自查，看够不够格。

一、脑子足够锈，逻辑足够差

脑子好使的人做不了愤青，因为，脑子好使的人会思考。凡事经过他用脑子一思考，用逻辑一推理，真相就很难藏得住。明了真相的人是很难受骗的，只有那些脑子像一团糨糊的人，逻辑能力又差，连多问几个为什么都不会，更不会像诗人北岛那样发出深深的质疑——我不相信天空是蓝的！在一个人眼里，任何一件事情，别人说好，他就认为不会坏；别人说真，他不说假，才有资格做愤青。

作家韩寒是一个难得的脑子清醒的青年，估计这辈子是没有资格做愤青了，倒是做愤青的天敌绰绰有余。韩寒跟愤青有过不少交锋，他写过一篇《回答爱国青年的11个问题》的博文，很好很强大。我把它摘引过来，看了愤青提出的脑残问题以及韩寒的精彩回答（考虑到篇幅和针对性问题，我选了七个），就知道，为什么有的人会成为愤青，而有的人偏偏做不了愤青，也算是一种标准化测试。

问题1：外国人过来抽你一个耳光，你也无动于衷、不还手，来显示自己很大度？

回答：外国人没有过来抽我耳光。

问题2：韩寒，你妈被外国人强奸了，你也不抗议？

回答：外国人没强奸我妈。

问题3：祖国就是你的母亲……

回答：祖国是祖国，母亲是母亲。

问题4：你怎么对得起你脚下自己的土地……

回答：我没有自己的土地，你也没有自己的土地。

问题5：你不是一个中国人，是中国人就应该抵制家乐福。

回答：宪法上不曾这样规定。这是你的强行流氓爱国观。

问题6：爱国是一个人与生俱来的优秀品质和优良传统。

回答：再让你生一次，如果你还选择生在这个国家，那这才是真正的爱国和优秀品质。

问题7：你连自己的母亲都不爱，你还是个人吗？

回答：我妈叫周巧蓉，我很爱她。我用自己的努力，让我全家可以得到基本的生活保障，想保障自己国家的人，先把自己的小家给保障好吧。

以前上中学，老师跟我说，会提问比会回答还重要，还需要能力，依此判断，如果你会模仿以上七个问题来提出任何一个问题，恭喜你，你已经具备了当愤青的潜质。

二、信息足够闭，分辨足够水

经济学里有一个词叫“信息不对称”，买卖双方就存在信息不对称，一件商品，卖方进价一元钱，卖十元钱，买方对该商品的“行情”一无所知，拼命砍价，砍到五元，以为差不多了，仍然被卖家赚了数倍的钱，这就是信息严重不对称的后果。

要做愤青，必须做信息不对称中的劣势者，也就是信息足够闭塞，知道得越少越好，“不可使知之”是最好的。或者只接受单一的信息源，并形成了固定的接收模式、解读模式。一旦接收信息多了，他就乱了套，不知道哪个信息是真，哪个信息是假，对于真实的信息，他们首先是表现出震撼，然后很本能地用原有的信息来防守反击新的信息：“你的信息从哪里来的？怎么能是这样的？”

倘若你处在这样一种信息接收和处理状态，尤其是对现代政治文明理念闻所未闻，也不感冒，那好，你已经有做一个合格愤青的重要条件了。

三、血液足够热，理性足够少

这是做愤青的一个重要指标，那就是说，做愤青一定得有点“血性”和“血腥”，有点不怕死的“拼命三郎”的味儿，要敢于上街打砸抢，敢于堵家乐福的大门，敢于用大粪浇“汉奸”家的门，敢于拿命去跟“日本鬼子”拼。没有“骨气”与“血性”的人，被愤青视为不配做中国人，理所当然地，不会被愤青欢迎加入他们的光荣集体。

不过这些热血表现出的必须是强烈的非理性狂热与冲动，任何疯狂的行为都不经大脑的思考，全然像条件反射。如果你发现自己面对一件事情只被情绪所支配，血压可以一下子蹿升上去，做出粗鲁莽撞的行为，就特别适合做愤青。

四、口腔足够臭，骂人足够狠

人不免会愤怒，愤青也一样，如果我们对于不公平毫无愤怒，那只会助长不公平这股邪气。对不公平表达我们的愤怒，恰恰是负责任的表现，是推动社会向好的力量。我们很难想象在一个社会里，人们对任何不公平、不公正表现出漠然处之会是怎样一种可怕的情形。所有人都沉默，才造就了无声的社会。

对于不公，每个人都可以也应该表达自己的愤怒。但愤怒不等于粗暴与野蛮行事。对于不公平，我们可以去论理，可以去申诉，可以去抗议，也可以去打官司，用一种文明的办法来寻求解决，而不是用粗暴的方式对待。

而很多愤青不一样，经常表现得像流氓一样，通过骂人、打砸来表达愤怒，而且满嘴喷粪，骂得特别狠毒。他们跟人辩论时，既不拿证据，也不进行逻辑论证，只是用辱骂来代替讲理，用口头暴力来封堵对方的嘴巴。

当年，马寅初发表人口论遭到批判，北大校园里贴满了北大愤青写的批判马先生的大字报。马先生每天都去看大字报，看学生们怎么批驳他，结果令他失望不已。他说，自己身为北大校长，培养出来的学生没一个能从理论上驳倒他的，都是标语口号式的谩骂。他这个校长太失职了。马先生发现，他能做的只有帮学生检查错别字，圈好，让造反学生回教室重抄一遍。

倘若你在与人辩论时喜欢胡搅蛮缠，为了反驳而反驳，为了反驳而骂人，为了骂人而且说脏词，已经显露出做愤青的天分了。

五、做人足够贱，知法足够少

“人至贱则无敌”，以此来形容愤青中的极品是十分恰当的。这种愤青哪怕只是在与人言论交流时，也会心怀邪恶，进行人身的攻击，唯恐不能置对方于死地。在现实之中，他们搭运动的顺风车，搭爱国的顺风车，专干违法犯罪的事，有时候怀有严重的个人利益考虑，有时有不可告人的目的。比如现在一些愤青中的极品反日，公然砸烂中国公民购买的日本汽车。自己的同胞损失了，他们却开心地笑了。

因此，如果一个人人品有问题，而且还是法盲，或者懂得用爱国来凌驾法律和人权，那无疑是做愤青的上好材料。

为了准确测试一个人有没有做愤青的资格，特在此录一套《愤青资格四级考题》权作测试之用，特别说明的是，这套考题来源于网络，版权归属出题者。

愤青资格四级考题

一、选择题（7×8 分）

1. 你获取外界信息主要从以下哪里得到？________

A. CCTV　B. 人民日报　C. 半岛电视台　D. ××宣传部

2. 愤青定律的核心，即“两个凡是”是指________

A. 凡是美国支持的我们都反对，凡是美国反对的我们都支持。

B. 凡是给美国说过好话的都是汉奸，凡是同情恐怖分子的都是爱国。

C. 凡是愤青拥护的组织都失败，凡是愤青支持的人都完蛋。

3. 阿拉伯数字是在________被创建的。

A. 朝鲜　B. 阿拉伯　C. 印度　D. 中国

4. 在以下中国人被恐怖分子炸死的事件中，哪一次是被炸死的中国人被“爱国”愤青骂成“犹太走狗、民工”并开除国籍的？

A. 2004 年 5 月 3 日中国工程人员在巴基斯坦西部瓜达尔港遭遇汽车炸弹袭击，造成 3 人死亡，9 人受伤。

B. 2004 年 6 月 10 日阿富汗恐怖分子袭击了一个中国援建的建筑工地，造成 11 名中国工人死亡，4 人受伤。

C. 耶路撒冷自杀爆炸 6 名中国人伤亡。

D. 特拉维夫自杀爆炸两名中国工人伤亡。

5. 以反美英雄偶像级人物、声称要用自己的鲜血保卫伊拉克的硬汉萨达姆，最后躲在类似狗洞里被人拉出来，最可能的原因是________

A. 受张召忠提出的“地道战”启发，在准备挖地道抗击美国的时候不幸被抓。

B. 故意被抓，为的是在法庭和美帝国主义斗争。

C. 不小心掉下去的。

6. 为了打败美帝国主义，下面哪种方式最有效？

A. 天天在论坛高喊：打倒美国，唱衰美国。

B. 隔天在论坛上去骂别人是汉奸，美国狗。

C. 买个布娃，写上美国，每天拿针来扎。

D. 上街游行，把美国人发明的电脑砸了，烧麦当劳店。

二、作文题（2×22 分）

1. 在新形势下，试论述发扬阿 Q 精神在同“民主派亲美派”斗争中的重大意义。

2. 请用阿拉伯文将《拉登赞歌》翻译一遍。

三、补充题：

1. 请从周易阴阳二爻的原理论述二进制的起源，从而导出电脑为中国第五大发明的结论。

2. 请论述在西周初年中国馒头向西方传播的途径。（如何在中东变化，并最后变成西方人所食用的面包）

3. 请从中国人使用筷子的先进性证明中国人优于其他国家人。（提示：从使用筷子锻炼多少条肌肉入手）

六　揭掉假愤青的面具

民国笔记《世载堂杂忆》里记载有一件假光绪案。话说戊戌变法失败后，力主变法的光绪皇帝被慈禧太后幽禁于瀛台，外面对之不甚了解。于是坊间小道消息纷飞，一个版本说光绪已偷偷地逃出瀛台。

好家伙，皇帝逃出来了，可皇帝逃到哪里去了呢？谁也不知道。

这时，张之洞主政的湖北武昌来了主仆二人，租住在武昌金水闸的一个公馆里，主人二十来岁，身材修长，皮肤白净；仆人四五十岁，说话带有女人腔，有太监之嫌。

两人都操一口纯正的北京官话，吃穿用度很阔绰，而且呢，仆人每每呈茶奉食，都行跪礼，对主必以“圣上”称，以自己“奴才”为名。这情形岂能不口耳相传，轰动武汉三镇？

武昌毕竟不是穷乡僻壤，来个被称为“圣上”的人就会被当做皇帝。有人为了探听虚实，登门造访，发现这主人用的被褥绣有五爪金龙，吃饭的玉碗刻有龙纹，仆人显摆出一方印章，竟刻有“御用之宝”四字！有人为了证实仆人是否是太监，特邀仆人去泡澡，趁机窥视，果真发现仆人“底下没了”。

莫非当今皇帝真的流落到武昌来了？果真如此，此时不趁机巴结更待何时？从此，这金水闸公馆可就门庭若市了，前来拜访巴结送礼的人是络绎不绝，这“圣上”也是来者不拒，见礼即收。

皇帝流落到自己的辖区，张之洞当然也不敢马虎。为慎重起见，他发密电到北京向同僚打听，得到的信息是，瀛台守卫森严，光绪并没有出走。又一天，张之洞接到同僚张子青的手函，确认光绪还在瀛台内，立马命人捉拿主仆二人，严加审理。

真的假不了，假的真不了。那个“圣上”是个假圣上，实际是一个常到宫中唱戏的戏子，由于长相神似光绪，戏班的人都叫他“假皇上”。那太监则是宫中的仓库管理员。两人知道光绪被幽禁在瀛台，外面不知其生死，于是就想了个假冒圣上的骗术，用于骗钱的道具如被子、玉碗、印章等倒是货真价实的东西，是太监从宫里偷出来的。

有人曾问审理此案的江夏知县陈树屏，为何怀疑“圣上”是假冒者？陈答得很好：“对方的神情举止，都带有演戏的痕迹，只能是一个戏装的皇帝。”

堂堂当朝皇帝被冒充到以假乱真的地步，这天下岂能不大乱？这世上连皇帝都有人敢假冒，还有什么人不敢假冒呢？因此，爱国愤青也不免有假冒的货色，这些假冒者就是假愤青。

什么是假愤青？假愤青是相对真愤青而言的。如果说真愤青是真无知，那么假愤青是揣着明白装糊涂；如果说真愤青是非理性，那么假愤青是装做非理性；如果说真愤青是真想爱国，那么假愤青是假装爱国；如果说真愤青是真热血，那么假愤青是假狂热；如果说真愤青有信仰，那么假愤青无信仰；如果说真愤青听任荷尔蒙摆布，那么假愤青是借机发泄荷尔蒙。

这样说，有点抽象，不如具体点说吧。假设在抵制日货的高潮期，一个真愤青，他可能当真会把自家的日产相机砸个稀烂，并且无怨无悔。而一个假愤青在表现对日本的仇恨时，也可能会砸日货，但他只会砸别人的日货，而不会砸自己的日货。下次出游，你仍然能看到他拿着一款日产相机啪啪地拍得欢。即便他“一时冲动”砸了自己的日产相机，事后也会后悔不迭，痛恨自己“太冲动”。假愤青假装爱国，不过是为了欺世盗名而已。

我见到网络上有这样一个愤青，他坚决反对中国男人与日本女人通婚，他觉得这样的话，会让日本人的血液流淌在中华民族子孙后代的体内！相反，他提倡中国女人都嫁到日本去，这样就让大和民族子孙后代的体内流淌着中国人民的鲜红血液。

我相信这个愤青是真想爱国的愤青，但是因为无知而爱成脑残——只要通了婚，子子孙孙都会流着前辈的血脉，莫非还只有流一方的血脉？

换成假愤青呢，他们当然知道这些道理，但是他们未必就会赞同真愤青的办法。他们会更加拥护中国男人与日本女人通婚，因为这样对他们自己有利，说不定就像当年希特勒认为金发是优秀人种雅利安的标志，为了优化人种，允许德国军人睡被征服地区的金发女人，生一批“希特勒婴儿”那样，假愤青也可以以爱国的名义，多搞几个日本女人。

假愤青都是一些圆滑得很的人，别看他们也会跟别人谈论国家啊、民族啊、苍生啊、社稷啊、能源危机啊、外星人入侵啊，仿佛要为人类负罪。愤青们喜欢把格瓦拉画像印在自己胸前，假愤青也会买一件印有格瓦拉画像的 T 恤来穿。其实呢，或许下一秒他就会把衣服脱下来，并且会告诉你，“不要跟我谈这些”，“你累不累啊”。等到时机成熟的时候，好像要轮到他们上台表演了，他们才又会穿上那件 T

恤，站出来唾沫星子直飞，跟你谈论国家啊，民族啊，苍生啊，社稷啊，能源危机啊，外星人入侵啊。

真愤青囿于见识的缺乏，或许并不知道社会不公正不合理是由什么产生的，但他们内心里确实渴望着社会变得公正而合理。因此，他们虽然对一切不公正不合理表达着愤怒，但常常怒错了对象，对善良、正义、自由、民主发起了愤怒的攻击，无意中充当了不公正不合理的事物的奴才和帮凶，但是倘若他们不跟着别人去愤怒，他们会觉得良心上过不去。

而假愤青未必不知道社会不公正不合理的根源，但是，他们愤怒的并不是社会的不公正不合理，而是这种不公正不合理对自己不利之时，他们就愤怒了。他们常常有意地把真愤青变成不公正不合理的事物的奴才和帮凶，而且绝不会有良心上的亏欠，说假愤青是流氓无赖，并不过分。

现在的一些假愤青，跑去家乐福企图过过“打砸抢”的瘾，发泄过多的荷尔蒙。他们没有真正的民族主义信仰，不是真愤怒，也不是真仇恨，只是见风使舵，表明立场，捞取功劳。

“因为愚忠而送掉性命的自然也有。但大部分的愚忠却是自保之道，因而事实上这些人既不愚也不忠。”（学者胡平语）倘若说，真愤青很“愚忠”，那么，假愤青就是一些“既不愚也不忠”的人，就是揣着明白装糊涂。在需要站爱国队的时候，他们为了自保兼捞好处，急忙站到爱国队里，在不需要站队的时候，真愤青也会站队，假愤青则游移穿梭着。

单以“愤”而言，真愤青本义是为公而愤，假愤青的本义则是假公以泄私愤，真假高下立判。如果说真愤青还有点见风使舵的本领，假愤青则老谋深算得很，真愤青遇到假愤青那是小巫遇到了大巫，愤青那些小伎俩早被假愤青揣摩透了。

有人说做愤青是一个阶段性的“工作”：如果你30岁前没愤过，说明你根本没血性；如果你过了30岁还继续愤，只能说明你没智力。然而，也有一些人真的就做了一辈子的真愤青，也有一些人做了一辈子的假愤青。

假的再怎么像真，也带有演戏的痕迹，愤青有表演的欲望，而假愤青活脱脱就是戏子。戏子是无义的，不要指望假愤青能于国于民有什么好处。

就像我在《愤青的双重人格》中所分析的，愤青的双重人格是中国伪文化的产物，而假愤青则是中国伪文化培育的精华中的精华。他们与中国的伪文化是互为表里、互为因果的，为这虚假的繁荣贡献力量。

七　我曾经是一个典型的愤青

我曾经是一个典型的愤青，我不想当一个愤青都难。我记得我读高中那阵子，社会主义阵营正经历着天翻地覆的变化，苏联解体和东欧剧变。思想政治课最主要的任务就是反对资产阶级自由化，防止和平演变。这些知识充盈我的头脑，生根发芽。

我上大学时，是最后一届国家公费，每年只交点住宿费，其余的都免了。那时读的北师大属于师范专业，生活补助也比较高。我算了一笔账，几年大学读下来，净赚了国家 2000 元钱，国家对我是有帮助的。

这样的成长经历，我没有理由不是一个爱国愤青，没有理由听到批评中国的声音不火冒三丈。毫不夸张地说，我那时比现在沉迷于网络游戏的愤青更加愤青。1996 年，当我读了《中国可以说不》后，我就被烘烤得像一点火就着的干柴，自大狂热得很，大有我是愤青我怕谁的气概。

只是，现在，我承认自己曾经是一个愤青。除了客观的原因外，我抱着一种并非光荣的心态，绝不像有一些暴富以后的人，喜欢把“我是一个农民”挂在嘴上，把自己的贫穷当做一种荣光，反正自己能干——我曾经是农民，现在成了富豪，本事大着哩。

在我看来，当愤青并不是一件多么光彩的事，所以，我为自己曾经是一个愤青而感叹见识太少。然而正像有些人所说的，25 岁以前不当愤青没有血性，30 岁以后还当愤青太愚蠢。在中国，当愤青或许是一个不可逾越的阶段。下面我就讲几件我当愤青的“光辉业绩”，以警示那些仍然视做愤青为荣的人。

1999 年 5 月 8 日，美国轰炸中国驻南斯拉夫大使馆。记得下半夜，我在梦里被吵醒。宿舍楼下有人高声大喊“打倒美帝国主义”、“血债血偿”。我一骨碌从床上爬起来，同学们都忙着撕床单写标语。我从衣柜里找出一件白 T 恤，用红墨水写上“我以我血荐轩辕”，就跑到楼下，融入到队伍之中，去一个个的宿舍楼前动员：“数学系的，就差你们了”……这样一个个宿舍动员下来，天色就大白了。

别以为这一片好心上面会很感激，当我们要走出校门时被学校拦住了，要跟上面汇报。在学生代表答应不乱来，并有辅导员随从的情况下，一场漫长的散步才开始了。

我不知道从铁狮子坟到东交民巷有多远的距离，我记得清楚的是自己的一双运动鞋被生生地走坏了，脚也走起了血泡。可是，在美国大使馆前面我们能干什么呢？什么也干不了。地上连个细小的石子都被抠光了，里三层外三层的中国武警拦着，只能看到使馆大院里乱七八糟的石头和四溢的鸡蛋黄，还有被砸得面目全非的汽车。在东交民巷周围，一条条的街道被挤得水泄不通，如果发生骚乱，踩死千儿八百的我看轻轻松松。

憋着一股子热血去了，一身虚脱般地回来。至于为什么要去？去了又怎么样？我真的对祖国和民族的命运有深切的思考吗？没有，自己没有去细想，但是我不加入这场散步，我就会很另类，至少是太不时尚了。我只觉得自己就像一个陀螺，被人抽了鞭子就转，嗡嗡地去战斗，不抽鞭子就停下来。为什么要转？为什么要战斗？那都不是我自己要去思考的事。

而那些我所耳闻目睹的学子们的表现还历历在目：有一个学子说，这样真爽，不用上课了；一个学子说，那么多人走在大街上，很多人出来观看，很威风；再有一个学子朝美国大使馆扔了一个石块，回来四处炫耀；还有一个学子说，某某大学的学生在游行时砸了肯德基，抢回好多好吃的，我们没有动手太老实了。

这就是所谓的爱国行动，像是走上舞台去表演一番，下台后觉得空落落的。

还有一件事，也可以顺带说说，那是去北京上学的第一个元旦。我们班搞完联欢晚会，包饺子吃之后，都已是凌晨了。大家都喝了点啤酒，热情正高，有一个同学提议徒步走到天安门看升国旗，好几个同学应和，其中就有我。

那一夜我们顶着风雪，也不知道走了多少的路程，赶在6点多钟去看升国旗。呼呼的寒风不再冷冻，我们走得出汗，就是要去体验一次神圣。

天安门广场上人真多啊，我那时没有想到，到天安门看升国旗已成了北京旅游的一大特色，或者说是北京的重要风景之一。这是“政治风景”，尤其是在重大节庆之际，升国旗亦是举国关注的大事。

我觉得我很荣幸地看到了升国旗，可是，有一个小插曲让我觉得这次看升国旗不圆满，而且还有负罪感。

原因是由于等待升国旗的时间太久，要等到太阳从地平线上升起。大家都这么僵硬地站在广场上，我的小便上来了，内急得很。偌大的广场，又不知道厕所在哪里，我就跑到城楼前的大花坛里，趁人不备，用一个很巧妙的动作解决了一个重要的问题。

回头我一想，我竟然在这里撒了一泡尿，在全国人民面前撒了一泡尿，在升旗仪式之前撒了一泡尿，真是觉得罪大恶极。这与整个神圣的场合是多么的格格不入，简直是亵渎了这场神圣的仪式。此后好几天，整个人走在校园里，都有一种抬不起头的负罪感。

而现在，我觉得那时我除了不讲公德，随地小便之外，我真的不觉得撒一泡尿跟广场、跟全国人民、跟升旗仪式有多么不可调和的矛盾冲突。我总不能撒在裤子里啊，那样不也是挺亵渎的吗。我唯一内疚的，是我把一双旅游鞋生生地走破了，那一双旅游鞋相当于我母亲在地里刨上三个月，恐怕也未必能赚到那钱。

这些年，回忆起在天安门前撒过的那泡尿，总是让我想起师兄伊沙写过的那首诗《车过黄河》，心里会泛一阵得意：

车过黄河

伊沙

列车正经过黄河
我正在厕所小便
我知道这不该
我应该坐在窗前
或站在车门旁边
左手叉腰
右手作眉檐眺望
像个伟人
至少像个诗人
想点河上的事情
或历史的陈账
那时人们都在眺望
我在厕所里
时间很长
现在这时间属于我
我等了一天一夜
只一泡尿工夫
黄河已经远去

是啊，一泡尿的工夫，我已经从一个典型愤青变成了一个“反愤青斗士”，世事真是太诡异了。

还有一件事，在当愤青的日子里，我曾经参与过中文系与教育系的群殴事件，在当时看来，也是一件很光荣的事。

具体原因是我们中文系住在四楼，而教育系的可怜虫住在我们楼下。夏天很热，睡得很晚，我们这些大四的大哥大们仍然在宿舍、楼道里饮酒作乐，闹腾不休。楼下教育系一个哥们儿大概是实在忍受不了了，又或者是多年来受够了楼上的闹腾，跑上楼来要求我们还给他们安静。中文系的一个同学兴致正高呢，就跟教育系那哥们儿吵起来。都是青年人，都是一包炸药，一点火就着，两人就打起来。同为中文系的人岂能袖手旁观？我们一哥们儿把教育系那哥们儿打破了皮，流出血来，那哥们儿仓皇逃下去。很快，这哥们儿就召集教育系的人马上来讨伐。中文系的人岂能选择沉默？各个宿舍的人听闻之后都纷纷出动，一场群殴就这么发生了。

胜利在中文系，这是没办法的。中文系是北师大的大系，人多势众，一贯骄横，此时更是当仁不让。要不是因为保卫部的人及时赶来，谁知道还会发生什么事呢。

现在想想，当时我们并不在理，吵扰了别人的休息，别人上来说理，应该赔礼道歉才对，可是，那时很愤青，明明自己无理，还觉得自己在捍卫中文系的荣誉。那种狂热的“爱系热情”与现在愤青狂热的“爱国热情”本质上是一回事，都是非理性的，都是以所谓的爱与荣誉为高尚的旗号。

我从自己愤青一路走过来的经历感受到，愤青从来就不缺乏激情，不缺少崇高。有人说，中国缺少血性，那是诳人的鬼话。中国缺少理性、缺少思考，缺少理性思考的人就像一头公牛，看到一块红布就冲锋陷阵，哪里管它为什么。因此，当无知无畏的愤青主导社会时，文明被冲撞得稀烂并不值得惊奇。这正所谓，“一个群众运动会吸引到一群追随者，不在于它可以满足人们追求自我改善的渴望，而在于可以满足他们自我否定的热望”（霍弗《狂热分子》，广西师范大学出版社，2008 年 4 月）。因为，他们渴望通过群众运动来确认共同事业，来获取新生希望，这是对愤青极为深刻的诊断。

我不希望那些因无知而愚的愤青非要等到自己在现实中碰得头破血流的时候才清醒过来，希望“言传身教”，提前点醒愤青。

第二部分　愤青的精神分析

一　愤青被“反智主义”的门夹过脑袋

“反智主义”一词，因美国历史学家霍夫斯塔特于1962年出版的《美国生活中的反智主义》一书而走红。

我这里所说的“反智主义”不同于薛涌所说的“反智主义”（薛涌《“反智主义”思潮的崛起》）。薛先生所说的“反智主义”，认为公共决策是建立在最广泛的参与之上，而未必是最专业的知识之上。知识可以为人们的参与提供参照，却不能代替参与本身。我这里所说的“反智主义”是《大英百科全书》下的定义：“反智主义描绘的是一种态度，它敌视，或者说不信任知识分子和对知识的追求。它可以通过许多种途径表达，比如攻击科学、教育和文学的价值。”一如古代巫师对知识的垄断，阻隔了一般人对权力的染指，这里的反智主义恰恰是通过对知识的取消而取消人们对公共决策参与的能力。

在中国，对于智性、知识的反对或怀疑，对于知识分子的鄙视和打击，可谓源远流长。从思想哲学来看，老子就是一个典型的“反智主义”。他说“古之善为道者，非以明民，将以愚之”，希望过那种没有现代化的小国寡民生活，“鸡犬之声相闻，民至老死，不相往来”。

秦始皇焚书坑儒，是典型的反智主义行为，把真正的读书的种子坑掉，把那么多有思想的书烧掉，一面抽掉了优秀知识传承的载体，一面让人害怕做读书人，害怕有文化。这不是反智是什么呢？

紧接着汉代开国皇帝刘邦是个无赖流氓。他当着别人的面往知识分子（儒生）帽子里撒尿，你说知识还有何尊严？知识分子还有何颜面？汉武帝罢黜百家，独尊儒术，表面上看是尊重了儒生，其实是扼杀百家争鸣，扼杀知识分子的独立创造，不是反智又是什么？

此后中国历朝历代的文字狱，嘴巴上说的是反异端邪说，本质上是禁止自由思想，是反智。禁止了自由思想，知识分子只能做一些炒剩饭的事，如注释、考据过去的经典，抹杀了创新的精神。知识分子有一点小创造，也只是在经典的基础上做一些增补的工作。一个民族的知识精英扑在注解而非新的发现与创造之上，新知识不能催生，知识不能爆炸，社会不能进步。

在民间呢，也有一股反智的力量，人们说“百无一用是书生”，说知识分子“四体不勤、五谷不分”，以此蔑视知识人。在中国漫长的男权形同铁板的社会里，主张“女子无才便是德”，不主张女人读书识字，智慧女性在中国少得如同珍稀动物。

愤青好的不学，反智主义糟粕学得却比什么都快。愤青的祖师爷义和团，是典型的反智主义先锋。他们扒掉的铁路、火车、电讯等等，都是知识的产物，反对这些东西，本质上就是反知识、反文明。

当代愤青呢，别看很多都拿了学士文凭，有的还是硕士博士毕业，但脑袋被“反智主义”的门夹过，脑子就不能正常生长和使用了。他们挥舞着拳头抵制洋货，怎么就没有想到，他们从小到大这么学下来，这一整套教育的基本体制，包括学位的授予，其实就是一种贩过来的洋货。当他们在网络上敲着键盘高呼抵制洋货时，可能没有想到，连电脑、键盘、网络都是洋人发明的。而洋人之所以能发明这些东西，皆因为他们走出中世纪，在文艺复兴之后，拥抱知识的结果。

愤青对外抵制洋货，对内鼓吹国学，国学的内核是什么？我以为就是读圣人的书，听圣人的话，照圣人的话去做。这是新的“本本主义”，社会人生有了国学（圣人）的指导，我们就按照圣人的话去做就得了，还用自己的脑子思考干吗。因此，在我看来，鼓吹国学不要搞得那么唯美古典，很多时候不过是一种懒人不喜欢自己动脑子的搞法。

当邓小平提出科学技术是第一生产力时，就是在技术层面上讨伐反智主义，因为，强调科学技术是第一生产力，就是强调知识的作用，就是承认“知识是人类进步的阶梯”，紧接着就要“尊重知识，尊重人才”，然后就是引进国外先进的技术，哪怕“用市场换技术”。毫不夸张地说，30 年改革开放取得的伟大经济成就，就是在打倒反智主义的前提下取得的。

以前读书知道，人与动物最大的区别，是人会制造工具，为什么会制造工具，是因为人不光靠本能生存，同时靠智慧生存。智慧产生知识，知识让人制造工具。毫不夸张地说，人类亲智才会有人类进化，反智就是反人类进化。中国两千多年的封建历史，除了文学艺术上有一些进化之外，就看不到知识带来技术的革新。

现在，世界已经进入“知识经济时代”，那些拥有知识、拥有专利的青年才俊，用知识入股，用技术创业，早早地成就了“财富神话”。这一切皆因知识真正变成了力量，改变了人的命运。在国家层面，国家提出建设创新型国家，新闻联播里天天在播“主自创新”的事例，已经不是反智，而在亲智的道路上朝前迈进了一大步。

就在这样一个大的历史环境之下，愤青居然逆潮流而行，再度扛起反智主义的大旗，抵制洋货，反对世界文明，想要重新闭关锁国起来，真是一群食古也不化，食洋也不化的顽石！莫非，愤青是要为肉食者谋，再造大批的愚民，便于统治者压迫？

愤青把自己扮演成反精英的英雄，凡是精英说的都是错的，凡是精英支持的他就反对，凡是精英讲的都心怀鬼胎，对精英的信任度降低到了冰点。

我们不能不承认，人们对精英的信任度的降低，与某些精英买办化有关。这些精英到某些机构里去做“顾问”，到某些企业里去做“独董”，在“有名即有利”的驱动下，为了混出点名气来，争取“眼球”和追逐经济效益，到处摇唇鼓舌，指点江山。

因为“拿人家的手软，吃人家的嘴短”，这样的精英怎么可能站在公正的立场说话呢？不过是某些利益集团的代言人而已。确切地说，这些人不是精英，而是网友们所说的精蝇，是精英的败类，早就丧失了精英应有的道德提引功能，沦为金钱的奴隶。对这样的精英，我也是一个坚定的反对派。

我们“就怕流氓有文化”，一个有文化的流氓比没有文化的流氓更可怕，因为有文化的流氓会编造堂而皇之的“理论”来证明自己要流氓是多么的合理。但真正的知识精英，一定有独立的人格，总是尽可能地站在民众的立场，凭良心说话，有职业道德和操守。我相信一个真正的知识精英除了搞学术研究、独立发言，大抵是不屑、不会、不惯于做政府和企业代言人，那样无疑会影响他的独立思考和学术自由，他们是“社会的良心”。

按照愤青们的反智精神来一刀切地反知识精英，就在倒污水时把孩子也倒掉了。当民智未启，民主未张之时，知识精英，尤其是公共知识分子仍然肩负着启蒙的重任，纵然是进入到民智时代、民主时代，知识精英仍然能够用他们的专业知识来解答专业问题。

哪里没有智慧，哪里就没有幸福。中国如何能告别反智主义，进入亲智时代？思之良久，觉得无他，唯有放开言论自由，解除对思想的钳制，反智主义自然会消解无形。因为，人天然地向往美好，没有人不希望自己聪明而是愚蠢，只要可以自由选择学习和思考，他们就会选择做智民而不是做愚民。

二　解释愤青的双重人格

愤青是善变的，变得时常让人捉摸不透。

你说他们是一群脑子进水的人吧，他们在“爱国”中表现出的见风转舵，搭顺风车，不晓得比你精多少倍。你说他们是群脑子有干货的人吧，他们又无知愚昧得近乎弱智。

愤青一边看日本AV，一边大骂日本人；一边看着美国大片，一边臭骂美国文化。他们在网吧里沉迷于外国网络游戏，转个网站就加入到抵制洋货、大骂汉奸的行列。

愤青喝着可乐骂汇源——自己享用洋货，却要别人去支持国货。

愤青指责美国侵占伊拉克，指责别国使用杀伤性武器，可是一论及台湾问题，就比任何国家还毒辣，建议在台海进行核实验，“用汞将台湾男人全搞绝育”。

愤青标榜自己是文明人，但是骂起人来比泼妇有过之而无不及，且还自鸣得意，说什么“论年纪讲你们都是我的爷爷父亲辈的，但论骂人，我们就得倒过来”。

愤青遇到软柿子，就拼命地捏，要捏出水来，恨不得让全世界的人都看到他捏软柿子。遇到强盗流氓，他们就乖乖地躲藏起来，一声不吭。举个例子，法国人拍卖两个“水龙头”，他们拍案而起，上蹿下跳，俄国人炮轰中国商船，打了500发炮弹，他们权当没有听见。

愤青排外不遗余力，可要是某发达国家热情向中国愤青免费发放“绿卡”的话，恐怕愤青是不会拒绝的。

昨天，愤青还把一个国家当成“中国人民的老朋友”，今天就把对方当成了一堆臭狗屎。

所以，经常弄不懂愤青一下便会变成“红色”还是“青色”，他们的人格表现出严重的分裂症状。

胡星斗先生曾说，中国人都有一点人格分裂，存在着矛盾情结，民族性趋于混乱，人性陷于二律背反：一方面推崇和为贵，另一方面却最难合作，喜欢窝里斗；

一方面奉行集体主义，另一方面各个情愿单枪匹马打江山；一方面以道德著称于世，另一方面不讲竞争规则的无德之流多如江鲫；一方面号称礼仪之邦，另一方面人们普遍缺乏公德心；一方面讳言性，另一方面国骂几乎都是关于性或性交的；一方面鼓吹重义轻利，另一方面唯利是图，势利眼普遍；一方面宣扬圣人、君子，另一方面溜须拍马、奴颜婢膝的小人得志……

表里不一的分裂人格在愤青身上表现得尤为突出，简直可以作为典型病例来分析。

首先，愤青的人格分裂是中国社会文化综合征候在人身上的表现，研究起来，恐怕可以做一个大课题。在我的有限视野里，发现黎鸣先生对此有过一些看法。黎先生认为，孔夫子是中国人的人格分裂之祖。孔子要求国人的一生全都只是学礼、知礼、言礼、行礼、思礼，然后“克己复礼”，这与我们今天的常识“言必以真理为据，行必以实效为则”完全相悖。而且他还认为，孔子总是拿着父子的招牌来隐蔽君臣场合的坏事，拿着家庭的招牌来隐蔽国家场合的坏事，拿着私情的招牌来隐蔽公共社会场合的坏事。所以，中国人在做了一切邪恶的事情之后，永远都不会感到可耻。这些都导致了中国人言、行、思的完全割裂。（黎鸣《孔夫子，中国人的人格分裂之祖》）

黎先生似乎言重了。孔子的言论并不是一文不值，也不是完全否定了人类真正公共的道德。作为一种积极的入世思想，作为一种调节人际关系的伦理基础，孔子的学说还是有许多可取之处的。但是也有大量事实证明，被御用化了的儒家伦理道德，有很多是虚假的、伪善的，甚至是残忍的。比如儒家奉行集体主义，这固然不错，集体（国家）本应为个人（天下百姓）私利谋取普遍的幸福，可是御用的歪嘴儒生一念就变味了，为了追求国家的强大，主动牺牲天下百姓的普遍幸福；将个人淹没在集体中，实际上是否定个人的独立性，把个人变成依附性极强的臣民和奴才。

又比如儒家宣扬学做圣人、君子，在宋儒眼里，圣人的标准是“无我”，做圣人就要无私、无意、忘己、无心，非我化。这岂是芸芸众生轻易学得来的？恐怕儒学名士也只能“心向往之”罢了！学做君子如何呢？君子可是做人的旗帜啊。可是做君子也何其之难！孔子曾言，“君子有九思：视思明、听思聪、色思温、貌思恭、言思忠、事思敬、疑思问、忿思难、见得思义。”（《论语·季氏》）举止言行样样有规定，稍逾其轨都不行；“君子喻于义，小人喻于利”（《论语·里仁》），义气要紧，耻于言利；“君子坦荡荡，小人常戚戚”（《论语·述而》），要心胸开阔，虚怀若谷；“君子修道立德，不谓穷困而改节”（《孔子家语》），哪怕饿得两眼发黑，也要穷且益坚，不坠青云之志。这在那些只想着“老婆孩子热炕头”的人看来，除了敬佩还能说什么？历史上那么多人，有几个修成君子？

学不来圣人、君子，其实可以做个凡人。如果学不来也要硬着头皮学，只能催生假托圣训的伪君子、伪人，如果伪君子、伪人可恶得很，正好把大批的人往溜须拍马、奴颜婢膝的小人之路上赶。愿望与结果背道而驰，正是伪善的道德不易觉察的弊病。

伪善的道德滋养出信仰与行为背离的人格分裂症患者，“满嘴仁义道德，一肚子男盗女娼”就是这些人的真实画像。伪善的道德还培育出根深蒂固的国民劣根性。当鲁迅反思出“礼教吃人”，痛批劣根性时，我们不能不钦佩他的火眼金睛。伪善的道德之所以大有市场，是因为绝大多数人都希望别人而不是自己谨守这种道德，只有这样，自己才能尽可能地从中获益，这样就走入了人格分裂的恶性循环。

千百年来，儒家主张“以德治国”，每个人“济苍生、安社稷”的基础和前提是修身，用道德来规范自己的行为，这是无可厚非的。但是，道德是一种“君子协定”，而非法律契约，全赖每个人的高尚人格做担保，看似坚不可摧，一碰到具体利益就稀里哗啦。先贤教诲人们要“君子喻于义，小人喻于利”，“义”高于“利”，君子不可见利忘义。但是谁都知道，“首先是活着，爱才有所附丽”，做君子做圣贤才有本钱。又要表明自己重义轻利，又要活命在先，最好的办法就是装，装着装着就装出了一堆以假话和空话敷衍应事的伪人，装出了一堆双重标准不仅被心照不宣地原谅了，而且成为人人奉行社会潜规则的人。

道德是一种自我要求，缺乏制度的保证和约束。在道德准则能震撼人的心灵的时候，在唾沫可以淹死人的时候，道德可以有积极的作为，一旦道德舆论的力量削弱，道德的遮羞布就可能被扯掉。因此，中国人明知是非对错、好坏荣辱，一遇到事关自身利益的事情时，又会背“道”而行，出现严重的人格双重性。

那些表现出严重的人格分裂的愤青，也有可能并不是“先天性”的，他们只是一些或者滑头圆脑的，或者“打左灯向右转”的假愤青。真正的愤青即便人格分裂，也分裂得纯粹，青得纯洁，愤得有点让人起敬。如此看来，中国存在大量的假愤青，挂羊头卖狗肉的愤青，皮里阳秋的愤青。假愤青给本来就名声不太好的愤青添了恶名，连真正的愤青也极其讨厌他们，不愿意与之为伍。

三　愤青的精神胜利法

精神胜利法是阿Q身上一个显著特点，凡对自己不利的事，都用精神去战而胜之。别看未庄的人都比他过得好，阿Q全不放在眼里：我们先前——比你阔得多啦！你算是什么东西！

有此法宝在手，挨打也不要紧，自认是“虫豸”，可免受皮肉之苦，打完之后，可以用“儿子打老子”自慰，甚至自打嘴巴却认为是打了别人，同样可以怒气全消，安然入睡。

阿Q身上这些东西之所以被视为国民劣根性，因为是根子上的毛病，具有普遍性，阿Q身上有的，我、你、他身上有，尤其又以民族主义自豪的愤青表现突出，可以上升到民族层面。据此类推，有这些劣根性的民族组成的国家，是不是也有了“国家劣根性”？或者说，国民普遍精神胜利，国家岂有不精神胜利的道理？

一个人的精神胜利法适用于一个人与别人的关系，一个国家的精神胜利法则适用于一个国家与别的国家的关系，或一个国家的人与别国人的关系。当阿Q被看轻时，他说，我们先前比你阔多啦，换成国家，愤青会表现为什么？不妨举例子说明：

近代以降，西方国家比中国强大，皇帝老爷开始不以为然，鄙之为夷，被坚船利炮教训过后，不得不承认事实，改夷为洋，改“夷务”为“洋务”。

西方之强，与近代科学技术、发明创造的突飞猛进不无关系。科学技术、发明创造，改写了世界的文明格局和文明进程。面对这些，我们显然要矮人一截，但是我们自有高人一筹的办法：我们先前有四大发明，你们算是什么东西！这话跟阿Q的口吻何其相似！难怪英国人李约瑟搞了一本《中国科技史》，里面讲中国古代发明了什么东西，国人很受用，觉得脸上倍儿有光，虽然现实不免难堪，仍然自信满满，因为在精神上我们早就打了大胜仗。

那些人家有，而我们似乎也有，胜利的心态更容易流露出来——你们现在才有，我们早就“古已有之”。我们有一大帮学者专门干这种“考据”的活儿，你说西方有什么，他们立马考据出我们古代已有；你西方什么时候有的，我比你更早。如果你不信，他们就皓首穷经，找出我们如何比西方要早上好几百年上千年，尽管翻找出来的东西跟人家西方的东西根本不是一回事。比如有学者认为中国的大学从汉代就有了，那时叫做太学，可是那算是具有独立意义的现代大学吗？又比如说有学者认为中国在唐代就有报纸了，我们也有古代新闻史，可是你所谓的新闻、所谓的报纸，是真正的西方意义上说的新闻报纸吗？那不过是传单或文件一样的东西罢了。再比如洋人发明了汽车、火车，爱国者不顾不屑，他们说诸葛亮发明的“木牛流马”比这玩意儿早多了，全然不管这两个东西是不是一回事。还比如，洋人发明了电子计算机，爱国者笑了，先让计算机来我们算盘这里叫声祖师爷吧。但是不管那么多了，只要能够用“精神”战胜别人就行，面子总算保住了一点。

“‘文明古国’就是国人的精神鸦片，用来麻醉自己的头脑；‘四大发明’就是国人的裹脚布，用来束缚自己的步伐。拼着命去狂吼五千年文明有何实际意义？越是古国越愚昧，越是贫困落后地方的民众，就越是喜欢搬弄出一些历史光环来罩着，然后躲在这自己编织的光环后沾沾自喜，掩盖现实中的窘境。”（张邦昌《浅评愤青的“历史爱国观”》）诚哉斯言。

拿虚的东西来忽悠，总是不太靠谱的，精神胜利者也懂得“用实力说话”。有那么一阵子，我们就拿钢产量说事儿，这种胜利法以点代面，好像钢产量超英赶美了，国家实力就超英赶美了。孰不知，人家靠金融、转口贸易等发财，和钢产量没多大关系。另外，我们还喜欢拿经济总量说事，据说清朝乾隆的时候总量如何之领先世界，现在则有望超过日本跃居世界第二。为此我们很胜利，因为很少有人拿人均来计算，继续沉醉在“地大物博”之中。

当我们自己挖空心思也找不出足以让自己胜利的东西怎么办？放心，我们不是还有鲁迅所说的“他信力”吗？我比不过你，但是我的七大姑八大姨比得过你啊。宣传海外华人如何之出色，几个华裔诺贝尔奖获得者被吹得山响，去年钱永健拿了诺贝尔奖，又是一阵欣喜若狂，说华人智商如何之高，等于给自己脸上抹金粉，照样得胜回朝。至于为什么华人去了美国有惊人的成就，他们的老同学留在国内挨批斗、住牛棚，浪费大好的青春，以至于默默无闻，却没有人深究。2003 年世乒赛，中国队“痛失”圣勃莱德杯，有人站出来说，不要紧，施瓦格这个洋人，其实是“中国姑爷”。获得诺贝尔奖的华裔科学家钱永健虽然不吃这一套，但他身上不是流有华夏民族的血吗？胜利自然就属于我们了。

中国人不是曾经很陶醉于拿破仑的“睡狮论”吗——人家拿破仑都说我们是狮子，我们总有一天会醒来的。就是说，我们现在虽然不够强大，不是说我们本质上不强大，而是我们还没有睡醒过来，要是我们睡醒过来，你们就有好戏看了。可是谁能想到，西洋驯狮者用掺鸦片的牛肉喂食狮子，“狮则终日昏昏在睡梦中，尽人调戏”（《汪穰卿笔记》卷八，上海书店1997年版），这就是百年前中国的真实写照。

所谓的“睡狮论”也是一种“他信力”，通过别人的夸奖来给自己壮胆呗，而其实，一个真正强大的人，是不屑于弱者的褒奖的，只有弱者，或有着弱者心理的人，才会把强者的称赞放在心里玩赏，获得巨大的精神满足。

记得好像是2006年初吧，美国《侨报》刊登一条新闻观察，说是一个美国家庭在抵制“中国造”近一年后终于发现，“没有中国造，生活一团糟”。中国愤青听到这话，沾沾自喜起来，奔走相告，唯恐全国人民不知道，分享不了这幸福。

当时我细细阅读了那篇报道，发现使美国人“生活一团糟”的“中国造”不过是“桌子上的电视机、门边的一对网球鞋、圣诞树上的彩灯、地板上的洋娃娃”等等。那么，是不是没有中国造，美国人的衣食住行就一团糟了呢？事实肯定不是这样，美国人未必都穿中国造的服装，也不是缺少了中餐就“嘴里淡得出鸟来”，更不是非中国人的电器不用，开的也不是中国造的汽车。这“四大件”都与中国相去甚远，怎么就冒出个“没有中国造，生活一团糟”来！

而且，以一个家庭的抵制活动来观察中国造的巨大威力，其普遍性是值得怀疑的。而且，这些产品深入了美国人的生活，主要是因为价格低，价格低的原因是制造成本低。为什么制造成本低呢？一是技术含量不高，二是人力成本低。技术含量不高、人力成本低并不是值得炫耀的事，恰恰说明我们的技术，特别是自主创新能力有待提高。我们的劳动力不值钱，人们生活水平还较低，这是没有什么值得高兴的。但愤青没有这样想，就把别人几句吹捧的话当做鸦片一样吸食受用起来，仿佛又胜利了一次。

阿Q精神胜利起来，国人是旁观者，伸长了脖子看笑话，当然也有像鲁迅这样不免难过、气愤，继而陷入深思者，揭其浑噩与麻木。但是国家精神胜利起来，虽然在外人看来也无外乎看笑话，但是国人习惯于“家国一体”，一旦事关自己的脸面，就不能随便低头承认是精神胜利，引不起深思与疗救。因此，国家精神胜利不易被觉察，更不易被揭批。笔者相信，有“爱国者”如愤青看到这篇文章，定然会怒发冲冠，大骂卖国贼的。

对预想的叫骂，我都不愿理应，它无非是助长虚无的民族自大心理，使其丧失自知之明的一种手段。我唯恐精神胜利法变成宣传和愚民的手段，转移视线的障眼法（这也是“古已有之”的事），让人只看到“阔得多啦”的一面，看不到与之相反的一面。加之愤青的民族虚荣心作祟，不动脑子地跟着应和，那就不是精神胜利，而是精神麻痹。麻痹恰恰是赢不了胜利的。

四　愤青的小媳妇情怀

当我们回顾2008年的中国时，奥运会是一个不能不说的事情，对于愤青来说更是如此。当他们多年以后回首，会觉得在如歌的青春岁月里值得回忆的聊胜于无，但是他会以自己参与或是见证了北京奥运会在中国举办而觉得青春一下子被填充了，满满当当的。

之所以他们会牢牢记住北京奥运会，是因为这不只是个人历史的叙述，同时是一个国家民族历史的叙述。他们参与进去一起叙述，形成共同记忆，共同的记忆仿佛就有了更多的历史价值。

这是怎样的一种叙述？以一种什么样的方式叙述？这是一种民族宣言式的叙述，用一种雪耻的方式叙述。我敢这样说，是因为我近距离地观察了他们。当很多朋友在奥运期间挂笔赋闲之时，我写了不少关于北京奥运会的文章。我把奥运会当做一次近距离地观察世界、观察中国人的好机会。因为，中国人，尤其是中国愤青潜在的很多毛病、毒素、劣根、丑态，只有在与外国人，与世界的联系、交流及冲突中才会表现得最为清晰。

我们太希望有一个平台来向世界展示国力强大，我们太渴望获得别人的好评。当我们申奥成功时，举国欢庆，那喜极而泣的泪水里谁能分得清有多少屈辱的成分？当奥运会开幕时，我们花那么多的时间、金钱、精力去准备开幕式，谁又能说不是在用极尽华丽的场面来疗治历史的伤口？我知道，所有的集体记忆都在这一刻清晰起来。

我们是一个多灾多难的民族，是一个曾经的受害者。鸦片战争、八国联军、日本侵华……给中国人带来深重的灾难，屈辱的历史成为绝大多数中国人抹不去的心灵阴影，屈辱的堆积衍生出一腔的怨气。中国一百多年来的奋斗与努力，仿佛都是为了摆脱这样的心灵阴影，恢复曾经的辉煌，证明自己的存在，“屹立于世界民族之林”。

将历史与现实联结起来，我们似乎明白了，为什么奥运会的话语在我们这里发生了那么大的主题性变化？为什么我们对外媒的质疑难以保持平常心？就是因为我们把奥运会更大程度上当成了一件让中国人来“说话”的舞台，当成了一次雪耻的机会，用一次盛大的舞台展示，来洗刷民族国家的屈辱，来证明自己的强大与存在。

在奥运会那些日子里，中国愤青像打了鸡血一般活蹦乱跳，奥运火炬受阻、家乐福事件、奥运承诺、外媒指责、口罩事件……一直都没有消停过。他们的作为，一面有可赞的精神，要维护奥运的成功举办，另一面就是要保证这场宣言式的、雪耻式的国家叙述漂亮完成。为了做到完美，连自己的同胞可能影响这场叙述的行为也难以接受，于是就有了老愤青聂卫平公开谴责郎平，因为郎平竟然做了我们的敌人美国的女排教头，而且还率领“打疯了”的美国女排战胜中国女排。郎平网上遭到了愤青的痛批顺理成章。另一个典型的例子，就是刘翔因伤退出了比赛，遭到无数愤青的炮轰恶骂，让人脊背发凉。

一个成人理应比一个少年更容易保持平常心吧，因为他的成熟与理智，因为他的阅历与见识。然而，愤青如此渴望得到承认、荣誉与赞美，哪怕是极小的质疑和反对都难以接受，恰恰证明愤青还没有“成年”，依然还没有摆脱因自卑屈辱而衍生出来的自负报复心理，严重地阻碍着中国健康国格、中国人健康人格的形成。

自证“成人”也没有什么很大的错，总不能说一个人赞誉自己成年是一件坏事。成年了好啊，从法律上讲，就要对自己的一切行为负责了，犯了法就该领刑嘛，为人父母的也可以理直气壮地不再管你的生活。然而，愤青们所谓的“成人礼”，在我看来是貌似以为自己从媳妇熬成了婆婆。

这话的意思是，虽然还没有真正熬成婆婆，但是自己觉得快了，差不多了。现在中国的经济总量跃居世界第三，再过两年超过日本恐怕也不在话下，再下来不就是挤掉这个“美国婆婆”了吗。虽然还没有真正把“婆婆”挤下来，可现在金融危机加深，美国日子不好过，奥巴马在急忙调整政策，到处收紧战略，而我们手里有的是外汇，美国还指望着我们去接济一下他们呢。在这个时候，中国愤青已有点按捺不住要接替美国做世界头号强国了。

说愤青们有一股子小媳妇情怀，就在于他们貌似以为自己从媳妇熬成婆婆之时，流露出来的“受害者心态”和以复仇的方式来洗刷历史耻辱的心理。中国自鸦片战争以来，就像小媳妇一样被西方列强压制着。这个小媳妇一当就当了上百年，愤青们憋着一肚子怨气。今天，中国在政治、经济、文化、军事上已经远远超过旧中国，用时髦话讲是“大国崛起”。尽管，愤青们并不理解“大国崛起”中的“大国”是指一个“强大的国家”还是一个“伟大的国家”，反正是大了，大了就要做大佬。

常言道“媳妇熬成婆，眼泪流成河”，被虐待许久的媳妇熬成婆时，很少有不在报复心态的作祟下继续苛责凌虐下一代的。

中国历史上，那些苦媳妇熬成婆的，没有不在自己当了婆婆时来一次又一次“肃反”，后朝的皇帝对待前朝的皇帝家儿老小，有几个会好心？就是像明朝朱棣这样的“媳妇”，当了“婆婆”时，也会六亲不认，杀他个痛快再说。

曾经，有个朋友跟我聊一个话题，说要是刘备夺得天下会不会杀诸葛亮。他认为以刘备三顾茅庐、礼贤下士的宽广胸怀，不会杀诸葛亮。我说那只是你的一相情愿罢了，要是刘备夺得天下，当上了婆婆，所有曾经把他当过小媳妇的人都要遭殃。那时，诸葛亮也没有多大用处了，也属于“鸟尽弓藏”一类。刘备一想到当年自己像小媳妇一样到茅庐去求你三次才赏脸，今天，我就要骑着你爬回茅庐去，要把我当年低声下气、委曲求全的东西统统补回来。再说了，你诸葛亮如此足智多谋，保不准给我下黑手呢，不除你除谁。

不可救药的民族中，一定有许多英雄，专向孩子瞪眼。这些孱头们！

孩子在瞪眼中长大了，又向别的孩子瞪眼，并且想：

他们一生都过在愤怒中。因为愤怒只是如此，所以他们要愤怒一生，——而且还要愤怒二世，三世，四世，以致末世。

（《华盖集·杂感》）

鲁迅先生真是火眼金睛，这种“媳妇熬成婆”的文化机制没有改变，就不要指望媳妇未熬成婆时不怨愤，就不要指望她熬成婆时不报复。

现在，虽然没明说，中国愤青不就是把中国与西方当做一种变相的婆媳关系吗？多年的媳妇熬成婆后，他们是绝对忘不了摆足“婆婆”的架子的，也绝不会忘记雪洗一下旧恨的，“青出于蓝而胜于蓝”也不是不可能，将一种恶质的互虐文化循环下去，势必将“世界大家庭”搅得永无宁日。

小媳妇情怀就是“图穷匕首现”。2009年，在《中国不高兴》一书里，小媳妇扮装的愤青手里的匕首已经露出了两寸——《中国不高兴》中提出“有条件地决裂”，等到匕首全部露出来，愤青们难道要去攻占白宫？

世界上也有不少受到外族入侵而造成积贫积弱的国家，仇恨与创伤一定也不少，但这些国家实现民族自由独立之后，往往能正确处理历史与现实的关系，民族创伤与国际交往的关系，基本上都能“化干戈为玉帛”，不像中国人这样，背负如此沉重的仇恨包袱，时刻也不愿意放下来，天天把自己扮成一个一肚子怨气的小媳妇的样子，做梦都想做可以报仇雪恨的婆婆。

这种小媳妇情怀最大的坏处，就是让我们不能用一种平常心与西方对话。由于带有小媳妇的怨恨，内在地排斥西方文明，让我们错过发展机会，让我们的民族难以接受西方文明中优秀的东西，包括普世的价值，自我桎梏发展的脚步。

真正的强者都有一颗平常心，显得自信、平和、宠辱不惊，什么时候我们摆脱了受害者的小媳妇情怀，什么时候我们就拥有了平常心，而这，并不是一件容易的事。

五 愤青都是纸老虎

电影《霸王别姬》里有个对白，学生抗日游行，一路过的人说："一个个都忠臣良将的模样，这城外就是日本兵，打去呀？敢情欺负的还是中国人哪!"另一个接口道："瞎哄呗！学生都火气大，没娶媳妇，又没钱找姑娘，总得找地方撒撒火不是?"

真正要他上阵不敢，只想找个机会撒火，这简直就是对愤青最为精到的扫描。这样的例子无非说明愤青都是一些外表强大、内心怯懦的家伙，是一群纸老虎，虚张声势，稍不留神就会露馅。

愤青的怯懦我是领教过的。中法关系十分紧张那阵子，我发出了不抵制法国货的声音。有愤青人肉搜索到我的手机号，打电话来恐吓我，其中有一个叫我出门小心一点。我当时就回他一句："有种你就直接找上门来，不要偷偷摸摸地守在我出门的路上。"坦诚地说，说这话之后我确实有点担忧，要知道，我在明处，愤青在暗处，防不胜防。但此后除了在网络之上，一直没有愤青骚扰我的生活，我想恐吓只是那个打来电话的愤青的"纸老虎招式"，即便他跑到我家里来泼粪，我仍然会把他看成孱头——手段的卑劣，越发见出内心的孱弱。

其实，愤青的"纸老虎招式"古已有之。大清国闹义和团那阵子，大清国的愤青们都把自己吹嘘得神乎其神，说自己刀枪不入，让洋人的枪见了女人的月经就会哑掉。那架势真的很吓人，然而真的碰到洋枪洋炮时，都趴下了，连"神鞭"也不管用。

愤青们看起来是很强大，骨子里很懦弱。平时，都说中国人是一盘散沙，也就在抢购打折货的时候见到万人潮涌的壮观，否则哪能见到万人上街去潮涌呢？不怕被抓进局子里去？不要紧，只要打着爱国的旗号就等于披上了合法的外衣，就可以潮涌了。"爱国主义"大旗一扯，一批批跟风，人多势众，多壮胆啊，想骂谁就骂谁，想打谁就打谁，又不用坐牢，说不准还博个先进哩。愤青这点出息，总要为自己的行为贴上"爱国"的标签，才可以壮起胆子说话做事。这让我想起一句名言，好像是这样说的：爱国主义是懦弱者或者无耻者最后的遮羞布。

而别人跟他们稍有异议，就群起而攻之。往往不是就事论事，有理讲理，而是用“政治正确”、意识形态和道德优越来打压异议者，不假思索地骂他们是汉奸、卖国贼。这事实上是将自己摆在了“政审”的官方位置，有这个“官方的背景”，怎么能不底气十足、抬头挺胸？说话的调儿都高八度。

倘若内心很强大，是不必在乎别人站出来提出异议的，不至于一听到不同的声音就要跳将起来，骂将过去。神经脆弱如此，不是懦弱的表现，莫非还是强大的表现？内里懦弱，又要显得自己很强大，只好装成老虎，只唬得了无知的小孩，唬不了稍为清醒的成人。

在愤青那里，爱国经常并不是我们想象的那么崇高伟大，也有“成本核算”。比如，愤青要是反拆迁，反城管，风险就会很大，这一反就可能触到某些人的利益，说不定要遭打击报复呢，所以最好还是不要反。离自己越近的越不能反，要“近交远攻”，要“异地监督”，离得越远的越好反。反正愤青反法，法国总统也不会来找他们的麻烦，却得到了“统一战线”的盟友同胞的称赞，可谓成本小而收益大，是件划算事。

所以我们讲愤青的特征，有一条就是“聋于周边”，对身边的民生、民瘼，冷酷如同路人。这不一定是他们没有看见，可能是看见了不敢说，于是装着没有看见。一旦真的关心起来，就可能得罪某些强势群体，而这又是愤青惹不起的。惹不起，总躲得起吧？装聋作哑，不问疾苦不就行了？“聋于周边”，其本质还是懦弱的表现。

愤青最喜欢说我们“大唐帝国”如何如何强盛，世界人民都来顶礼膜拜，成吉思汗打到欧洲哪个地方，所到之处，无不称臣。这种“光荣的怀旧”，也正映射出愤青内心的怯懦——补偿一下近代以来挨打的虚弱。

愤青仇日，世人皆知，仇日就要打日，打日就要用核武器，为什么？因为日本战后不得发展核武器，我们正好有核武器，打它不是容易得很吗？且不说国际法对核武器的使用有严格规定，单这种“恃强凌弱”的“核平”搞法，就是一种懦夫的行为，相当于把一头狮子捆绑起来抽鞭子，然后说，你们看，我多厉害，连狮子都敢随便抽打。边抽还边说，我替你们报仇雪恨了。

愤青的纸老虎特性还表现在愤青的爱国方式上——口水爱国。在家里敲敲键盘，吐吐口水，爱一爱国，是一件多么轻巧的事，几乎不需要付出任何成本，就收获了爱国英雄、民族大义的高帽。要是换作理性思考，报名参军，揭露腐败，研发中国芯片之类，需要投入太多的成本，只是，真正去做这些事的人，往往又没有时间去口水爱国了。口水爱国就成了愤青的专利，当然，如果口水兴邦是条硬道理，多吐口水也不错。

愤青在网上爱国看起来排山倒海，那只是因为他在匿名发言罢了，要是真的都实名上网，你看愤青还敢那么口无遮拦不？网络的虚拟性可以让一个愤青虚拟出强壮的肌肉，其实在现实中，他可能是一个弱不禁风的小男生。因此，无论他在网络上叫喊的音量多么强大，总归改变不了弱小的本质。

有一些著名的爱国事件，如“赵薇日本军服事件”、“掌掴阎崇年事件”、“口吐日军T恤事件”、“轰赶和服母女事件”，一直在成就着愤青冒充老虎。这些事件当中的“倒霉蛋”无非弱女子、白发老头而已。他们受辱而抱头鼠窜，正反证着愤青的懦弱，绝不反衬愤青的高大，因为，打死愤青也不敢向那些配置日产高级轿车的官员吐口水。

孱弱的人会幻想强大的人来侵犯，会“设计”侵犯的可能和防范的办法。愤青脑子里经常有一些“西方阴谋论”，这也是一种孱弱者压迫幻想症之一种，先假设别人亡我之心不死，然后敏感到把别人任何一个不利于己的言行举动视为“阴谋”。

愤青为什么外表硬挺、内心虚弱、一戳就倒？因为，“有理不在声高”，愤青讲的那一套经不起理论的推敲，更经不起事实的推敲。因为，病态民族主义愤青的最大的问题，就是没有理清中国人的真正利益所在——公民基本权利与自由的真正落实，其行为离开了最基本的利益支撑，就成了一张空白支票。他们非要说这张支票值一千万一个亿，可是一个卖烧饼的老大娘都看出来那是空白的，不值一文。

就拿抵制日货来说，愤青说得雄赳赳气昂昂，大义凛然，一推敲就如同在气球上扎针，一下子泄气了。在一个全球化、地球村的时代，各国的经济依存度很高，抵制是损人不利己；现在所谓的日货，很可能原料是中国的，技术是美国的，组装在马来西亚，只是贴的日本商标，很难说是纯而又纯的日货；抵制了日货，等于技术的自我封闭，等于抵制自己。这不是搬起石头砸自己的脚，伤害自己的利益吗？

愤青站不住脚的东西多了去了，我只是举了一个简单的例子，从这例子就可以看出，无论愤青口号喊得多么雄壮，听起来像虎啸，但愤青毕竟不是真老虎，只是纸糊的老虎。所以，外表再怎么耀武扬威，稍微一碰到理性分析，他们就稀里哗啦了。

六　愤青都有表演欲望

愤青的表演

愤青的表演到了失去理智时，就变成了虚妄的表演，不再是真实的身份或想法的真实表达，而是为了表演而表演，即便“自以为是”，也因冲昏头脑而变得虚妄。

在西方大哲里，对这种人群有一种描绘，叫做“乌合之众”、“群氓”，具有冲动、易变、偏执、极端等心理特点。“孤立的个人很清楚，他不能焚烧宫殿、洗劫商店，但是在成为群体的一员时，足以让他生出杀人劫掠的念头。”为什么会这样?其实部分地因为上升到了表演的夸张的结果。当然，这种表演如果是为了正义倒好，有着崇高英勇的意义，要是邪恶的，则会十分地残忍，人一多，激情一燃烧，什么道德法律都会烧得稀烂。

这都是在眼对眼、面对面时，现场感极强的表演，如果将这种表演放到网络上，这种表演会显得格外的狂热与虚妄。因为，网络的虚拟性，会让人有一种身份模糊感。自我身份的模糊让人的责任意识变得模糊，于是网络成了一个随地大小便的地方，随意骂人，出口脏话，恶毒攻击，都会变得格外轻松。同时，“攻击对象”虽然是一个具体的靶子，但面目也是相对模糊的，也不会有人跟他秋后算账，两者综合，让表演变得夸张到近乎疯狂，什么好人坏人都排头砍去。

愤青们对于中国在国际摩擦中理性的、建设性的言论的肆无忌惮的攻击，跟现实中的批斗场景里的表演有极大的相似之处。一方面，由于他们的“政治正确”，因此觉得自己占据了“正义”的山头，然后再甩给对方一顶汉奸卖国贼的帽子，让对方一下失去了跟他辩论的道义资源。此时，他已经觉得自己完全占据上风了，根本就不屑于跟你讲道理，只管发挥他们的表演天分就可以了，你的辩论在他看来，不过是越描越黑的自讨苦吃。另一方面，他们在表演中充分地表明了自己的观点立场，会赢得同伙的夸赞与互动，由于网络的虚拟性，让他们很容易逃脱责任的追究，总是做着只赚不赔的买卖。

跟过去的批斗表演一样，网络的表演可能因人肉搜索而真实地伤害到“攻击对象”，跑去其家里做一些如泼粪、打人、贴大字报等等违法的事（违法的事因为打着爱国的旗号而变得荣光起来）。但恐怕最主要的，还是要通过夸张火热的表演来营造氛围，形成一种气压，让本想说话的人把舌头缩回去，将一部分人的意见湮没于喧闹，达到一种社会控制的作用，并且拿捏到位，运用得十分的娴熟。

这正像一个朋友对我说的，你想扮一个执法的工商人员去解救那些像“精神传销”一样的愤青，他们非但不领情，还要围攻你。我当然不敢说自己去解救谁，我自己都还在拼命救自己呢。我只是想深究一下虚妄的表演的成因和现象。朋友说这也没有必要，“当你看透这些把戏后，真是一点意思也没有”。我想也许是吧，跟虚妄的表演较真，自己也可能很虚妄起来。

把演戏做得跟真的一样

鲁迅先生说过，国人惯于把做人和做戏混起来，在生活中也演得很卖劲。以前我对此颇为不解，人都想活得真实，为什么跟演戏似的呢。生活与人生一旦进入“演”的状态，必有虚假的成分。我们偏好“演戏”，岂不说明我们对虚假也有偏好吗？

现在，经过那么多年对人情世态的体味和观察，我觉得鲁迅先生真是洞若观火，中国人确实喜欢“演戏”，范围之广，程度之深，世上少有。

中国人平时在生活交往中，为着面子，那种你勒紧裤带弄点排场给我看，我打个胖脸给你看的例子就不必拿来说了，虽然有些东西搞得假惺惺的没劲，但毕竟难违“人之常情”。

我想说那些下面演给上面看、上面演给下面看的戏，觉得此中更见表演功夫。下面演给上面看的戏，多得很。我们身处某个单位、某个乡镇、某个城市，经常会有一级级的领导来视察、考察、调研、学习，这时就能看到下面是如何演戏给上面看的，看出演戏的功夫何等了得。

一般来说，这种表演必然地包括倾巢而动打扫卫生，保持环境干净整洁，“欢迎领导莅临检查工作”，这是第一要务，并不是为满足单位职工、城乡居民正常生活工作的需要；而是做（表演）给领导看的。

有些地方，演技更好一点，会把有碍观瞻的断壁残垣粉饰一新，或专门修些长长的、粉刷漂亮的墙壁，把那些丢面子的贫民窟、破落户挡起来、藏起来，唯恐破败的景象影响领导的视线，败坏视察的好心情。

更高水平的表演，就不光讲硬件，还特别注意软件，诸如见人就笑等“市民十准十不准”之类的“文明礼仪”，在“活动期间”会被着重强调，尽管活动一结束一切都回到从前。有时候，为了确保演出万无一失，清理可能上访的民众也是十分必要的。

下面演给上面看，演得认真，演得完美，会获得高度评价，会被安排更重要的“角色”；演得不好，对不起，此君缺乏艺术才华，连目前的“角色”都有不保之虞。所以，即便是个棒槌东施，此时也要不惜血本化装成西施，给我演好喽。

上面需不需要演给下面看呢？也是需要的，要演出清廉、正气、高大的形象，直到看上去无可挑剔，才能让人敬仰啊。至于落马后被发现原来是个“双面人”，如何之贪腐、卑鄙、龌龊，那就不管了，在台上一天，就要演好一天，也还算有点敬业精神。

除此之外，还有国内演给国外看、国外演给国内看的戏。不过，后者超出了我的见识范围，不敢乱说，前者的情况熟悉一点，可以一说。

稍远的例子举1972年尼克松访华，看看我们如何演戏给老外看：“尼克松来，北京做了充分准备，可以说是全城动员。许多访问单位都大搞清洁卫生，粉刷一新。市面上多了一些水果、蔬菜、食品、百货一类。王府井一带，市招（招牌）为之一新，认得出哪家铺子是卖什么东西的，是一大改观。书店里陈列了《红楼梦》等书，供外人选购。治安保卫，更是抓得很紧。尼克松的群众性活动只有两次，一次是看戏，一次是看体育比赛。体育比赛原定是（观众）每五人中有一人鼓掌，后来临时改为全场起立鼓掌，首尾共两次。”（摘自北大教授罗荣渠回忆录《北大岁月》）

这样的戏让国人看了熟悉且对胃口，以为外国朋友也会喜欢，岂料他们并不领情。结果，我们习以为常的表演，在一些外国观众那里被喝了倒彩。这不是因为我们演得不好，而是我们演得太好太投入，好到以假乱真。而这一点，恰恰是外国朋友无法接受的，他们或许根本就不喜欢、不容忍将正常的生活、正常的活动弄成演戏。他们对于真与假，做人和做戏，分得很清楚。

在种种或大或小的演戏之中，或多或少的国人粉墨登场，久而习惯。如此，演戏的人假戏真做，看戏的人假戏真看，配合默契，慢慢地把演戏与做人，把看戏和看事混搭起来，即便演“假把戏”时也全情投入，即便看“假把戏”时也心领神会，形成了全民演戏的大好局面。

七　浅谈愤青嘴里的“骨气”和“血性”

“照你的说法，如果你的母亲被强奸了，你也要在一旁看着叫好吗？”

当有人站出来批评愤青非理性爱国的冲动时，这句话就从愤青的嘴里吐出来，差不多成了驳斥别人的屡试不爽的“挡箭牌”。

我不主张抵制法国货，愤青听了很恼火，将那句“如果你母亲被强奸”的话改装了一下来回敬我：有一天廖保平看到自己的妻女被歹人非礼，廖保平站在边上想，让他们去非礼吧，我不能去阻止更不能打啊，阻止或者打了，歹徒也会反击，搞不好我也会受伤。如果抵抗的结果是两败俱伤，这种只要面子不顾死活的反抗不要也罢。想到这个结果廖保平就默默地走开了……

弄不明白，为什么将国家与母亲（妻女）画上等号？将理性与冷漠画上等号？愤青大约不会愿意跟人讨论他们嘴里那些拙劣的比喻、混淆的概念，而是要强调别人没有骨气，没有血性，同时表明他们是有骨气、有血性的。

他们应该是有骨气和血性的，在中学课本里学习了吴晗老先生的《谈骨气》（在那个饿死人，样样不如人的年代，大约也只能靠谈骨气来给人打气了），欣赏了孟子的“富贵不能淫，贫贱不能移，威武不能屈，此之谓大丈夫”（《孟子·滕文公下》），就是没有骨气，也要给自己打点气。

他们真的那么有骨气和血性吗？他们要是真的像他们标榜的那样有骨气和血性，那么他们如此仇恨洋货，为什么不像当年的义和团那样，表现得更为“骨气”和“血性”一点，把在中国的洋货统统销毁掉？当然，先是把自己家里的洋货统统清出门户。自己没有胆量清理自家的洋货（清理了洋人发明的网络，就不能坐在电脑前骂人了），只剩下骂同胞没有骨气和血性的份儿。莫非骂同胞更能显示自己有骨气和血性？

他们真的那么有骨气和血性吗？他们要是真的像他们标榜的那样有骨气和血性，那么他们就不该“奉旨爱国”、“奉旨冷静”，对权力毕恭毕敬，信奉为了当大爷先当孙子的厚黑学，就该“不为五斗米折腰”，就该“天子呼来不上船”。

人活一张脸，树活一张皮。我发现，富人说得最多的是脸面，而穷人说得最多的是骨气。为什么穷人偏好讲骨气？我寻思，这是因为穷人除了骨气没有任何东西可以维系自己的面子了。这骨气成了最后的堡垒，把拼尽这一把骨头争个体面的东西看得格外重要。要是最后的堡垒也被攻下，整个人的精神支柱就垮了，那就人将不人了，因此就要有血性来助骨气之力。

因为没有什么可以撑脸面的了，只好用骨气来撑，由于这是最后的支撑点，因此格外地看重，死死地守住。为了守住，往往不惜一切代价，哪怕是去死，何况血性。因此，在穷人这里的骨气，具有无比自戕而悲壮的色彩，或者说，将自戕和悲壮进行了审美化。眼看要饿死了，也“不食嗟来之食”，明明螳臂当车，也要为骨气而粉身碎骨，多么悲壮，多么令人陶醉！

这精神当然是很可贵的，但是为了骨气，为了血性，非得要这样自戕而悲壮吗？非要头破血流吗？我们的先人要是都是这样，我们这个民族恐怕早就消亡了。为什么这样讲？一次次外族入侵，一次次地骨气血性到底，那只有一条路——死路。这样，我们这个民族还会存在吗？我们的祖先都为骨气和血性而献身去了，还会有我们吗？还会有我们在这里讨论骨气和血性吗？没有了，早就没有了。

历史上也有一些看起来没有骨气的人在被后人赞扬嘛。那个越王勾践被抓去给吴王做车夫，受尽侮辱，要是讲骨气和血性，就该一头撞死东墙，也就没有卧薪尝胆的故事了。那个韩信，要是讲骨气和血性，受不了胯下之辱，中国的历史说不定要改写呢。你说勾践和韩信的行为叫有骨气有血性呢，还是叫没骨气没血性？我真的说不好。如果把骨气血性简单地看成是不需过大脑的行为，我对此持保留意见，毕竟，人不光要补钙，还得补脑，不光只有情绪，也得有理性。

关于骨气和血性，我觉得有一个网友说得特别好。他说，骨气和血性绝不仅仅是喊在嘴边的口号，而是你血液里奔涌的那种精神，那种倔犟，并因之而产生的向上的动力，去学习，去奋斗，或传播文化，或投笔从戎，或在平凡岗位上努力工作，为国家的建设努力（最起码不要危害国家）。

说实话，我常常被愤青的骨气和血性所感动，一个国家要是没有一些有骨气和血性的人，将会变成一个“矮人国”。千百年来，中国人百折不挠的奋斗精神，应该一部分有赖于骨气和血性。看到愤青的热血行为，我常常怀疑自己，是不是“哀莫大于心死”，“不再年轻”？这种反省让我认识到，骨气和血性本质上并不是坏东西，但是，把这个东西理解错，就可能做错。

我认为愤青嘴里的“骨气”和“血性”经常偏离了对“骨气”和“血性”的正确理解。如果把谦虚谨慎视为没有骨气和血性，把客观冷静视为没有骨气和血性，那么，我们就是一颗炸弹，一点就爆炸，世界玩完。它只是一种破坏的力量，而不是一种建设的力量。

我这样说，并不是赞同奴颜婢膝、汉奸逻辑，我认为，我们这个重面子的文化从来就不缺少能挣来面子的骨气（缺不缺少血性还不好说，要说血性，中国人比不比得上日本人很值得商榷），但是却十分缺少工具理性和务实精神，喜欢飘在空洞的价值上说话，玩味几个高蹈的名词满足虚伪的民族自尊心，自我膨胀到一定程度，骨气变成了傲气，血性变成了毒性。这种民族确实会生产几个令人敬佩的有骨气的人，比如伯夷、叔齐、文天祥、方孝孺、朱自清等。倘若作为个人的修养而言，是值得称赞的，但要就一个民族而言，会因此而自以为是地故步自封，不能进步，不一定值得大加赞扬。

当年，慈禧太后的骨气比哪个都大，敢向西方国家宣战，结果她一个人的骨气连累了全中国人民。今天的中国，不是一个“穷人”，也不是要做一个莽夫，不是为了骨气而“嗜血”，而是大国风度。

因为日本侵华给中国带来深重的灾难，中国人仇恨日本人是情有可原的，有良知的日本人应该正视中国人的这种感情，但是那种为了显示“骨气”和“血性”，要“杀光日本人”、“血洗东京”就十分可怕。现在的日本不是军国主义时期的日本，现在的日本人不是侵华的日本人。杀日本人，血洗东京，死掉的将是大量无辜的日本平民，这将犯下反人类罪，而不是什么“骨气”和“血性”。

按照中国愤青的逻辑，“二战”时的日本被美国扔了两颗原子弹，“二战”后的日本又被美国军事占领，日本愤青应该对美国奋起直击才对，抵制一切美国货，包括美国的资金和技术援助——在中国愤青看来，有骨气的人应该“不食嗟来之食”，不应该“有奶便是娘”，日本人应该宁肯站着死，也不要跪着生。可日本没有这样做，他们承认美国比自己强大，适当让步，虚心学习，为自己的生存发展赢得了空间，“二战”后迅速崛起成为世界第二的经济体。

不妨做一个假设，日本要是被一帮愤青绑架，为着所谓的骨气继续用血性跟美国抗争到底，那么，日本就不是现在的日本。日本用受的胯下之辱换来了国富民强，这种务实的精神应该值得中国愤青思考。何况，我们现在也没有什么了不得的奇耻大辱。

对美国，愤青也是同样的思维，认为有骨气和血性的中国人就应该跟美国人打一场核战争。仗着那股“骨气”和“血性”打一打不是不可以，可是打了之后怎么样呢？且不说目前中国的实力抵抗不了美国，就算实力相当，结果无非是中国和美国的城市和乡村被夷为平地。愤青自己以及自己的亲朋好友都做了“骨气”与“血性”的祭品，而自己还觉得十分值当，这样的“骨气”与“血性”难道不比野兽更加的冷漠无情？如果说这就是骨气与血性，跟犯罪有何异？

不要再拿抗美援朝那点陈年旧事来撑腰了，在那场与联合国军进行的战争中，中国死了多少人？为此付出了那么惨重的代价，有什么值得夸耀的呢？对于这场灾难，除了纪念，我真的说不出什么与骨气与血性相关的自豪。现在，除了那些战争狂人，没有谁愿意看到中美来一场损人不利己的大决战。

爱与害只是一线之隔，没有理性色彩的骨气和血性都不值得称道。一个国家被一帮子打了鸡血的人玩儿，迟早会被玩完的。因为，这个国家讲“骨气”与“血性”，会惯于描绘宏伟蓝图，喜欢讲大目标，做远景规划，搞得人热血沸腾，跟着去做梦。大跃进那阵子，我们也是特别强调大目标的，在那个条件之下提超英赶美，目标比现在的愤青们不晓得高多少倍，然后大家都迷恋这个目标，骨气也特别的硬足，把树木砍光也要去实现，连家里炒菜的锅砸碎也要去实现，谎报亩产10万斤也要去实现，结果是可想而知的。

一旦目标成为唯一的追求，所有的手段以及手段的合理性都不必考虑太多，包括“骨气”、“血性”这些为达成唯一追求的目标而使用的手段也变异起来。恰恰在这一点上，我认为，无论多么宏伟的蓝图，也不能瞎忽悠别人用不正当的手段去实现，更不能用“骨气”、“血性”这些漂亮的东西来包装它。

八 愤青的口腔问题

“你们全家死绝”，“傻 X”，“吃屎长大的”，“去你 M 的”，“你去死吧”，“你就是个汉奸奴才的胚子”，“我 CAO 你八辈”，“放你 M 的屁”，“一头猪的智商”……

当你听到这样的骂话，千万别以为是泼妇在骂街，而是一些自诩文明的人在发飙，是网络上的愤青在爱国。

因为跟愤青有过激烈的争鸣，我对愤青有近距离的接触和交流，也因为争鸣，而见识了愤青争鸣的方式和水平，在我看来，愤青取胜的法宝无非两样——辱骂和恐吓。

鲁迅说，辱骂和恐吓不是战斗。在愤青眼里，却是最有效的战斗。所谓辱骂也，就是先从人格上把对手置于道德的劣势，为自己战斗的正义加分。骂对手是汉奸、卖国贼、二毛、洋奴……这些带有明显政治和道德评判色彩的字眼加诸对手之身，单是跳进黄河里去洗刷就很费劲，这不正好让愤青痛打落水狗吗？这样，道理还没有开讲，自己已经占据有利地形，对手的堡垒开始松动，已经赢了对手几分。

在与愤青的争鸣中，“我被骂得狗血淋头，连祖宗十八代被骂光的也不少。这辈子该遭受的骂仿佛在这一会儿领受完了”。如若在愤青得势的时代，我早就不知何处去了，哪里还有机会在这里分析愤青的口腔问题。

有朋友可能会说，愤青跟你辩论是需要逻辑的，这是个头脑问题，而不是口腔问题，那么我告诉你，愤青跟我辩论恰恰是把头脑简化成口腔，或者将口腔等同于头脑，也可以说，很多愤青在谈物议事，就事论理时，用于思考的不是头脑，而是口腔。当你打算用头脑与之争鸣时，而他却用口腔来应战。这就难免会变成鸡和鸭的一场对话，把用头脑思考的人羞得落荒而逃，而愤青还可能会说，对方不堪一击，轻松就“骂败”对方（而非打败），得胜回朝，去领取五毛钱的赏银，或者根本就是“义务劳动”。这义务劳动也是两全其美的，既立了无赏的大功，又快活了嘴巴，于家庭于社会也并非无益。他们口腔里的秽物喷射到他们眼里的汉奸、卖国贼这样的对象身上，应该可以减少对社会其他成员的喷秽。

恐吓也是愤青惯用的手段。2008年底，在愤青抵制法国货的风口，我发出了一点理性的不抵制法国货的声音，在网络论坛上、博客上、QQ群里辱骂我的愤青不可胜数。还有的愤青“人肉搜索”到我的手机号，我还真接到过三个愤青打来的“问候”电话，辱骂是肯定少不了的，其中就有威胁恐吓的，警告我出门如何小心之类。

愤青就是流氓假仗义、瞎起哄的高人，并不是一帮亡命之徒。因为恐吓是不用有什么付出的，动动嘴皮就可以了，而一旦真的要有什么行动，就要有付出，他们断然不会去做。我们千万别忘了，愤青同时是一帮精明的人，就像他们打着爱国旗集体去冲击家乐福一样，那是因为他们知道那样很安全，如果不安全，他们自然不敢去。

就像一个愤青在网络上骂我那样：“若哪天杀人不犯法，我第一个杀了你!”哈哈，他是不是特期望那个“安全日”的到来啊。我要告诉他，在一个民主法制的社会里，他永远也没有这样的机会，但是在一个愤青得势的社会，这样的事随时可以发生。正是要防止中国倒退到后者，我要坚决地打捞愤青，中国少一个愤青，中国就多一分安宁。

当一个民族尚未进化到头脑，而仍停留在口腔甚至肛门的阶段，不能说如何之悲哀，至少跟“大国”不相匹配吧。大国自有大国之民，大国之民自有大风范，大风范应脱离泼妇之腔，这是一脉相随的。愤青的口腔问题或者说是在为大国之民抹黑，或者说明，我们离大国之民还远得很。因这些还停留在口腔的低素质人群的大量存在，我们还不配称大国。

口腔问题在愤青看来或许只是小问题，实则是个大问题，它不光是一个国民素质的问题，还是一个言论环境的问题。当一个民族在争鸣中不会用“摆事实，讲道理”来说服对方，而是用辱骂和恐吓来强迫对方听从自己，这种霸道的说话方式反映的深层问题是：

1. 我代表了“政治正确”；
2. 我代表了“道德优势”；
3. 我代表了“真理他妈”；
4. 我代表了“大多数人”；
5. 压根不把对方放在平等的位置上；
6. 对方在“乱说”，对方不能“乱说”；
7. 对方压根就不能有“异议”，不能有“话语权”，不能“多嘴多舌”。

所有这些，最后都流到一个大的问题池子里——对方不能言论，有也不能自由。

这样分析，难道不可以看出，愤青的口腔问题并非嘴巴不干净、没有素质那么简单？这背后深刻的，或许是专制遗毒在口腔上的残余，说起话来，难免带有一股“毒气”和“霸气”。这专制的遗毒就是不让人说话，不让别人批评，不让人自由言论，用辱骂和恐吓封杀别人。

现在，自然不能搞“腹谤”之罪了，但可以用汉奸、卖国贼来压人，用“问候”别人的家人、祖宗十八代来压人，目的是让对方“闭上鸟嘴”，最好是噤若寒蝉，只听一种声音，听莺歌燕舞，为上为妙。

这个时候，愤青的口腔异化成了钳制舆论、打压异议的最好工具，而愤青可能不明就里，稀里糊涂地把自己的口腔借给别人用作高音喇叭，他们却在“借用”中获得快感，这真是奴才的快感。

一个不能容忍不同声音的人不是一个成熟的人，同样，一个不能容忍不同声音的国家不是一个成熟的国家。愤青只进化到口腔阶段而非大脑阶段，是为不成熟的人。中国还有那么多不成熟的国民，是为不成熟的国家。

据说，现在有人经营“骂人公司”，专门替别人去骂人，根据骂的对象不同，骂的恶劣程度不同而收取“骂人费”。跟这些骂人公司的专业骂手相比，愤青的骂功绝不逊色，但人家专业骂手有钱可拿，而愤青并非“五毛”，骂人是没有什么收入可言的。不拿一分钱，照样骂得带劲，精神可敬啊。

一个人难免有情绪，谁能没有个脾气？难免有些“国骂”出口，兔子急了还咬人呢。以此，我充分地理解，理解得充分，我自己怒不可遏的时候也会骂人，还没有修炼到什么“法相庄严”的境界。与愤青对垒，我还做不到“骂不还口”，也干过“以骂还骂”的事，因为我还不能做到见着垃圾绕着走的冷漠，冷嘲热讽甚至痛骂几句是有的。不过，我绝对不带脏字、不带生殖器官，这就比愤青的骂法高了一个层级。愤青之骂是彰骂者之下流，我的骂试图做骂者之上流。

在并非掘你祖坟，只是讨论“国是”之时，有什么不可以平静地讨论？为什么不进行理性的思考？为什么把脑子闲置起来？为什么独用口腔爱国？再说，“国是”又不光是愤青的“国是”，是所有中国公民的“国是”，人人皆可谈“国是”，谈“国是”不必用“国骂”，“国骂”也不能解决“国是”。

愤青形成条件反射式的骂人，是不是患了骂人症呢？因为别人“不爱国”而骂人，这个骂人症的根子就是爱国症。那好吧，如若挨骂可以换取进步，挨骂也是坏事中的一点可怜的好事，愤青们就请骂个痛快；如若能“骂出一个新中国”，你们就义正词严地放开嘴巴骂，让骂人来得更猛烈些。

九　为什么说愤青的逻辑很差

跟愤青有过交锋的人，大都认为愤青的逻辑很差，怎么个差法，有很多讽刺的说法，比如《当代粪青十大混账逻辑》、《粪青的逻辑》等，有的人干脆就说愤青很脑残，这已经不只是讽刺，而是骂人了。

愤青的逻辑是否如此不堪，不妨先看一个叫"阿门王"的网友贴的一个帖子《鸡蛋难吃与愤青》（这篇帖子写得真好，但我已经无法确证原作者是谁，特表歉意），很能说明愤青的逻辑问题。

A：这鸡蛋真难吃。

B：隔壁的鸡给了你多少钱？

A：这鸡蛋真难吃。

B：有本事你下个好吃的蛋来。

A：这鸡蛋真难吃。

B：下蛋的是一只勤劳勇敢善良正直的鸡。

A：这鸡蛋真难吃。

B：再难吃也是自己家的鸡下的蛋，凭这个就不能说难吃。

A：这鸡蛋真难吃。

B：比前年的蛋已经进步很多了。

A：这鸡蛋真难吃。

B：你就是吃这鸡蛋长大的，你有什么权力说这蛋不好吃？

A：这鸡蛋真难吃。

B：你这么说是什么居心，什么目的？

A：这鸡蛋真难吃。

B：自己家鸡下的蛋都说不好吃，你还是不是中国人。

A：这鸡蛋真难吃。

B：隔壁家那鸭蛋更难吃，你咋不说呢？

A：这鸡蛋真难吃。

B：嫌难吃就别吃，滚去吃隔壁的鸭蛋吧。

A：这鸡蛋真难吃。

B：鸭蛋是好吃，可是不符合我们家的具体情况。

A：这鸡蛋真难吃。

B：胡说！我们家的鸡蛋比邻居家的鸭蛋好吃五倍！

A：这鸡蛋真难吃。

B：凡事都有个过程，现在还不是吃鸭蛋的时候……

A：这鸡蛋真难吃。

B：光抱怨有什么用，有这个时间还不如努力去赚钱。

A：这鸡蛋真难吃。

B：心理阴暗，连鸡蛋不好吃也要发牢骚。

A：这鸡蛋真难吃。

B：世界上没有绝对的好蛋，美国鸡蛋好吃，你去吃吧。

A：这鸡蛋真难吃。

B：不是老毛，你现在连臭鸡蛋都吃不上，还有劲在这里唧唧歪歪。

A：这鸡蛋真难吃。

B：大家小心A，此人IP在国外。

A：这鸡蛋真难吃。

B：台湾网特，滚，这里不欢迎你。

A：这鸡蛋真难吃。

B：TMD，我怀疑你是轮子。

关于这鸡蛋真难吃，我们首先应该讨论这鸡蛋是不是真的难吃，怎么个难吃法，为什么难吃，如何才能让鸡蛋变得好吃而不是难吃。这应该是一个比较正常的逻辑吧。可是愤青在讨论“这鸡蛋真难吃”时，完全跳出了以上的逻辑，他扯出另一套逻辑来，别人说东，他说西；别人说西，他说南，让你感觉是鸡跟鸭在对话，完全说不到一块儿去。

人家说这鸡蛋真难吃，只是陈述一个事实，跟隔壁的鸡给他多少钱有什么关系？

人家说这鸡蛋真难吃，又没有说自己能下好吃的蛋，干吗要逼人家自己下蛋？

人家说这鸡蛋真难吃，可能是带有批评的意思，但并没有否定下蛋的鸡不是一只勤劳勇敢善良正直的鸡。

人家说这鸡蛋真难吃，或许是一种善意的提醒，规定人家不能说难吃太霸道。

人家说这鸡蛋真难吃，是直面现实，没有必要拿过去的好来掩饰现在的不足。

人家说这鸡蛋真难吃，也是人家的一种权利，难道因为吃这鸡蛋长大就要“哑巴吃臭蛋”？

人家说这鸡蛋真难吃，没准是一番好意，你倒怀疑人家居心不良，图谋不轨。

好了，别的都不消多说了，一旦怀疑那些说“这鸡蛋真难吃”的人居心叵测，怀有不可告人的目的，接下来则既不必讲逻辑，更不必多废话，只需要表达情绪就可以了，直接扣“汉奸”、“卖国”、“洋奴”的帽子好了，省心省事。当情绪代替了逻辑，逻辑就靠边站，讲理也靠边站。

原先，我以为，对话的双方分歧如此之大，除了情绪的左右、见识的宽窄、学养的深浅等原因外，逻辑是很重要的一环。可是，在自己与愤青经历了“这鸡蛋真难吃”类似的争鸣之后，我发现，一、不是愤青不懂逻辑，而是不想用逻辑；二、愤青不缺少生活学业上的逻辑，但缺少现代政治逻辑。

如果说愤青一点都不懂逻辑，我觉得说这话的人实在太狂妄了一点，愤青是学过数理化的，即便是文科中的很多功课，也讲逻辑。没有逻辑，不懂逻辑，不学逻辑，就学习不好功课，更不要说考大学，而愤青中很多人拥有高学历，说明他们的逻辑思维能力相当好。倘若要谈论数理化，我绝对自认不如，因为，我是一个很偏科的人。那些能学好数理化的愤青，是令我佩服的。但偏偏在涉及国家、政权、政党、政府、公民、权利、自由、民主、公平、正义这样一些现代政治概念时，愤青又表现出了很差的逻辑水平。何故？无他，缺少最基本的现代政治常识罢了，逻辑上自然混乱。

逻辑并不是多么吓人的东西，有的人一说到逻辑就想到西方大哲们的皇皇大作，什么亚里士多德的《工具论》、黑格尔的《逻辑学》、胡塞尔的《逻辑研究》、康德的《纯粹理性批判》、培根的《新工具》、笛卡儿的《谈谈方法》、洛克的《人类理解论》、休谟的《人类理解研究》、莱布尼兹的《人类理解新论》等等，以为一定要读这些大作，才有资格来谈逻辑。

不是那回事，逻辑思维只是一个工具。逻辑思维包括认知、抽象、判断、推理、排除、选择、证伪等等。通过一系列的思辨过程，发现客观世界的主要矛盾，以及解决矛盾的关键，通过运用这个工具来认识世界、改造世界。逻辑说到底就是用常识说明道理的方法，任何一个人具备基本的常识，就具备了基本的逻辑思维能力。

常识是什么？常识就是一般的知识，是人们在生产生活中所积累的经验。“两点之间直线距离最近”是常识，“能量守恒”是常识，“世上没有长生不老”是常识，“狗改不了吃屎”是常识，“常在河边走，哪有不湿脚”也是常识……

常识虽然简单，却并不是人人能拥有，也不是人人都承认。如果有人用一套所谓的“理论”来替换常识，并把这套“理论”视为常识，那么真正的常识就会被遮蔽起来，或者真正的常识就难以得到认同。例如，在专制皇权社会里，一个顺民把“君权神授”奉为常识，把贵族有权与自己无权都视为上天的安排，自然不会把“公权民授”视为常识，不会认为别人上台必须由自己的选票来决定。“君权神授”与“公权民授”是一对矛盾，承认其中一个为常识，必然视另一个为伪常识。跟专制顺民讨论“公权民授”会十分困难，说不定反被扣上罪恶的帽子。

在常识的掌握这个问题上，我断不敢说自己比愤青掌握得更多，但是我自信比愤青更多地读了一点现代政治学方面的文字，这方面的常识也就多一点，在这方面的逻辑的运用上占一点点便宜而已。

愤青在谈政治、谈爱国时常常无逻辑，一方面了因为他们的现代政治常识极其匮乏，形成了“政治思维定式”。比如我们拿政府与公民这个话题来说，愤青那里接受的常识可能是：政府用奶水把我养大，教我学文化，而现代政治则告诉我们，政府是纳税人供养的，学文化其实并不需要政府来规定，这就是两个“常识”的巨大区别。还是拿政府与公民这个话题来说，愤青那里接受的常识可能是：政府说的是为我好，说的都是对的，永远站在真理的一边引导我们前进，而现代政治则告诉我们，公民没有理由无条件信任政府，即便是民选上去的领导，公民也有弹劾权，这又是两个“常识”的巨大区别。

关于愤青的逻辑，举一个实例来讲。有一个愤青跟我讨论美国的犯罪率，他说新闻里经常看到美国的枪杀案，他认为美国的犯罪率一定很高，比我们还要高。我说我们都没有到过国外，在没有看到事实数据之前，我们可以用逻辑来推论。首先，你仅凭人家的枪杀案断定犯罪率高，太缺乏逻辑，难道用菜刀作案犯罪率就不高？一样会很高的。其次，犯罪率高背后一定有其生成机制吧，比如社会普遍缺少信仰，道德滑坡，法制不健全，贫富差距太大，社会保障缺失，社会心理严重失衡等等，这些成因无论是用于任何一种社会制度的国家都应该大体成立。那么，美国是不是以上这些做得都特别差，比我们还要差呢？似乎不像。如若不是，凭什么判断美国的犯罪率很高呢？当中国人家家户户把自己的窗户用防盗网包裹起来，而美国家庭很少装防盗网，缺少“防盗意识”时，无论常识与逻辑都不能说服我相信愤青的结论。

另一方面，愤青或主动或被动地接受了反常识的“常识”，用一种不正确的结果来推导演绎，得出的结论怎么可能正确？就目前的技术，亩产 10 万斤是反常识的，如若被拿来当常识，其结果就是浮夸风，跟浮夸风就没有道理可讲。因此，当你在谈一个十分平常的常识时，愤青受到的种种逻辑训练此时就短路了，不知从何处说起，于是干脆用情绪来对抗。

为什么说愤青的逻辑很差，如果要深入讨论起来，可以写一部学术著作，扩展来讲，其实是中国人为什么缺少逻辑。

据我观察，中国人普遍地比西方国家人“笨”一些。这个“笨”不是说中国人的头脑先天有问题，而是在上千年的专制集权的浸泡之下，中国人的头脑已成了一包糨糊，且以“难得糊涂”为幸事，并不以清醒为追求，以思辨为乐趣似的。

因为，头脑稍为好一点，逻辑稍为强一点，都可能遭致暴力惩罚。历朝历代的文字狱的一个重大功用，就是要消灭那些逻辑较好、思考过头的人。他们在拥有较好的逻辑后，就能去伪存真。当他们通过逻辑思辨，发现专制皇权合法性有问题，“王侯将相宁有种乎”，这就触及了专制者的命根子。这样的人还有存之必要吗？还是处理掉为好。对于个人，为了保全性命，则是以难得糊涂、装疯卖傻为好。

像割麦子一样一茬茬地把那些脑子好使的人都割掉，也就将中国人往愚蠢之路上驱赶了，政治领域被一些反常识的“常识”所占领，学术压制成死水一潭，以考据圣人经典为乐事，创新思想被扼杀，社会形态千年不变。

由是观之，愤青形成的“政治思维定式”不足为奇。他们被阻隔在现代政治文明之外，仍然顶着一颗陈腐的脑袋，政治逻辑能力极差，分不清是非对错，成为阻碍社会前进的反作用力。

几十年前，鲁迅写过一篇文章《论辩的魂灵》，当年好些反对新思想、反对改革和毁谤革命者的荒谬言论，跟时下的愤青何其相似。愤青几十年没有进步，那些生动鲜活的话现在读来没有丝毫的过时感，温故如新，真是绝哉，摘录如下，给愤青照镜子之用，给中国社会作镜子之用。

“洋奴会说洋话。你主张读洋书，就是洋奴，人格破产了！人格破产的洋奴崇拜的洋书，其价值从可知矣！但我读洋文是学校的课程，是政府的功令，反对者，即反对政府也。无父无君之无政府党，人人得而诛之。

“你说中国不好。你是外国人吗？为什么不到外国去？可惜外国人看你不起……

“你说甲生疮。甲是中国人，你就是说中国人生疮了。既然中国人生疮，你是中国人，就是你也生疮了。你既然也生疮，你就和甲一样。而你只说甲生疮，则竟无自知之明，你的话还有什么价值？倘你没有生疮，是说诳也。卖国贼是说诳的，所以你是卖国贼。我骂卖国贼，所以我是爱国者。爱国者的话是最有价值的，所以我的话是不错的，我的话既然不错，你就是卖国贼无疑了！

“自由结婚未免太过激了。其实，我也并非老顽固，中国提倡女学的还是我第一个。但他们却太趋极端了，太趋极端，即有亡国之祸，所以气得我偏要说‘男女授受不亲’。况且，凡事不可过激；过激派都主张共妻主义的。乙赞成自由结婚，不就是主张共妻主义吗？他既然主张共妻主义，就应该先将他的妻拿出来给我们‘共’。

“丙讲革命是为的要图利：不为图利，为什么要讲革命？我亲眼看见他三千七百九十一箱半的现金抬进门。你说不然，反对我吗？那么，你就是他的同党。呜呼，党同伐异之风，于今为烈，提倡欧化者不得辞其咎矣！

“丁牺牲了性命，乃是闹得一塌糊涂，活不下去了的缘故。现在妄称志士，诸君切勿为其所愚。况且，中国不是更坏了吗？”

“戊能算什么英雄呢？听说，一声爆竹，他也会吃惊。还怕爆竹，能听枪炮声吗？怕听枪炮声，打起仗来不要逃跑吗？打起仗来就逃跑的反称英雄，所以中国糟透了。

“你自以为是‘人’，我却以为非也。我是畜类，现在我就叫你爹爹。你既然是畜类的爹爹，当然也就是畜类了。”

十　愤青使用说明书

我通过种种迹象观察和理论分析发现，中国愤青在演变过程中，不仅脱离了西方愤青的原义，而且已经变成了某种工具。

既是工具，就有一个如何正确使用的问题，因为任何工具不正确使用都可能适得其反。一把菜刀肯定是要用刀刃的一边去切菜，如果用刀背去切菜，那就叫做没有正确使用，当然也就完不成切菜的任务，搞不好还会伤人。所以民间智慧告诉我们，磨刀不误砍柴工，准备工作做充分了，用起来才顺手，才事半功倍，使用愤青也是这个道理。这篇文章就是谈谈如何正确使用愤青的问题，可以看成“愤青使用说明书”。

其实，任何人都免不了被工具化、奴隶化的可能，纵然在现代社会亦难免。很简单的道理，一个人为了生存，就要去赚钱，就要去工作，就要被别人雇佣，在别人的眼里，在工作时间内的你至少是被“买断”了，成了别人使用的工具或奴隶，而自己也往往不得不承认，“受人一饭，听人使唤”。

但是，人们暂时做奴隶是为了更好地做主人，因为，在自己有了钱以后，就可以在别的地方做主人，当他消费的时候，那些为他服务的人就可能是他的奴隶。因此，人人皆可能是奴隶，人人皆可能是奴隶主，人人皆可能是工具，人人皆可能使用工具。

但是，这里所说的愤青工具化主要不是谈论在生产与消费之中，而是在爱国之中。愤青在没有理解“国”为何物之时，就心甘情愿地去爱它，心甘情愿地做它的工具，做它的奴隶，这跟一把菜刀听命于主人的意图一样，主人要拿它去切菜就去切菜，拿去杀人就去杀人。

如何正确使用愤青呢？这首先要懂得愤青有什么工具性的特征，就好比我们要弄懂一个工具的结构一样。一把菜刀的结构特征很容易了解，因此，不需要专门写一篇文章来介绍如何使用菜刀，对于哪些是切菜的菜刀，哪些是砍骨的菜刀，做一个区别运用，大抵是不会误用了。但是假如你使用的是汽车这样的复杂工具，就不能不懂得一些基本的汽车结构特性，即便不要求你了解到能熟练修理的程度，但倘若你要上路，不做一个“马路杀手”，至少要考个驾驶证。这就是要确保你能够“正确使用”汽车，不然会害人害己，因此，哪里是刹车，哪里是油门，你总该知道一二吧。

愤青的特征，我在《做愤青的几个考核指标》里讲得比较清楚了，愤青有一特征是非理性，有一腔热血，容易被引导。不过，愤青毕竟不是简单的菜刀，也不是汽车，而是比汽车还要复杂的工具，也不是完全听人使唤的机器人，而是有感情、有性格的人。驾驭完全听话的机器尚且有因使用不当造成的严重后果，可想而知，要驾驭愤青这样的工具，何其之难也。

然而，倘或能正确地使用愤青，不仅能达成自己的目的，而且能获得“驾乘的乐趣”，一如奴隶主正确地使用奴隶，调动了奴隶的积极性，就可以避免奴隶破坏生产工具，提高生产效率，生产出更多可供奴隶主享用的财富。因为，相对于机器，人这样的工具更能理解人的“意图”；人这样的工具更能揣摩驾驭者的心思，更能服务得无微不至，更加可以让驾驭者省心。

我没有那“福分”使用愤青，但有人是有“福分”使用愤青的，我出于好心，为这些有“福分”的人做一义务的服务，总结一些正确使用愤青的方法，以成“愤青使用说明书”。

一、请熟读本书。在使用愤青前必须熟读本书，熟悉愤青产生的背景、愤青的特性、生理特性、精神病症、说话行为方式等等，就像庖丁对牛的肌体的了解到闭着眼睛也能知晓，才能练就庖丁解牛的高超技艺，做到“眼中无愤，心中有愤”，将驭愤术运用到出神入化的地步。

从这个意义上讲，这本书不只是为愤青画像，不只是揭愤青的老底，让愤青来读这本书如同照镜子，看到自己的样子，同时是愤青使用者必读，为使用提供指南。

二、大禹治水法。中国历史上治水有名的除大禹外，还有李冰在成都治水，他们改变了“堵”的办法，对洪水进行疏导，取得斐然成绩，留名千古。愤青大都有一腔热血，却又头脑简单，来势汹汹就像洪水，宜疏不宜堵。找准愤青的特性，因势利导，将愤青引导向和谐社会建设，会是一股巨大的建设力量，让他们在自己的岗位上建功立业，是一笔可贵的财富；引导向攻击自己的政敌、对手、“反华势力”，就是一股巨大的攻击力量。愤青们不是说了吗，“打台湾我捐一个月工资，打美国我捐一年工资，打日本我愿捐一条命”，他们随时都准备着将一腔热血奉献于国家。将这样的爱国资源利用好，理应是国家的财富，不过，怎样利用好就是颇费心思的事了。

三、转移视线法。将愤青引导向国家建设上是正途，于民于国皆大欢喜，只是，我们发现，愤青常常有一种报国无门的感叹。

四、耳光糖果法。一味地打压愤青，是肯定不行的，机器也不能只顾使用而不保养啊。“愤青保养法”，就是打个耳光给颗糖。形象一点来讲，就好比一个调皮的小孩闹着要去跟别人打架，闹哄哄的让家长烦心了，就会给一耳光。光打耳光不行啊，尊严扫地，他会觉得自己太委屈，会对你更加仇恨。因此，打了耳光之后要给一颗糖，以此表示你理解他的心情，当小孩子“情绪稳定”了，不就一切搞定了？当小孩子心平了，不就一切摆平了？

愤青嚷着要核平日本、核平美国，这事肯定不能乱来啊，那还叫什么“和平崛起”？不答应愤青就有窝火，怎么办？那就是坚决不能搞核平，坚决地搞和平。这姑且叫打耳光吧。

另外，就是对日本、美国说，你看你们搞的，已经引起我们家小孩不高兴了，你们认个错道个歉吧，免得我下不了台，于是西方大佬们就发表声明，说自己做得不对。你看，老外都低头认错了，我们大人有大量，能不原谅吗，被打了耳光的愤青气消了一半。

然后，回头给愤青一颗糖，对他们说，你们爱国是好的，是英勇的，是民族的脊梁，我们需要民族的脊梁，希望大家以后继续爱国。就是希望他们继续吵闹，然后又好打板子，再给一颗糖。

我也就是“愤青使用法”的总结者，而非发明者，有人早就在使用着了，只不过不会总结成文字罢了。使用者当然知道愤青是如假包换的双刃剑，既可杀人，亦可伤己，最难的是度的把握，搞不好愤青像脱缰的野马撒腿而去，那就可能超出控制范围，后果不堪设想。

当然，当奴隶对奴隶主彻底绝望的时候，奴隶主再怎么给糖果都不管用，所以，我们不能让愤青失望至绝望。尤其是作为病态民族主义繁殖的愤青与自由主义右派因不满而走到一起时，那将形成更大的现实压力，那个时候，即便照着“愤青使用说明书”去办，也不会有效果。因为，并不是任何病症都可以用药物治疗的，否则，这世界上就无所谓“绝症”了。强身健体、延年益寿的根本法子是在平时“养生”，而不是靠病时吃药。

当我们在阅读药品“使用说明书”时，已经说明我们有病了，要按医嘱服药了。当这本书真成为一本愤青使用说明书被关注时，这个民族已经病得不轻了。因此，掏心窝地说，我并不希望这本书受“极大关注”。

第三部分　愤青与爱国

一　愤青为国家操碎了心

没有人统计过中国到底有多少愤青，我估计这是一个无法统计的数字，因为，愤青不是一个年龄概念，而是一个群体概念。这个群体跨越青、中、老，如果单是青年人，大致的定一个比例，就可以算出来，因为跨越年龄，所以就不好统计。

再说，愤青也不是一个按地域划分的群体，并不能说广东的愤青要比山东的愤青多些，也不好说广州的愤青比济南的愤青多些，在没有进行“愤青人口普查”前，谁也说不准。

不过，愤青在网络上是可以“区划”的，比如，乌有之乡、anti - cnn（反CNN）、中华网、铁血网、中国人网、环球时报论坛、强国网、天涯国际观察板块等网站、论坛，基本上是愤青的“水泊梁山”。他们啸聚在此，呼朋唤友，令每一个进入这些地方的人都感到一股沸腾的热血扑面而来。一般情况下，自由主义、右派较少来这些地方，来了往往只有被“批斗”的份儿，他们但凡敢露头，就被马蜂一样的愤青们“蜇”个痛快。

我注意观察了一下，发现在中国的媒体里，报纸上一般很少有愤青容身的地方，哪怕是正统的主流媒体，也很少有他们的身影。比如说愤青掀起抵制日货的高潮，抵制法国货的高潮，报纸上就很少跟上去“配合”他们，或者说发表一个“坚决抵制洋货”的社论什么的，几乎没有。他们只好占领一些网络空间，而网络空间正好难以影响社会的下层民众，所以有时候我问一些人，你知道中国愤青吗？他们经常愣在那里，不知愤青为何物。这不能不让愤青们感到生存的尴尬，自己觉得自己活得必不可少，于国于民意义非凡，但是一般人谁又知道你是哪根葱呢？谁知道愤青是干吗的呢？

但是，愤青从来也不妄自菲薄，他们在主流报纸上发不出声音，就到网上去纵谈国际风云。我偶尔也会到愤青们啸聚的老窝逛逛，我经常会感动于愤青的一片赤诚之心。你看，美国轰炸中国大使馆，他们操碎了心；日本修改教科书、参拜靖国神社，他们操碎了心；陈水扁要搞台独，他们操碎了心；美国发动伊拉克战争，他们操碎了心；奥运圣火传递遭破坏，他们操碎了心；萨科奇会见达赖，他们操碎了心……

要是有人对他们的操心说上几句闲话，甚至鄙为“粪青”，他们会自豪地说：粪青又如何呢？大粪虽然不好闻，大粪是肥料，所有粮食都需要肥料，谁都离不开大粪，健康强大的中国需要爱国粪青！

说实话，在对待国家大事这个问题上，愤青很有点“曹刿论战”的使命感。乡下人说两国开战这样的国家大事，“肉食者谋之，又何间焉？”——这是享受公膳食肉待遇的大夫以上官员考虑的事情，你曹刿一介草民瞎操什么心？曹刿说：“肉食者鄙，未能远谋。”

我们还真别瞧不起那些乡下人，觉得他们没有觉悟，过去生产力并不如现在高，食不果腹的下层民众，关心的头等大事是温饱问题。他们不仅无心过问国事，恐怕也无权过问国事。难得有一个像曹刿这样关心国家大事的乡里人，也难得有一个像鲁庄公这样的开明王君，造就了一段卑微但不辱使命的佳话。

现在的愤青再穷大概也还是有肉吃的，有肉吃了，就有精力来关心国事、关心政治，这是一件可喜的事。须知，政治并非什么神圣的东西，无非各方势力互相博弈，就像做生意一样，不断地讨价还价，争取自己利益的最大化。

在西方，政治就是生活的一部分，或者就是一种生活方式。它跟一个人的性别、年龄、出身、学历、信仰、知识皆无关系，因为政治牵涉每一个人的切身利益，每一个人都有权对政治发言，通过对政治发言来维护自己的权益。当一个人觉得以自己个人的力量去参与博弈太软弱时，他们就成立社团，甚至组织政党，为自己的利益发声，到国会上去吵闹。他们的代表就要为自己所代表的人在国会里大打出手。这就是政治，有什么稀奇的呢？在国会上吵闹与大打出手总比在社会上群体性地吵闹与大打出手好吧？社团上街游行抗议总比揭竿而起流血漂橹好吧？千万不要嘲笑人家国会上的吵闹，那就是政治，卑微的政治，没有什么神秘得高不可攀的。

政治就是我们生活的一部分，美国大选的日子，就是美国人生活中的“政治狂欢节”。他们为自己的政治偶像奔走呼号，那情形何异于“超级女生”的粉丝？

愤青跟所有普通民众一样，他们离政治并非像他们标榜的那样近。他们指点江山，激扬文字，好像在左右中国政局似的，实际上他们离政治的距离还不如一个社区干部离得近。或许，是因为他们缺少参与政治的渠道，他们澎湃的爱国热情就这样被引导向了国际对象，反日、反美、反法，反帝国主义，成了他们仅剩的一些政治参与机会。

所以讲，表面上看，愤青为国家操碎了心，其实呢，也没有人让他们操什么心，而是让他们选择性地操心。事关他们最切身的权益操不上什么心，跟自己屁打不着的事却操心得欲死，还找来一个漂亮的借口——天下兴亡，匹夫有责。那就先把“天下”和“兴亡”的原义是什么搞清楚了再说。

谁也不能否认，愤青们关心着离他们最遥远的事情，感觉自己肩负着拯救地球的使命。我想，这大约是年轻的特性吧，因为年轻，荷尔蒙分泌过剩，总有一个消化过剩精力的问题，而纵论国家大事，书生意气，指点江山，是一件多么快意恩仇的事，而实际上，他们根本就主导不了事情的发展，纯属瞎操心。

当愤青进入社会，尝尽生活的艰辛之后，他们才会从最远的地方操心起，慢慢地变成从最近的地方操心起，从自己的工资、福利，从自己的维权、申诉去思考很多问题，会去关心为什么电费居高不降，为什么买房子只有70年的产权，等等。当一个愤青不再像过去那样空谈国际局势，而是从自己的利益谈起，再谈到国际局势，我认为，这样的愤青已经开始脱胎换骨了。因为，他所操心什么，是他真正需要自己去解决的，是真正跟自己密切相关的，而真正跟自己密切相关的，一定是跟国家密切相关的。

跟自己密切相关的无非公民权益。要争取自己的权益，就是要打破国家大事（尤其是内政）只由“肉食者谋”的局面，为自己争得真正的选票，进而争得话语权，让政治成为维护公民权益的工具。当民众在内政上取得发言权时，在外交上才有真正的发言权。没有这个前提，所谓的民众外交发言，终逃不过被利用的命运。

我总以为自己打捞愤青也算得上是为国家操心，可是我操碎了心，国家也没有给我一分钱的补贴，愤青还说我是汉奸、卖国贼、洋走狗，好心无好报。我跟愤青的命运真有点殊途同归。

二　愤青：爱国易，爱人难

在公交车上，一个妇女被流氓打了，一车的人沉默不语，让一个流氓在光天化日之下逞凶。不要告诉我，这一车的人当中没有愤青，那些高喊爱国的愤青，此时他们默无声息。

有人站在高高的楼顶，要跳楼以结束绝望的人生。楼下聚满了看热闹的人群，他们甚至在等得不耐烦的时候，会说“快跳啊，别浪费我们的感情”。不要告诉我，这些人中没有愤青，那些高喊爱国的愤青，他们参与了观看跳楼的狂欢。

一个小偷被失主追逼落水，眼看生命垂危。水边站满了围观的人群，没有一个人伸出援助之手，眼睁睁看着小偷溺水而死。不要告诉我，围观者中没有愤青，那些高喊爱国的愤青，在生命面前表现出惊人的麻木。

例子还有很多，我就不举了。我举这些例子并非空穴来风，而是曾经被媒体报道的新闻，曾经被我当做“评论由头”加以评论过的事实，书写过我难言的悲伤。当然，现在看来也算不得是什么“旧闻”，因为同样的事情还在你我的身边发生着，将要发生着。

我之所以要强调，不要告诉我，在这些人群当中没有愤青，是因为我们可以承认一件这样的事情可以没有一个愤青在场。如果说那么多的事件中都没有愤青在场，我是断然不会相信的。如果哪怕是有一个愤青，以他们所标榜的爱国、血性、骨气、敢作敢当，为什么就看不到一个愤青站出来，给一声呐喊，伸出手来帮扶弱小的生命一把？

其实没别的，在愤青的内心里，他们只爱国，未必爱人。或者说，爱国易，爱人却难。

一个国家是什么？是由无数国民构成的集合体，没有国民，国将不国。一如我们谈论一个人，就必然要谈到人是由不同的肌体器官组织构成一样。他有独特的性格爱好，离开这些来谈一个人，就是一个“抽象的人”，就是一个概念而已，它不是张三也不是李四，它只是一个符号。

爱一个人是很具体的，这种爱是很具体的。你不能说你爱你的妻子，但不爱她的身体。她的身体的某个器官发生病变了，需要及时治疗，你不闻不问，而你的解释是：我爱她这个“人”，对她的身体爱不爱无关紧要，那么疾病就会夺去她的生命，夺去她这个“人”，你爱这个“人”也就无从爱起了，此所谓人之不存，爱将焉附。

道理不是很简单吗？国家并不是什么“空中楼阁”，它无非是由处于特定法律和政治关系中的个人组成的实体。你爱国，就同时爱她的国民，甚至要爱她的国民甚于爱国。不爱国民的爱国，那是空爱、假爱；只有把爱人看得比爱国重要的人，才是真正的爱国者。

我觉得，判断一个愤青爱不爱国，不在于他喊出多么漂亮的口号，就看他在爱人这个问题上表现如何，这是判断愤青是否爱国的试金石。爱人就是真爱国，不爱人就是假爱国。

可是，我们看到太多只爱国、不爱国民的愤青，你叫他爱国容易，叫他爱人就很难。你叫他爱国，他愿意赴汤蹈火在所不惜，你叫他爱人，他袖手旁观麻木不仁。试问，你赴汤蹈火地爱国，最终是为什么？还不是要让国民生活幸福？而具体的一个国民遇到不幸之时，你伸出援手不也是要让他生活幸福吗？而且比起赴汤蹈火来，用不上什么牺牲，不过是举手之劳而已，为什么就不愿意尽这举手劳之的爱？

孟子说，民为贵，社稷次之。毛泽东也说，人是第一可宝贵的。相对于社稷国家，都是肯定人的第一位。在人与国家的关系，应该像印度民族的圣雄甘地所说的那样：“我首先是一个人，其次才是印度人。”我首先是一个人，然后才是中国人。因此，回归到爱国的正途，即爱国者必先爱人，真的爱国者必然是爱人的。

如何爱人？这看似简单的问题，爱国愤青也未必弄得很清楚。爱人，首先是捍卫人的合法权利，政治上捍卫人的选举、信仰、言论、迁徙等自由和权利，经济上捍卫人的社会福利、人的生存发展权等。

我说这个话的意思是，如果你是一个真正的爱国者，你更应该爱人，你是爱人的，你就能够去理解人性，真正的爱应该包含在理解人性基础上对整个人类的爱。人性的价值是人类最基本的价值，爱国与爱民族是从爱人的人性中抽象出来的。我认为它高于民族、高于国家，任何违背人性的爱都是值得怀疑的，极易走向爱的反面、人性的对立。离开这个前提，所谓的爱，只是一种崇拜，即便算为爱，也是狭隘的爱。

不懂得尊重生命是人性最大的缺失，将爱人的理解具化起来，我认为至为重要的，是面对生命的态度。佛祖与魔鬼的区别，或许也正在于此罢。

2009 年 4 月份，美国纽约州发生枪击案，13 人死亡，人被劫持。这显然是一个悲剧。美国总统奥巴马、副总统拜登和纽约州州长帕特森先后发表声明，谴责这一暴力事件，并对遇难者表示哀悼，对遇害者家属和案发地居民表示慰问。

可是，我很遗憾地看到，在某网站上，80% 的中国网友对这篇报道表现出了幸灾乐祸，有的说“事实证明，中国不允许私自带枪是正确的”，有的说“全国人民放假三天，庆祝一下”，有的发帖：河南安阳发来贺电！

而在我的记忆之中，好像也是在美国（或者英国）吧，也是有一起枪击案，有一个韩国持枪人打死了好几个美国（英国）人，然后在与警察对峙数小时后，开枪自杀。美国（英国）的孩子自发地为这个罪犯点燃蜡烛，虔诚祈祷。在他们的眼里，罪犯也是一个生命，在生命这个原点上，他们是平等的，值得同情的。他们不是把罪犯当成仇恨的对象，而是当成救赎的对象。看到这个报道，我对这个民族肃然起敬。

同样是面对枪击案，同样是面对生命，中国某些人与美国（英国）的孩子判若霄壤，我们某些同胞的冷漠与残忍常常令人心寒。这个世界只有爱可以解救一切，面对生命的冷漠折射的不过是我们的精神太过麻木，道德太过低劣。

生活中，很多人一面在说人心不古，世道浇漓，道德滑坡，人无真情；一面又在扼杀人们对生命的敬意，践踏人性的尊严。这些人是道德的挽救者，还是将道德使劲地往深渊里推？更为可怕的是，他们自己没有看见生命，也不容许别人看见生命！别人表达对小偷、跳楼者、枪击者的同情时，竟还要遭致辱骂。他们忘了，维护对一个犯罪生命的敬意，也是在维护自己生命的尊严，也就是维护一个国家的尊严。

首先，爱国不只是要求别人去爱国（要求不动别人就说别人是汉奸），而是捍卫人的权利，督使国家爱人民，让国家扮演它应有的角色——为全体国民谋幸福，而不是为权势阶层谋幸福。判断一个人是不是真正爱国，就看他爱不爱人，爱不爱自己的同胞，用什么方式去爱。

其次，爱人就要抛弃那些以人为敌的斗争哲学，回到以人为本的和谐哲学，吸取人类血与泪结晶出来的自由、平等、博爱的伟大思想，宽容别人、尊重别人甚至爱不同政见者。真正的爱国者，必然是愿意看到批评政府的人，至少是很乐意接受、宽容那些批评政府的人，因为，在他们眼里，那些批评政府的人，是跟他一样地爱国，是为着人好。

最后，爱人，并不只是爱他人，还包括了爱自己。如何爱自己？如若这还要来教，那真是不可救药了。不过为了不引起误会，我要强调一点，我说爱国要爱自己，这是一个前提，但如果有人太爱自己，爱自己爱到为了个人利益的达成，不惜损害所有人的利益，那么就会变成“人民公敌”，会遭到人们的反对。这正如人要爱国，不能爱到不爱人，不能对弱小的生命无动于衷，也不能用爱国的高尚旗帜来作践他人的合法权益。只不过，太爱自己，能够有机会损害所有人的利益的人，是贪官污吏，而打着爱国的旗号作践他人权益的，往往又是平常之人，比如愤青之类。

有句经典名言：世上没有无缘无故的爱。爱国也不应该无缘无故地爱，肯定是因为这个国家可爱，有值得爱的地方。一个国家为什么而可爱？我认为，因为这个国家真正地爱人，让她的人民当家做主，每一个人都被爱、被尊重、被保护，自由、平等、幸福、富于创造性地生活，正如孟子所说，“爱人者，人恒爱之”。如果这个国家不可爱，“莫我肯顾，莫我肯德，莫我肯劳”（《诗经·魏风·硕鼠》），就可以批评她、纠正她，如果这样也无法让她变得可爱，你可以选择“誓将去汝，适彼乐土”。我没有看见一对互不相爱的人在一起是幸福的。

我时常觉得，关于爱国与爱人的常识，“五四”那一代的知识分子已经讲透讲绝，其中，“五四”一代知识分子的代表人物傅斯年对爱国与爱人就有过清醒的论述，他认为爱国是一种本能，是对民族文化、历史的一种认同感。但是，他同时认为，“爱国有时不够，还须爱人。爱国有时失于空洞，虽然并不一定如此。至于爱人，却是步步着实，天天可行的。……克服自私心，克服自己的利害心，便可走上爱人的大路。只要立志走上这个人道的大陆，无论一个人的资质怎么样，每个人都有做到释迦牟尼或耶稣基督或林肯或国父孙中山先生的机会，至少分到他们的精神。”（《傅斯年全集》第5卷，湖南教育出版社2003年版，第126页）我很荣幸地引用他的话来结束这篇文章，希望能分享到他的精神。

三　“标签爱国主义”大行其道

2009 年是张之洞逝世百年，年初我做了一个关于张之洞身后百年沉浮的深度报道。我和同事采访了武汉大学历史学家冯天瑜，并借了冯教授 1985 年出版的一本较早为张之洞翻案的《张之洞评传》，因工作繁杂，多时未还。

某个周末下午办事路经武汉大学，就拐进武大去试图还书。冯教授不在，却意外地发现武大俨然成了一个拥挤的街市，车辆穿梭，人流熙攘，好不热闹。及至樱花园，看到满树粉白的花朵开得正艳，才知道，又是一年樱花开放时，武汉的冬天真的过去了。

樱花园里处处是驻足赏花的人，他们的脸上挂着悦色，摆出各种姿势，狂拍狂照，仿佛要与这粉嫩的花儿争妍。武大的樱花已经成为武汉一景，每年花期都游人如织。真是春意盎然，繁花似锦，好一派人与自然和谐相融的景致，忍不住要停车坐爱樱园晚，将一切烦扰暂时抛到脑后。单是看看每张脸上挂着的悦色，也是一种享受啊，何况这天气、樱花、名校、胜景、文化、青春都交织在这春天的树下。

却不料几天过后在报上看到一条新闻——“母女穿和服在武大樱园拍照，惹众怒遭轰赶”。那穿和服的母女身份不明，但“操武汉口音”，估计不是“外国友人”，而率先声讨的小伙子，据报道是武汉大学信息学院大二学生。

似乎可以肯定，这并非一场“敌我矛盾”，而是“人民内部矛盾”，但矛盾的起因却是因为和服，而和服是日本的传统服饰，而日本曾侵略过我们，这和服就是罪恶的象征。因此，这矛盾带有浓厚的“敌我”因素在里面，根子在“仇日”，情怀在“爱国”。

要不是因为这和服，一群莘莘学子断然不敢随便轰赶这“操武汉口音”的母女。学生大抵彬彬有礼，非到愤怒不已，不会如此粗鲁。再说，学生一般也惹不起社会上的人，但因为这和服，他们就敢了，人也多了势也众了，而被轰的人只好“收拾东西匆匆离开”。

一群“仇日”的学子如此见不得与日本沾边的东西，连别人穿和服拍照也要大吼：“不要穿和服在武大拍照!”我真的费了大劲想不出，那些种在武大里的日本樱花树，他们竟能天天碰面不心烦，竟没有把它们统统给砍了。砍了多好啊，一了百了，别人也就不会挤到武大看樱花了，也不会有穿和服拍照的事了。

是想说“树是无辜的”吗？那人穿件和服拍照就不无辜吗？谁敢说穿和服拍照的人就是洋奴，就心怀卖国之心？如若以着装来判定爱国或是卖国，那么上至国家领导人，下到平头百姓，凡穿西装者是否早就把国卖给西洋人了？将一件器物进行观念的物化，进而贴上国家民族标签，再进而衍生出对物品使用者爱国或卖国的评判，这一系列荒谬的思维，深埋在一些国人的大脑里，随时都能显露出来。

早在百年前，洋务派就突破了这种荒谬的思维。他们开矿山、修铁路、设电话、造枪炮、练新军、办学堂……剥离了国外器物身上的意识形态外衣，目的是吸收一切文明成果为我所用，才有了一场轰轰烈烈的中国早期近现代化建设。

说起来，当年张之洞任湖广总督，武汉大学的前身——自强学堂，就是张之洞一手创立的，目的是“讲求时务，融贯中西，研精器数，以期教育成材，上备国家任使”。张之洞还十分热衷派遣游学生。而且，张之洞认为，派遣游学生“西洋不如东洋（日本）”，一则日本路近费少；二则离华近，易考察；三则日文近于中文，易通晓；四则日人已对西书作了删节酌改，便于学习。据资料显示，19 世纪 90 年代和 20 世纪初叶，张之洞派往日本的留学生达数千人之多，湖北为留日学生数量最多的省份之一。自强学堂理应“研精器数”，理应有不少留日本学生，理应受到一点东洋之风的熏陶。

可见，武汉大学是洋务运动的产物，洋务运动首先要突破器物的意识形态规制，就像我们要推进社会主义市场经济建设，首先要突破“市场经济等于资本主义”的意识形态重围一样，要撕掉“姓资”的标签。这个标签不撕下来，推进市场经济就是天大的卖国行为；这个标签不撕下来，改革就无从下手。而且这种贴标签就像愤青派送汉奸、卖国贼一样顺手，让人分明地感受到处处都有雷区，稍不留神就会引爆。

十分遗憾，一百多年过去了，作为洋务运动的产物，武汉大学居然还有这些食古不化、狭隘到头的贴标签者，委实对不起张之洞一番心血。

这样的人不独武大有，也不独大学里有，所有企图给外国器物贴上意识形态标签的人都会做出“标签爱国主义”行为，小到见不得一件和服，大到抵制所有洋货，皆然，区别只是根据需要进行放大与缩小。

孔夫子讲过一句话：“己所不欲，勿施于人。”（《论语·卫灵公》）自己不愿意做的事情，就不要强迫别人去做。这是做人最基本的要求，自己拒毒品于千里之外，却教唆别人去吸毒，那是包藏祸心。

如果人们总能“勿施于人”，世界倒也太平。世界之不太平，很多时候是“己有所欲，强施于人”。自己喜欢做的事情，别人不喜欢，就强人所难，矛盾就来了。愤青有一个特点，就是强人所难，他们抵制美货、日货、法货之时，你不抵制，你就是汉奸，你就是卖国贼，你就是拿美元日元法郎的。“武大学子怒斥和服母女”就是诸多事例中的一例。

之所以“己所有欲，强施于人”，因为愤青常常觉得自己是一片好心，而此时背后还有众多的支持者，就更增加了“强施”的勇气和戾气。所以，校园学子面对社会上的人，也敢义正词严地警告——“不要穿和服在武大拍照！”

倘若觉得自己喜欢的（如偶像）、热爱的（如国家）比什么都重要，自己仇恨的（如日本）、抵制的（如洋货）比什么都可恶，就更有了强迫的理由。别人不“合作”、不“配合”，“简直不是中国人”，不管用辱骂泼粪、出手打人之类的手段来“强施”都合情合理。至于对方的个人趣味审美选择、买卖洋货等于国无损的权利皆不在考虑之列。

正是基于这样一种心理，狂热的爱国者仇日，一并连和服日货也仇视了，并且因为这种仇恨被视为“政治正确”和道德优越，而强求别人也一起仇日。如果人家不仇日，或者虽然仇日，但还是穿日本服、用日本货、吃日本食、看日本片，就用强迫性、攻击性的语言和行为来对待，像“不要穿和服”的劝告，已经相当温和了。不过对于男性愤青而言，日本AV似乎不在仇视之列。

一个人认定的东西可能是事实正确的，也可能是目的高尚的，但因为强迫就可能让其行为变成错误的、可耻的，自诩高尚的人也可能变成极端无耻的人。历史上，无数的人祸，往往是某些人打着高尚的旗号，号令强行、践踏权利的恶果。

因此，不懂得尊重别人的自由权利，甚至因强制而剥夺别人的自由权利，无论多么高尚的借口，都是值得怀疑的。理由是，再高尚的目标也要以人为出发点和落脚点。如果我们爱国，就要爱那并非恶意的、穿了和服的母女，就应该尊重她们穿和服的自由与权利（因为并无法律禁止中国人在公开场合穿和服），否则，强迫的行为可以理解为践踏自由权利的恶行。

有些人说，武大有规定不准在樱花园穿和服拍照，我不知道是否有这一规定，这一规定是否有法律的依据。根据“法（法律非一般规定）无禁止即许可”，武大能不能禁止别人穿和服有待商榷。如若武大的规定站不住脚，也有“己有所欲，强施于人”之嫌。

对于中国人而言，爱国经常是不怎么需要多说就知晓的，学会如何尊重他人的自由和权利却有很多课要补。爱国时，我们以尊重他人的自由权利为前提，不粗暴强行越界，那么，爱国就会变得理性可爱起来，而不会像现在的愤青这样，用践踏同胞的自由权利来换取攻击假想之敌的爱国口号，哪怕使用外国器物是一个人的权利自由，也会被毫无理由地禁止，而且，践踏了别人的自由还觉得自己格外荣光、格外自豪。

四　愤青误国大大的

只要稍微跟愤青有所接触的人就会发现，每个愤青的脖子上都有一条金灿灿的链子，一条时髦时尚的链子，那是相当的引人瞩目。这条漂亮的链子叫“爱国”，愤青戴着这条链子到处炫耀地拿给别人欣赏。

爱国是一种朴素的情感，发乎于心，动之于情。只是我接触的很多戴着链子的愤青，对于我讲了几句不同意见的话，就动用了诅咒式的恶骂，我看到的恰恰是愤青不爱国，或者说还不懂得如何爱国。你爱国，首先是爱这个国家的主体——人，那些恨不得扒一个说了一点不同意见的同胞的皮，争食其肉的人，像暴徒一样，带着“文革”遗风，真的很令人恐怖。那些连人都尚且不爱，不会爱，还大谈爱国的人，真是太有才了。

经典的爱国愤青是一些只讲奉献，不讲获取的无我主义者。他们的口号是：“不要问你的国家能为你做些什么，而应该问你能为你的国家做些什么。”诚然，粗粗地看，这也没有什么错，但是我们要搞清楚这里的“国家”是“国家”还是“祖国”，是政权还是文化共同体。如果是指前者，那么这个“国家”就是公民与政府立约构成的关系，国家首先是为它的国民服务的“服务员”，我们爱它，是因为它为我们服务得足够好。除了人民的目标与理想，国家与政权应该没有任何额外的目标与理想；除了人民的利益，国家更不应该有任何额外的利益，如果有这些额外的东西，我们就有理由问，这些额外的东西是谁说的？是谁想要的？是谁得到的？是谁利用我们弄到手的？

这样看，爱国并不是一种道德问题，而是一个自由的问题，或者说为了自由我们应该如何处理与政府的关系问题。在国家与国家之间的关系之前，是人民与政府的关系，这个关系没有厘清，我们从何处去谈处理国与国的关系？

经典的爱国愤青没有几个不是民族主义的，在愤青的身上，民族主义是内核，爱国主义是外套。内核裂爆，外套膨胀，两者常常形影相随，招摇而过，有时是很迷人的。

民族主义的极度自恋会变成一种精神病。20 世纪 80 年代风行一时的《逃避自由》，其作者弗洛姆说过这样一番话："民族主义是我们这个时代的乱伦形式，偶像崇拜和精神病症。'爱国主义'正是它的崇拜对象。显然，我这里所讲的'爱国主义'，是一种把自己民族凌驾于人性、真理和正义原则之上的态度……对自己民族国家的爱，如果不包括对人类的爱，就不是爱而是偶像崇拜。"（北方文艺出版社 1987 年版）

在那场轰轰烈烈的抵制与不抵制法国货的激辩中，愤青们身上的种种毛病都在这句话里得到了印证。愤青们如果以这种方式去爱国，其结果不是爱而是害。

还是拿些事例来讲吧。

早些年邓小平就提出中国"不出头，不争霸"的韬光养晦的外交战略。2005 年，号称"党内一支笔"、"文胆"、"核心智囊"的中央党校常务副校长郑必坚在美国布鲁金斯学会发表演讲，宣布中国"对外谋求和平，对内谋求和谐，对台海局势谋求和解"，再三强调"中国无意于挑战现存国际秩序，更不主张用暴力的手段去打破它、颠覆它"。国家领导人也在不同场合说到"和平崛起"、"和谐世界"。

这是有道理的啊，也顺乎世界潮流。30 年前，中国社会的哲学是斗争哲学，"以阶级斗争为纲"，与天斗，与地斗，与人斗，斗得人仰马翻，斗得伤痕累累，还觉得其乐无穷哩。现在不同了，现在的哲学是和合哲学，"以人为本"，建和谐社会、和谐世界，和谐不意味着放弃斗争，但斗争绝不会成为目的。

韬光养晦的外交战略是审时度势的明智之举，其作用是给中国营造一个比较好的国际环境，避开了很多风浪，让中国有时间和精力致力于经济社会发展，功不可没。现在，中国的主要矛盾仍然是政治经济发展得不够，与人民的要求有距离，要发展经济，要改革政治，要实现全面建设小康社会的战略目标，都需要良好的国际环境和周边环境，仍然需要韬光养晦。这符合大多数人的利益，更符合百姓的利益。如若"兴，百姓苦；亡，百姓苦"是千古不改的规律，那么同样是苦，兴中之苦大抵要比亡中之苦要强出一些。

愤青们不管那么多，他们不关注世界文明潮流的走向，一个个扮成"唯武器论者"，满嘴的"铁血腔"，整天嚷着打打杀杀，炫耀肌肉，要"有条件地与西方决裂"，把中国与其他国家在摩擦中表现出的文明宽容视为软弱，视为任何人都可以在中国面孔上施以耳光，把外交部说成是"抗议部"。

愤青就是这样，总是站在民族的高度来看中国问题。他们看到的问题总是国际性的，总是有高度的，总是有预见性的，总是有方向性的。因此，他们只看到中国经济总量不断增大，无视城乡差距日趋扩大；他们只看到中国经济总量位居世界前列，无视人均仍居世界百名之后；他们只看到经济发展不断加快，无视社会事业缓慢前行；他们只看到人均收入水平不断提高，无视贫富差距不断拉大。转移视线于国外，不喜欢看国内的问题、民众的生活，上访、躲猫猫、毒奶粉、苏丹红这些“小事”引不起他们言说的兴趣，觉得够不上拿到台面上来说。

愤青就是这样一群喜欢宏大叙事的人。他们只关心国家的未来与命运，“屁民”的事没有人感兴趣，无人问津，只有“外交无小事”。国际上一个小小的摩擦，一个外国元首的一句话也比得上国内民众的养老金没有下落更能牵动他们的神经。他们像一群“看门狗”，“看门狗”对于门内的事情可以毫不关心，以为跟狗拿耗子是一回事——多管闲事。他们的职责是对门外的一切保持警惕，哪怕是有人走过轻微的一声咳嗽都值得拿来讨伐一番。

这种无视国民的福祉，一心想把国民引入战火纷飞之中的做法，当然可以成就愤青们的“英雄梦”，但遭殃的肯定是普通民众。中国难得30年安稳的日子，他们像是觉得太平盛世已久到无聊了，久到活得不耐烦了，非要整出点事来，才算是有“选择压”。这都安的什么心哪，在我看来，无论多么宏伟的蓝图，多高蹈的口号，也不能瞎忽悠别人去送命。

愤青有一腔热血，但一腔热血就像一把火一样，可以煮饭、取暖、炼钢、拒敌，但用得不好，也可以把大好的财富付之一炬。鲜红沸腾的血在燃烧之后，会变成死灰一堆，像炮灰一样冷寂可怖。

这就是我曾经说过的，愤青是一把双刃剑，一旦失控，将是灾难性的，这已经是有历史事实证明了的。所以讲，热血青年是最可贵的，也是最危险的。不是我不相信青年人，而是害怕青年人助纣为虐，而且青年人容易助纣为虐。如何让这一把熊熊大火造福而不是造孽，每个人都有义务。包括我写这本书，也是想尽一点“打捞”的义务。

五 移民海外就是不爱中国吗?

记得2008年11月，有一家媒体报道，说赵本山将举家移民加拿大，说得有鼻子有眼，还说是加拿大媒介人士透露，赵本山已经接受完体检，移民申请已获批。虽然赵本山一直拒接记者采访电话，但以短信方式模糊地回答“是的”。

这事就像触到了爱国人士的G点，立马兴奋起来，特别是那阵子“裸体做官”讨论还余热未消，伐赵之声骤起，气势磅礴，说什么中国人民把他抬举成小品王，现在却背信弃义，甩手而去。后来赵本山自己站出来予以否认，还很幽默地说：“如果有媒体非要说我移民的话，那我就只好说，沈阳到北京，北京到沈阳，在国内移民。我的根在中国，我不会移民。”

到底赵本山有没有举家移民？到现在好像也没有什么“新进展”，看来，所谓赵本山移民加拿大纯属子虚乌有，老赵说得到做得到了。其实，老赵移不移民无关紧要，别说老赵移民加拿大，就是移民日本，我看也没关系，爱国人士有必要搞得如丧考妣般难过吗？

演艺明星移民国外已不算新鲜事了，我们可以开出一长串的名单：巩俐、许晴、徐帆、蒋雯丽、李连杰、王姬、陈红、宁静、蒋大为、斯琴高娃、韦唯、顾长卫、陈凯歌、张铁林……就算赵本山移民，他既不是第一个，也不会是最后一个，有什么值得大惊小怪的，何况这是他个人的自由，没有人可以干预。

有人把移民国外上升到爱国与不爱国的“纲”与“线”上去，那是扯淡的事，我不知道这是哪来的狗屁逻辑。

一个中国人移民到国外去，就不是中国公民了。他爱国就爱他加入了国籍的国家，比如巩俐爱国，我只能说她爱给她国籍的新加坡。

虽然这些明星都生于中国长于中国，但他们的身份已经是“外国人”了，我们有什么理由要求一个外国人来爱我们的国家，而不爱他们的国家？那人家可以反问，你爱美国吧，不要爱中国，这算什么事？人家爱不爱我们的国家是他们的自由，人家爱不爱他自己的国家，由不得我们去多嘴。

我们知道，在国内，很多人都想往北京、上海、广州深圳这些一线城市里挤，争取获得这些城市的户口，特别是北京户口，那样的话，至少将来自己的子女高考就可以少别的省份几十上百分也能上好的大学了。那是不是说这些人都不爱他的家乡呢？难道非要待在国内，寸步不离家乡，才叫爱国爱家乡？

有一个被用得臭了街的事例来说明归国华侨的爱国壮举，那就是新中国成立之初，像钱学森那样一批科学家冲破美国重重阻挠回国，好像钱学森的脚踩到了中国的边界之内就爱中国了，站在边界之外就不爱中国。真是荒谬，如果钱学森站在中国的边界之外没有一颗爱中国之心，他可能就不会踏入边界之内，因此也就不能说移民的、身居国外的华侨没有一颗爱中国之心。

我们的明星移民不爱国，是因为他们身不在中国，所以无法为中国作贡献。这恐怕太欠缺说服力了，有网友“红尘的尘”说“移民才是最大的爱国”，认为移民有数大好处：

1. 移民有利于提高国民素质。大家都承认国外教育科技比我们更先进，更多的人出去，有利于提高国民的整体素质。趁年轻移民出去，孩子就可以避免受到国内应试教育的摧残，可以保持创造力。

2. 节约国内的教育经费。国内教育经费严重不足，人尽皆知，据说年教育投入还没有年大吃大喝浪费的钱多。钱不够多据说还不是最重要的问题，本来就不多的钱，分配也并不合理。据说，这笔钱最大一部分用来锦上添花，而不是雪中送炭。多一个有钱人移民出去，就可能有一个到数个本无法上学的山村孩子得到教育机会，善莫大焉。

3. 缓解国内的交通压力。能移民的不是有钱就是有本事，多数都可以轻易买得起私人汽车，他们都移民走了，国内的交通压力自然可以得到缓解。

4. 缓解就业压力。人都出去了，国内的就业压力自然会减轻。

5. 给民族资本国民待遇。我们都知道外商投资是有各种各样的优惠条件的，但是国内企业不仅没有优惠，而且往往受到有关部门的刁难和歧视。然而，只要民族资本飞往国外换个皮，立刻就享受各种优惠，何乐而不为？

6. 改变中国人在国外的形象。我们知道国人在国外形象很差，多数是说举止粗鲁之类的，其实这是很不公平的。给外国人留下不好印象的一般就是贪官，他们占国家便宜出去玩，自然是得意忘形。如果有素质的青年人移民越多，我们在国外的形象就会越好，何乐而不为？

7. 节约资源。水、煤、石油所有的资源都是有限的，中国所有资源都很紧张，有能力出去的同志们啊，为了我们的后代，出去吧！

这位网友说得很好很搞笑，中国现在抓紧计划生育不放松，就是嫌人口太多了，中国人多多移民出去，对降低中国人口，提高各种各样的人均指标大有好处。更极端地妄想一下，中国人不断地移民美国，巧妙地实现人种和文化渗透，久而久之不就“颜色革命”成功（红旗插遍美国，绝大部分美国人成了黄色人种）了？不战而屈人之兵，这该是中国的爱国者所渴望的啊。所以，我认为，移民符合国策战略，是爱中国之举。

可见，爱中国并不只有在国内才能爱的，跑到天涯海角都能爱。抗战的时候，国内民众浴血奋战，海外侨胞捐钱捐物，难道就不算爱中国？我们不要忘记，被誉为国父的孙中山持有美国绿卡，而恰恰是这个“美国人”，在亚洲创立了第一个共和国家，如若孙中山不移民，中国历史恐怕要改写；如若孙中山不爱中国，就没有人说他是国父了。

有人讲，不少高喊爱党爱国爱人民口号的高官把家属弄出国，不少表演爱党爱国爱人民节目的明星把全家弄出国。这话没错，赵本山表演过不少“爱党爱国爱人民节目”，从他嘴里说出的这段话我们不会忘记：“九八九八不得了，粮食大丰收，洪水被赶跑。尤其人民军队更是天下难找，百姓安居乐业，齐夸党的领导。国外比较乱套，成天钩心斗角，今儿个内阁下台，明儿个首相被炒，闹完金融危机，又要弹劾领导，纵观世界风云，风景这边独好。”

但是，如果老赵真的移民加拿大，这段话恐怕也很难作为他不爱中国的“罪状”，人都是会变的，毕竟十年过去，十年前有几个“裸体做官”的，十年后又有多少“裸体做官”的？十年前老赵觉得“风景这边独好”，十年后他觉得“风景那边独好”，有什么不可以？十年前，他在台上忽悠台下的；十年后，他在台下忽悠台上的，又有什么不可能？

我想问问那些嘴里骂着别人移民不爱国的人，如果你有条件移民你移还是不移？会不会跑得比明星快？要是整天流着哈喇子羡慕人家移民，恨不得做梦都想跑到国外去，一面又骂人家没素质、品位低、不爱国，说成中国人的悲哀，那真是莫名其妙得很。

有“爱国者”为移民而痛心疾首于“人才流失”，更让我感到莫名惊诧。笔者碰到一个被关过“牛棚”的老教授，他跟我说，当年，他有的同学移民国外，几十年后一比较，他的美好时光都耗费在无休止的斗争之中，一事无成，而他的海外同学在那个时期取得了研究上的巨大成就，为世界人民贡献了自己的才智。如果移民能够让人才得以人尽其才，给他们一片飞翔的天空，为什么非要握在手里捏成一个废物呢？如果钱学森不是在美国学了一身本领，才能回国发挥作用，只在国内待着我估计也就默默无闻一平民。

人往高处走，水往低处流，这是千古难改的规律。任何人都向往在自由、幸福、快乐、富裕且有尊严的地方生活。如果在一个地方过着禁锢、痛苦、贫困、愁苦、卑贱的生活，就肯定会萌生“誓将去汝，适彼乐土”的梦想。对于不同的人来讲，差别只在于有没有能力“适彼乐土”，而绝非想不想的问题。人非天生的贱物，除非让人们没有比较，无从选择，把禁锢、痛苦、贫困、愁苦、卑贱的生活之地宣传成无与伦比的“黄金世界”。如果移民可以获得梦想的幸福，那就移民吧，移民无罪，移民光荣。

演艺明星轻松移民海外，只因为他们有本事，这种本事最主要的体现为有钱。如果说移民是一种自由、代表一种权利（可以选择），无非是说，物质基础保证了人的自由和权利。事实上，即便是在国内“移民”，从农村到城市，从此地到彼地，也需要物质的保障。我们在讨论移民这个话题时，大可不必陷进狭隘民族主义泥淖，还是从人的权利与自由谈起为好，这最现实也最务实。当一个人最基本的物质生活保障都难以实现，不要说国外移民，国内移民也是不可能的，“出一趟门都不容易”，即他的自由与权利是十分有限的。事实不是如此吗？当一个人想从农村“移民”城市，却还需要暂住证明，没有暂住证被收容被遣散时，他作为一个中国公民享有的平等权利在哪里？

移民是人的自由发展的要求及结果，这正应了一句话：“哪里有自由，哪里就是我的祖国。”倘若是因为对一个比自己的国家更好的国家的向往而移民，这等同于“用脚投票”，去为自己争取更好的权益，跟爱与不爱国没有关系。但这不应该包括不可告人的“裸体做官”式、“弃船逃跑”式移民，那或许只是为了自己的罪行寻找一个安全的避难所罢了。

一个人难以拒绝来源于遗传的东西，无论是生理的还是文化的。移民海外的人，在遗传这一层面上仍然与中国有千丝万缕的联系。他们对中国的爱未尝不是真挚的。但是，正如香港学者丁学良所说，很多华侨华人都说爱中国，但是他们却从来没有为中国作出什么贡献。他们希望自己的故土强大，是因为一个强大的故土可以给自己的生活提高筹码，是因为一个强大的故土能够支撑他们的奴性心态！这样的爱国多少有点可怜。

六　国旗比基尼真的很性感

2009年6月8日晚，“浩沙杯”第六届中国泳装设计大赛总决赛在国家游泳中心“水立方”落幕。现场，惊现国旗比基尼秀。这样一场国旗比基尼的泳装秀算不算玷污国旗？该不该受到谴责？一时间引起网友热议。

我稍为浏览了一下腾讯网转载的报道、图片和网友的帖子，发现选手们穿着国旗比基尼真的十分“惊艳”，很性感很好看，我真的没有想到，这鲜红的颜色居然能如此性感动人。但网友的恶骂满目皆是，而且骂得很恶毒：

这些人渣！没有廉耻！鲜血染红的旗帜，怎么能随便这样。

拉出去剁了。

男（模特）的去填井，女（模特）的去填茅厕。

那个女（模特）的应该被奸了啊。

不能这样去污蔑国旗，污蔑国家尊严！

恶心，不配，侮辱国家，开除国籍去小日本那儿拔去，设计师是日本人吧，去死。

这种行为不是不妥，而是根本就不应该做的事，简直有辱国家，有辱我们中华，可以开除我们国籍了。

想想看，先烈的旗帜包裹着她们的私处，真是亵渎。

不就是一次比基尼比赛吗，不就是比基尼使用了国旗图案吗，而且单就一颗五角星而言，真不好判断是中国国旗，还是越南国旗，不知道越南人看到这相似他们国旗的图案，会不会很恼愤？不管是中国国旗，还是越南国旗，至于让这些人愤怒到剁人的地步吗？

“国旗事件”我看到的已不止一次了。去年，有一“好事者”型的网友爆料说，“今天我从武汉市的一个郊区检察院门口路过，看见正大门口有人把国旗当被子（套）用，晒在那里，太不像话了。”并把“国旗被”照片贴出来，被记者引以为报道。结果，“国旗被”得到的“待遇”跟穿国旗比基尼选手差不了多少，说来说去，无非亵渎了国旗、国家、民族的纯洁性。

我真是想象不出来，能够产生这种纯洁想法的人，其脑子要经过多少次的漂洗，才能洗得如此“纯洁”，“纯洁”得患上洁癖症，见不得一点点“不干净”。

国旗是一国之象征，代表一个国家的主权、国格与尊严，《国旗法》第十八条规定，“国旗及其图案不得用作商标和广告，不得用于私人丧事活动。”第十九条规定，“在公共场合故意以焚烧、毁损、涂划、玷污、践踏等方式侮辱中华人民共和国国旗的，依法追究刑事责任；情节较轻的，参照治安管理处罚条例的处罚规定，由公安机关处以十五日以下拘留。”故而，当一国一民反对一个国一政府时，会焚烧其国旗以示反抗和污辱，因为国旗具有象征意义。

当一个公民不是抱着反国家、反抗政府的态度去对待国旗，而是用一种平常心去对待国旗，有没有必要用刑法伺候？即便在泳装设计大赛中，商家有违反国旗法的嫌疑，那就按违法规定照办就完了，人家还没有违法到“被判死刑，立即执行”呢，就要把人家拉出去剁了；男的去填井，女的去填茅厕；还要把女的强奸了；要不就开除国籍，这是哪跟哪啊？看来，真的没有比拿爱国来宣泄自己更舒服的事了。

我们常在电视上看到，一个美国人会把美国国旗做成裤衩穿，一个欧洲球迷会把自己国家的国旗当裙子用，好像没有人说他们污蔑国旗、污蔑国家尊严，也没有被拘留的报道。我们这里有人拿国旗当做比基尼、当被子用，有人就坐不住了，谴责声声，比挖他家祖坟还着急，真是怪哉！

说“污蔑国旗，污蔑国家尊严”说过度的人，内心里潜藏着太过强烈的“国家意识”。这一意识常常凌驾于一个人生活的每一个细节和角落，将个人的空间挤得狭窄至于无。完全没有了个人空间，也就没有了个人的意识，更没有个人权利意识，也就无从理解十分个人化的行为。

人之爱国，是因为国家能给他们安全、尊严、健康和生存发展之必需，人之维护国旗，也应该基于此，不是因为国家凌驾于人之上，人像奴才一样尊其为神人神器神物神品，半点不能冒犯。排除必须遵守的法纪，当我们有意地去神化一个东西时，某种意义上就是奴化自己，将人神化会奴化人，将物神化也能奴化人。奴化得久了，就像在酱缸酱得太久了，就真的变成一身臭气的奴才，哪怕得以“赎身”，也还是一副奴才思维。奴才的一切思考和行为都只能也只有从主子的利益出发考虑问题，而不是从自己的利益（哪怕自己的利益是合法合理的）出发考虑问题。

我们身边有很多这样的人，他们已经不再具有“奴才身子”，但有一个“奴才脑壳”，看到有的人盖着国旗陪葬，肃然起敬，觉得“太像话了”，看到有人拿国旗当被面，就一脸愤怒，跳出来叫喊“拉出去剁了”，至于为什么有的人可以拿国旗陪葬，有的人为什么不能抱着国旗睡觉；为什么原先只有大人物去世才降半旗，为什么汶川大地震为死难者降了半旗，他们是不想也不会深入思考的。他们的心灵“纯洁”得容不下一粒沙子，他们生怕别人剥夺了他们做奴隶的权利。

七 “嫖妓爱国”，荒谬至极

读吕胜中著的《走着瞧》一书，书中讲到一个故事：有一个中国大款去日本，决定要进一妓院。他去妓院目的不是去轻松地品尝异国风味，而是带着愤怒去完成一项施暴行为。他付了最多的钱，选了一个最漂亮的女子；他拒绝女子主动献媚，却趁其不备时突然袭击，造成强奸的效果。过程中，他极有节奏又有力地重复说着：“你们……糟蹋了……我们……多少……母亲姐妹，你们……杀了……我们……多少……父老乡亲，今天……我来……代表……中国人民……报仇雪恨!”女子终于抑制不住满腹委屈哭出声来，边哭边叫着：“大哥大哥你弄错了，阿拉也是中国人。”

也许这个故事只是杜撰出来的，但也不能说绝无此事。据媒体披露，近年来有些跨国公司组织国际卖淫，国内许多年轻貌美的女孩“漂”到外国去“发展”，也有一些男人跑到国外去“买春”，开“洋荤”，这都形成产业链了。

不管是真是假，这个故事让人啼笑皆非的，就在于这个大款自以为自己是在“嫖妓报仇”，当然也就是“嫖妓爱国”了，其实是丢人献丑。

中国受日本长达十四年的侵略和凌辱，日本军人犯下的滔天罪行难以计数，这是中国人心里永远的痛。更让人无法忍受的是，日本至今不承认侵华行为，日本高层领导人屡次参拜靖国神社，引起受侵略国家极大的不满，但是日本仍然我行我素，对受侵略国的反应熟视无睹，中国人一肚子恶气实在是憋得太久了，恨不能找个机会狠狠地出出这口恶气。

大款在日本嫖妓的行为就是冲着出气而去的，但是我对这位大款充满了厌恶，为其荒唐的行为感到羞耻。你包里有俩钱就烧得慌，就要去嫖妓。嫖妓是很个人的事情，嫖也就嫖了，我没有权利指手画脚，但是把嫖妓与国恨家仇两个风马牛不相及的事捆在一起，就让人愤而不平——你在发泄自己的兽欲，就不要戴什么高帽了。你这种行为与其说在爱国，不如说在玷污“爱国”。

妓女就是妓女，爱国就是爱国，妓女与嫖客之间只是一种交易关系。嫖客出钱，妓女服务，彼此平等，各取所需，不存在输赢，也不与荣誉挂钩。嫖客潇洒完了付费走人，妓女数着自己的辛苦钱，心里很宽慰。这跟爱不爱国有什么关系呢？如果嫖了一个妓女就侮辱了一个国家、民族，这个妓女是一个什么样的妓女呢？国字号妓女？还是国母？一个出卖身体讨生活的妓女担得起这么大的重任吗？

如若说嫖妓是爱国的，那么我敢说日本妓女会很欢迎中国男人去日本以这种方式“爱国”。我甚至能想象得出，当中国的爱国嫖客们临走之前，日本妓女还会出来送一送，说一些“谢谢，欢迎再来爱国”之类的好话。为了让中国的爱国嫖客爱国爱得彻底一点，她们没准还建议这些爱国嫖客来个双飞或者三飞什么的呢。中国的爱国嫖客们在拉动日本的消费，推动经济增长，他们何乐而不为呢？因此，就看不到在日本有大量的民众反对中国嫖客到日本去嫖妓的事件。

事实上，泰国的色情业很发达，泰国的妓女就非常欢迎中国的嫖客去泰国观光旅游。据说，中国还真的有规模不小的买春团到泰国去买春。还据说，越南要牺牲一代妇女来换取国家的发展，也是巴不得中国嫖客去消费。只不过，因为泰国跟中国“世代友好”，没深仇大恨，嫖妓就是嫖妓，与爱国无关了。越南跟中国曾有过节，不知道要不要归入“嫖妓爱国”之列。有一点可以肯定的是，如果有条件，中国的爱国嫖客没准还要去美国施展他们的“嫖妓爱国”计划，考虑到美国的人力成本实在太高，一般的爱国嫖客也只能望“洋”兴叹了。

把嫖妓上升到爱国，恐怕也是中国愤青们的专利了，因为，我至今还没有发现其他国家有此一说。要是按照中国愤青的“嫖妓爱国”逻辑，犹太人就该天天泡在德国的红灯区里，才补得回一肚子的屈辱。日本人也要组团到美国去嫖妓，出一出当年美国人给自己丢两颗原子弹的仇恨。

从“嫖妓爱国”，我想到2003年曾爆发的一起震惊世界的“日本人珠海嫖妓事件”。“9·18”前夕，多达二百多名日本人竟然专程跑到中国来，在珠海一家五星级酒店大肆买春。这是让爱国愤青“是可忍，孰不可忍”的事——在我们的国耻日前夕来我国嫖妓，不就等于在我们屈辱的伤疤上撒盐吗？很多愤青建议把这二百多名日本人就地处决，再怎么也要投入大牢之中。

然而，民族情感归民族情感，国家法律归国家法律，不能“情感用法”。根据中国的《刑法》规定，在卖淫嫖娼案中只有介绍、组织、容留卖淫嫖娼的人才能被追究刑事责任，而一般的嫖客和卖淫女只应接受治安处罚。这本来就够让愤青有气难咽的了，更令愤青难以接受的结局是：日本人嫖娼，中国人受审！尽管有三名日本人涉嫌组织卖淫罪被通缉，但此案中的卖淫组织者大都是中国人。

一肚子无处宣泄的爱国愤青，把气一股脑儿出在那些接待日本嫖客的妓女身上，要求严罚妓女，以维护国家荣誉。这就是所谓的“惩妓爱国”。剔除法律的因素，愤青们的“惩妓爱国”有一个逻辑，即妓女卖国——谁叫你们接待日本人的？而且还在国耻日来临之时。这真是天大的笑话，妓女本是社会的底层，无权无势，她们唯一能卖的只有她们的身体，而且连出卖身体都尚且不合法，得偷偷摸摸地卖，以此维持生计。我就搞不明白妓女有什么“国货”可以出卖的？要是她们有“国货”可以卖，她们何必还在卖自己的身体，这不是吃饱了撑的吗？卖国是当权者的“专利”，因为只有他们才掌握出卖国家利益的资源，无权无势者没有资本卖国。

如若按愤青的要求，估计政府要在“7·7”、“9·18”、“10·1”、“12·9”等重要日子里发布“禁嫖令”，要妓女在这些日子里放假休息，不许接客，只是她们放假休息，政府会不会发补贴呢？强制别人不赚钱总该给点误工费吧。

更为可笑的是，中国国耻日日本人珠海买春案发后，很多爱国愤青建议组织一些人成立“反嫖联盟”，以牙还牙，日本人不是嫖了我们吗？我们就嫖回去。我不知道有没有勇士真的反嫖回去，倘若有，是一定会被爱国愤青视为民族英雄，为国争光的了。要是愤青们真的嫖回去，吕胜中在《走着瞧》一书中讲到的故事大约就可以变成真实版了。

但并不是所有的爱国愤青都赞同“反嫖联盟”的，他们的理由是，我们要抵制日货呢，如果我们组团到日本去反嫖，这不正好给日本人投资，助推日本经济，正中日本人的下怀。而且，愤青中的消息灵通人士已经打听好了，在日本做妓女的，大部分是中国女性，要是一不小心把口操“上海话”的“阿拉”给嫖了，这千里迢迢的爱国行为岂不失败得很。所以，不知道是手头紧张还是真的考虑到可能的“爱国失败”，至今也没有听说爱国愤青组团嫖回日本。

床上的就让它回到床上，爱国的就让它回到爱国，拿上床来爱国，本身就很下三烂，没有人会觉得一个国家民族可以靠嫖妓嫖得好，嫖出尊严。我们也绝不认同“嫖出一个新中国”。无论是“嫖妓爱国”还是“惩妓爱国”，都只能让世人感叹，这世界上怎么就有这样一群脑残至此的人。

从对“嫖妓爱国”与“惩妓爱国”的分析看出，爱国是一门学问，愤青对这门学问还没有及格。我写这些东西，不过是一些爱国的入门知识，希望对那些读到这本书的人，有点点用处。

八　我来和愤青谈谈怎样爱国

我和我的国家

2008年国庆期间，《南方周末》评论做了一期特刊，广邀读者，一起想想“我和我的国家”，一起回答四个问题——我为国家做了什么？国家为我做了什么？我还能为国家做什么？国家还能为我做什么？很多读者说，这是一生中第一次被问到这四个问题。

我觉得这不应该是个“一生中第一次被问到”的问题，如果非要说“第一次”，我怀疑是“国家为我做了什么？”和“国家还能为我做什么？”这两个问题。因为，在一个千年来家国不分的国度，一个被“钢铁是怎样炼成的”所熏陶了的民族，一个从小就接受爱国主义教育的人民，“我为国家做了什么？”与“我还能为国家做什么？”这样的问题应该经常地被问及，经常地在回答，说是“第一次”，不是太过矫情了吗？

在回答这四个问题时，我觉得首先要搞清楚这里的“国家”是什么概念，这样，才能避免糊涂的爱和糊涂的被爱。香港学者丁学良指出，“国家”这个概念，英文有四个词表达：state；country；land；nation。其中的差别在中文里不易看清楚。country强调国土和人民；state则主要指国家政权。

厘清了“国家”的概念，即清楚了“国家”具体指一个政府还是指一个文化共同体，那么我们在回答这四个问题时，才变得清晰及有意义，否则我宁愿不回答，其实也回答不清楚。

如果这里的“国家”是指一个具体的政府，我可以针对性地回答这四个问题：

我为国家做了什么？纳税？当然，可是人人都在纳。如果可以脸皮厚一点讲，我为国家贡献了一条鞭子，当国家懒惰贪腐失政的时候，我抽她两鞭，要她像黄牛一样努力尽职。

国家为我做了什么？不是我忘恩负义到说不出来，而是我恐怕说出来，国家会脸红，为了照顾自己的虚荣，也照顾国家的脸面，我不打算说。除非有一天，我真的觉得有必要列个单子。

我还能为国家做什么？我还能做的，就是将自己要鞭子的技法提高一点，再高一点，打出漂亮响亮的一鞭又一鞭。

国家还能为我做什么？那得看国家还想为我做什么，如果我可以要求的话，我希望这个国家一切为了人，一切为了人的幸福，管好我们的资产，实现“保值增值”，将经营的成果分享于每一个人。

如果这里的国家是指中华民族这样一个文化共同体，是包括全体国民、国土和国家制度在内的共同体，我也可以针对性地回答这四个问题：

我为国家做了什么？我以三十多年的人生来热爱她，我健康成长，刻苦学习，努力工作，为的就是让自己强大起来，让自己更有力量。因为我知道，只有自己有力量了，才会有自由、有平等，自由平等的国家不是一群奴才建造起来的，也不是一群懦夫建造起来的。退一万步讲，做强自己，至少不会让自己成为国家的负担，就好比游泳，自己的泳技没有到足可以救人的水平，至少可以自保。

国家为我做了什么？这就像母亲为我做了什么一样，不是三言两语能够说得清楚的。她给我生长的土壤，给我文化的烙印，给我黄色的皮肤，给我宝贵的财富；当然，也给了我虚荣的心灵、癫痫的遗传、撒谎的基因、有毒的文化。

国家还能为我做什么？我希望她变成一个越来越适合于人幸福地生活的地方。

综上所述，“我和我的国家”，不等于“我和我的祖国”，我和我的国家（政府）是彼此都遵循协议的契约关系，我和我的国家（祖国）是守护相望的情感关系。我可以没有政府，却不能没有祖国，就像歌声里所唱到的：我和我的祖国一刻也不能分割，无论我走到哪里都流出一首赞歌。

一个国家靠什么赢得尊严

曾经，我建议那些驳斥我的愤青把驳斥我的文章出一本言论集子。这不是夸张的说法，就数量而言，我所收集到驳斥我的文章已经有十多万字了，足可以合成一本著作。愤青可以每天晚上搂着自己的战斗成果甜甜地睡觉去，做着更加辉煌的梦，多好啊。

在大量驳斥、批评我的愤青文章中，有一个共同的特点，就是认为抵制或不抵制法国货涉及国家民族的尊严，是不能有半点让步的，仿佛抵制住了法国货就等于维护住了国家的尊严。

这片爱国的苦心我是领受了，但我觉得先要搞清楚一点，尊严不等同于面子，赢得尊严与给自己长面子是不一样的。赢得尊严是别人对自己打分，自己给自己面子，那是自己对自己的感觉。自己给自己面子是很容易的，阿Q就老干这事：挨打也不要紧，自认是“虫豸”即可，打完之后，可以用“儿子打老子”自慰，甚至自打嘴巴却认为是打了别人。这样，自己的面子好像就得到完全的维护了，又可以昂首挺胸做人。

但是，要赢得别人的尊重、敬重实为不易，一个国家靠什么赢得尊严？你可以说是靠拳头，这似乎是没有错的，有强大的军事实力，别人不敢欺负你，你自然可以威风八面。想当年，成吉思汗就是这样风卷残云、开疆扩土的，可惜来也匆匆，去也匆匆，剩下“只识弯弓射大雕”。

靠经济？当然，这是条硬道理，没有经济，就没有自由、没有力量，就没有力量来维护自己的尊严，甚至会变成奴隶，听人使唤，这是常人都懂的道理。

靠文化、科技？这还用说吗？单就这文化与科技里蕴涵的智慧与智商，就足够让人五体投地的了。

靠……对，靠……

然而，上述的一切都很牛很强大，也未必让人发自内心地敬重、尊重你。社会上有那么多有权有钱的人，为什么赢得敬重的并不多呢？敬重一个国家与敬重一个人有相似之处，并不看它军事多么强大，经济多么富裕，体量多么庞大，打架起哄多么带劲，而是看是否值得人们从内心去敬重它。

尊严不是虚无缥缈的东西，是实实在在的，就像维系我们生命的某种必备品，是有落脚点的，十分具体地表现在每一个鲜活的人的身上，体现在每一个人与他人、与社会、与国家的关系之中。国家强大，不等于国民有尊严，一如国家富有，不等于国民富有一样。反过来，国民不富有，国家再富有也不会让人欣喜若狂，国民没有尊严，国家的尊严在何处？

尊严的具体性不只是表现在你工作有岗位、生活有保障，更表现在你是可以自由、独立地存在，不依附于强权，可以建立并实现你的自我价值。这样的国民才是有尊严的国民，由无数个有尊严的国民构成的国家才是真正有尊严的国家，才可能赢得别国的敬重与尊重。

在现实的生活之中，你是不是已经活得很有尊严了？如果是，我真的恭喜你，你太幸福了；如果不是，那就老老实实从赢得作为一个公民的尊严做起。自己的尊严尚且无从谈起，在那里空谈国家的尊严；自己的尊严尚且无从维护，在那里空谈维护国家的尊严，看起来有血有肉，一腔正气，其实灵魂空空。

在这里我尤其想谈一下由国家尊严扯出的抵制洋货话题。应该说，抵制是一个公民的权利，示威、游行都是宪法赋予公民的权利，更不要说抵制。问题是你有抵制权利吗？好像你是有的，你不是在抵制法国货、日本货、美国货吗？可是你还有无数抵制的权利，在该用的时候用了吗？在该用的时候能用吗？

比如，当你的房子被违法强行拆迁时，你抵制了吗？当你或你的同胞的工钱讨不回时，你抵制了吗？当你在网上说两句重话就可能被跨省追捕时，你抵制了吗？当你想读书读不起、想看病看不起时，你抵制了吗？当你想抵制却不让你抵制时，你抵制了吗？……而且，倘若你抵制了，有用吗？我都懒得再“举例说明”了，要清理一下你的尊严被剥夺殆尽的账单，是一项多么浩繁的工作！

其实，在以抵制洋货来维护国家尊严的时候，我们至少可以多问一句，维护出来的结果是什么，跟我有什么关系？如果按愤青的逻辑，维护出来的就可能是一个不文明、无道德感召力的国家，国民的尊严注定望梅止渴。因为，对抗、封闭是逆世界文明潮流而行，就是再强大也不会赢得尊严。它即便征服了人的身体，也征服不了人的心。

对于这些只“愤”（愤怒）不“清”（清醒）的愤青，可能真的很爱国，只可惜连爱国的能耐都还不具备。一个国家的尊严要靠自己的尊严都尚未获得的那些愤青来赢得，那真是见鬼了。有时甚至觉得，幼稚的、不懂爱国真谛的愤青在损害国家的尊严，满嘴喷“粪”的“青”年多了，只会越发地让外国人瞧不起我们。当然，这样做也是他们的自由，毕竟，还有什么比这更激动人心、更安全保险的呢？

你在国内有了抵制的权利，你在国际舞台上的抵制才真正有意义。如果你在国内像个龟孙子一样，屁不敢放一个，一如一个“妻管严”，稍微说句不好听的话，就要挨罚跪搓衣板，你在外面牛皮吹得老大：“在家里我当家，我说了算”，别人会相信吗？别人会说，忽悠，接着忽悠。你就是牛皮吹成天大，别人也是当笑话，虽然别人可能不敢惹你生气，怕一揭你的老底，让你恼羞成怒，动粗打人。

从这个角度看，在抵制法货的过程中，法国最终让步了，而且还要向中国“示好”拍中国马屁，我们“完胜对手”，也不代表我们赢得了尊严，那不过是各种利益博弈出来的结果。国家之间没有永恒的盟友，只有永恒的利益，利益主导一切，跟尊严并无必然联系。

最后补充一点，我写这篇文章，也是一种抵制，抵制自己像木偶一样被掰来掰去，抵制我的视线被转来转去。我坚定地看着一个地方，直到它真的变好起来，这个国家才可能赢得尊严。

爱国就做强自己

我不知道别人是否有过同样的经历。30 年前，我还小，总是听村里一个穷得

“揭不开锅盖”的村民给我们憧憬未来：等国家强大起来，我们的生活就会好起来。在肚子经常饿得咕咕叫的年代，那些话像天际挂着一块大肥肉，令人神往。

现在，这位村民还是穷得“揭不开锅盖”，靠给别家打短工为生。

我不知道这位村民关于国家强大起来，我们就会好起来的逻辑，是从哪里跑到他的脑子里，继而说给我们听。事实证明，他的逻辑并不可靠，至少在他的身上没有得到印证。30年的时间，国家真的强大起来了，媒体上有“大国崛起”的说法，外国媒体在渲染“中国威胁论”。而他还是原来的样子，而且身体衰弱大不如从前。对于他的未来生活，我心怀隐忧，不知道他是否还记得曾经说过的那些话。

这是过去的事情了。前些时，在网上见到一个网友，倒是随着国家的强大，生活好起来了，甚至有点知足了。他说，以前觉得钱这东西生不带来死不带去，够用就行，不需要追求过多，平平淡淡的生活就好。然而，发生汶川大地震后，完全改变了这种看法，他说他终于发现有钱真好。如果有钱，他可以捐助受苦难的人们；如果有钱，他可以给他们买好多好多东西，而不是在那里无病呻吟。最后，他仿佛参透了人生似的说，“只有强大自己，才能帮助别人。”

有些浅显的道理，需要经历很多事情，甚至要吃尽苦头才会明白。我记得好像是看凤凰卫视《李敖有话说》，李敖在一次节目中说：对于个人来说，如果你没有一点点财富，你就是没有自由、没有力量的人。没有力量就没法维持你的尊严，你就变成了奴隶。奴隶的命运完全取决于统治者的慈悲。我猜想，李敖这番话是不是也包含了太多的人生经验呢？

自己没有力量，不要说帮助别人，连基本的尊严也维护不了。我们看看生活中，哪些人最有影响力，哪些人最有话语权，哪些人发号施令，哪些人被视为强者，我们就会发现，绝对不是无权无势无钱无粮的人。人微言轻，一个捡垃圾的人说再大的道理，用再大的声音，也不会有人听。可是强势人物放个屁，也会被广为传播，不是因为后者讲得多好，而是前者太弱小的缘故。

在一个社会结构之中，个人的力量来源于什么？可以说来自强壮的肌肉和坚韧不拔的意志，但首先是经济、是财富（不会被无端地剥夺）。饭都吃不饱，是练不出强壮的肱二头肌的，意志也会因此心有余而力不足。哈耶克说过：“不论是谁，一旦掌握了全部经济活动的控制权，也就掌握了我们生存的命脉，从而就有力量决定一切我们所追求的其他方面的价值，以及替我们安排这些价值的优先顺序。”（哈耶克《通往奴役之路》，中国社会科学出版社1997年版）这揭示了国家强大，一个村民仍然很穷的根本原因，因他没有掌握经济，故没有自由、没有力量，只有被安排的份儿。

“争你们个人的自由，便是为国家争自由！争你们自己的人格，便是为国家争人格！自由平等的国家不是一群奴才建造起来的!”套用胡适这句话，我想说，争你们自己的力量，便是为国家争力量。因为只有自己强大，你才能保护你自己，保护你想保护的人。大多数人都能获得保护，具有自救能力，这个社会才算得上强大，一个基于强大社会的强大国家才能成为可能。

退一万步讲，做强自己，至少不会让自己成为社会的负担，这也可以说是做强自己的贡献。就好比游泳，自己的泳技没有到足可以救人的水平，至少可以自保吧。那种连自己的安危都没法安顿的人，哪有能力去帮助别人？非要跳下水去救人，只有白白送死。

在今天的中国，做强自己，是文明追求之一种，绝不是受到狭隘的集体主义毒害的人，认为只顾自己的“强大论”，是一种自私自利的行为。做强自己，也时常是无奈的选择，现实种种不尽如人意的事情，会让人慢慢地放弃那些天真的想法：谁收了纳税人的钱，就要为我办事。有时恰恰就是因为你太弱小，连你的“仆人”（公仆）也不尊重你。哪怕为了做人最基本的尊严，也要让自己强大起来！(Keep Yourself Strong!)

第四部分　愤青危害：中国前进的绊脚石

一 “铁血腔”只会把中国引上邪路

2008年正好是中国改革开放30周年，现实以一种令预言家跌破眼镜的方式来纪念。我们已经备好华章丽辞的咏叹，却被“多难兴邦”冲淡了喜气。

这是一个大悲与大喜交集的年份：大地震与奥运会叠加在一起，奶粉有毒与太空漫步叠加在一起，分裂活动与抵制法国货叠加在一起，世界金融危机与国内群体事件叠加在一起，本土培育的派系与西方进口的主义叠加在一起……中国人坐了一年的过山车。

2008年必将成为一个可以作为重要历史节点来解读的年份，它因为包含太多丰富的事件与内涵而会随着时间的推移变得颇具标记性意义。或许，N年过后，我们在电视上回看这一年的“历史镜头”，会生出无限的感慨：中国人就是从这样的曲折与悲欢中走过来的。

促成2008年成为中国一个重要的历史节点的，是30年的改革开放，再远一点讲，是中国一百多年来对复兴梦想的孜孜寻求。

这一百多年的历程，逢千年未有之变局，中国遇到了前所未有的环境。中国始终要回答两个问题，第一个是：“中国是什么?”即中国怎么发展，发展成什么样子的问题；第二个是：“中国在哪里?”即中国在国际体系中扮演什么角色，处于什么地位和发挥什么作用的问题。

一百多年来，第一个问题的解答颇为艰难，有晚清的变法、洋务、立宪，有孙中山的民主革命，有马克思主义在中国的实践，以及新时期人民对民主政治的渴望。第二个问题的解答也颇为波折，从国门被坚船利炮打开到“师夷长技以制夷”，从科学民主的引进到八年抗战，从抗美援朝到“乒乓外交”，从关门搞运动到改革开放，这两条线索贯串中国百年，而且还要贯串下去。

经过30年的发展，中国人又有了新的回答，这个回答展现在激烈的思想争鸣之中，各种主义都在以自己的方式来回答“两个问题”，并寻求自己的力量支持。“大国崛起与文艺复兴”的热烈讨论就是30年后对“两个问题”的一次正面回答。

2009年4月，一本名为《中国不高兴》的书匆匆出笼，打着“为国直言、替天行道”的旗号，虚张声势地鼓吹口水民族主义，要求对西方“有条件地决裂”，鼓吹通过枪杆子领导世界，“管理比现在中国所具有的更大更多的资源”等，再次点燃民族主义情绪，引起海内外舆论广泛关注，算是民族主义给出的答案。

我买了两本《中国不高兴》（够对得起中国的民族主义了），第一本送给了一个朋友，然后又买了一本，耐着性子把它看完。我读这本书的感受，就像王小东说他读奥巴马的新书《我们相信变革》一样，“这是一本满篇空话、吹吹大气、让人不堪卒读的书”，它的一个价值就在于给世人提供一个了解这个世界上人口最多的国家还有一群多么可笑的人。

不过，我可不像王小东那样，会将一本书完全否定掉。《中国不高兴》里黄纪苏写的一些篇什还略可一读。我们不能用一种先入为主、不以为然、高高在上的理性主义姿态把它全盘否定掉。

我这样讲，是要表明，我们谈《中国不高兴》，不想陷入“两个凡是”——“凡是你支持的我就反对，凡是你反对的我就支持”的极端情绪之中，那样没有意思，也不能令读者信服，而且还把自己等同于不讲道理。如果说我们的出发点都是一样的——爱国，只是爱国的方式不同，那么我们有什么理由不可以坐下来讨论，非要东风压倒西风？

令人遗憾的是，我们所有的中国人，一不小心又被五个愤青稀里糊涂地代表了一回（把《中国可以说不》、《中国还是能说不》算上，他们已“三个代表”了），莫名其妙地“不高兴”。其实，高兴与不高兴只能具体到个人，具体到某个群体，不能一概而论。因为即使是面对同一件事情，不同的人也会有不同的情绪，就说国企改制中国有资产流失，下岗工人不高兴，得利阶层就非常高兴。《中国不高兴》里面讲到的种种事情，只能是愤青不高兴，绝对不是全中国人民的不高兴。

不管“高兴”还是“不高兴”，左右的情绪都可以表达出来，才是中国的进步，也才能显示出中国的进步。不能说只让“左”派说话，而让右派闭嘴；不能只对外交不高兴，而避谈对内政不高兴；不能你不高兴就让所有人跟着不高兴，也不能你一高兴就让所有人都跟着你高兴；不能顺着你就高兴，逆着你就不高兴。既然高兴与不高兴是个人的情绪，那么每个人每天要面对生活，当他面对生活有诸多不满意时，就会不高兴。要是天天有喜事，自然会精神爽，高兴与不高兴首先要从解决每个人的生活开始，而不是从“黄河之水天上来”讲起。

这五个愤青为什么不高兴？通读全书会发现，他们对中国“文艺腔”不满，对中国不说不满，对中国没有所谓的“大目标”不满，归根到底是对中国没有“尚武精神”，没有“走出去，拿回来”不满。

他们对什么高兴？对“决裂”高兴，对“打倒拳王”高兴，对“强盗理论”高兴，对枪杆子出霸权高兴。如果我没有理解错，所有这些，就是鼓吹通过武力来抢夺世界利益。这与书中的“持剑经商”是吻合的，是典型的“铁血腔”。

“铁血腔”说白了就是用拳头说话，坚定地相信“社会达尔文主义”，披着文明的外衣崇拜“丛林法则”，企图通过拳头来扩张势力，抢夺利益。这种思想潜伏在中国社会的每个角落，换着马甲出现，在人际上是“踩着别人的肩膀往上爬”，在教育上是“学不好就会被社会抛弃”，在政治上就是“落后就要挨打”。

中国有那么一群“铁血清流党”，他们有一个军事梦想，热衷于谈军论政，无比沉迷国家霸权，但在和平时代是“文人治国”，不是“武人当政”，他们“手无寸权”，只能靠发牢骚过日子。他们一谈起“明犯强汉者，虽远必诛”（语出《汉书·陈汤传》）的“阔史”，就像抽大麻一样来神，讲起王玄策（唐太宗时出使天竺，率军灭中天竺、东天竺）、成吉思汗等攻城略地，脸上备感荣光。有趣的是，他们津津乐道于自己的侵略史、殖民史时，却要西方反思殖民史，要求日本反思侵华的罪行，这是“铁血党”的双重标准。

“铁血腔”也试图回答中国最基本的两个问题，但是我给他们的答案打的分是零分，不，或者就是负分。虽然，现在国与国之间仍然要靠武力解决纠纷，但在全球一体化，“世界和平的”情况下，国与国之间彼此交融，互相依存，国家之间比的不光是武力，而是“影响力”，就是官方话语里的“综合国力”。侵略和掠夺的强盗逻辑已经不吃香了，旧时代产物的“国家霸权”正在慢慢淡出历史舞台。国际关系代之以更加文明的方式，通过平等协商和对话，加强相互信任，追求共同安全，维护和平与稳定，实现共生共赢，而不是只停留在拳头说话的方式上。事实证明，那样也达不到真正的文明与安全。

这是大的文明主流，“铁血党”愤青恰恰逆潮流、逆文明而动。他们正在用他们鼓吹的看起来让人热血澎湃的大国迷梦，将中国引向反对国际化，反对现代文明，从开放重回封闭，从共赢走向对抗的穷兵黩武的歧路。

对这样的答案，相信大多数中国人都不会同意的。大多数中国人会很高兴地看到中国不断走向国际化，融入现代文明，更加开放亲和，与世界共生共赢，为世界和谐贡献力量，但这却令愤青极其不高兴。由此可以看出，愤青在逆中国大多数人利益而动，他们高兴的往往是民众不高兴的，他们不高兴的，正是民众高兴的。《中国不高兴》不能代表中国全体人民不高兴，只能代表中国愤青不高兴。

当然，也可以理解为这是“铁血党”愤青的取巧行为，正如我对《中国不高兴》这本书的基本判断，它避重就轻地拿一个最轻巧最划算的国际关系来说，而尽力避谈内政，它列举了大量令人不高兴的现象，但是没有给出深层原因的分析，有一些原因的分析，也是不痛不痒。这就注定了“铁血党”是一群哗众取宠深谙“厚黑”的人。他们知道哪些问题可以义愤填膺，哪些问题可以大发牢骚，哪些问题只能装疯卖傻，哪些问题只能点到为止，不可能对中国有真正的批判价值。被情绪左右而不是被精神支配的婴儿吵闹，“当娘的”不知听了烦不烦心，至少我们觉得聒噪。

如果“铁血腔”演变成一种说教，那将是祸起萧墙的根源，“如果你教育自己的孩子把自己当炸弹，仇恨其他人，他长大了就会这样”。如果“铁血党”鼓吹的“强盗理论”被理所当然地接受，中国就会变成一个强盗国家，每个人长大以后都会变成强盗。

《中国不高兴》说，某些人“总爱把一系列的黑的、假的、丑的、无望的缀在一起讲。其实不能解决问题的丝毫，徒增郁闷”。如果这些黑的、假的、丑的、无望的情况客观存在，而他们坚持这种不讨论，把盖子一捂就万事大吉的态度（否则就是汉奸卖国贼），那是“鸵鸟政策”，把头埋起来，大屁股露在外面，迟早要被别人戳烂屁眼的。当今中国，愤青的言论不仅不能代表中国，而且是在误国害国。所以我认为，很有必要给他们一记响亮的耳光，把他们扇醒。

二　谁也没有权力为13亿中国人制造敌人

2008年，西藏“3·14”事件和奥运火炬传递受阻事件发生后，网络上、现实中都出现了近年来少有的民族主义情绪大反弹。这都是正常的情绪反应，只要在理性的范畴里，文明地表达，怎么愤怒都不为过。只是，在民族主义愤青愤怒地谴责法国、抵制法货的同时，有一个声音格外熟悉刺耳：打倒帝国主义，帝国主义亡我之心不死。

这是我们从小就被灌输的观念，资本主义是邪恶的化身，帝国主义亡我之心不死，西方世界对我国实行经济封锁、政治孤立、军事包围……这种冷战思维到现在仍然在愤青中有市场，只不过，基本上改成这样的说法了：现在中国富裕起来了，帝国主义着急眼红，想尽千方百计来压制我们，就像一个穷邻居忽然间富有起来，原本跟他要好的富邻居心里很不是滋味，由妒生恨，恨不得抠他双眼。

这是典型的“中国邻居”式思维，见不得别人比自己好，比自己好了，就不开心。放眼国际，我们怎么就没有看到韩日富裕起来后，美国会很不高兴呢？相反，朝鲜这么穷，为什么美国担心得要死？气愤得很？还是用脑子去想想吧。

全世界有多少资本主义国家？有多少个帝国主义？西方世界又包括多少个国家？世界上那么多资本主义国家，他们真的要“亡我”，岂不是很轻而易举的事？光是美国等几个发达国家联合起来直接出兵攻打中国，中国就可能招架不住，更不要说全世界资本主义国家一起来“亡我”。

帝国主义没有这样做，说明帝国主义并不是铁板一块。资本主义也不是铁板一块，西方世界更不是铁板一块，就像我们讲社会主义阵营、东方世界不是铁板一块。如果真是铁板一块，就不会有20世纪60年代中苏分裂，苏联撤走专家，陷中国经济于困境；也不会有20世纪70年代中国和越南的战争。既然都是社会主义大家庭的成员，这种撕破脸皮、兵戎相见的事都常有，凭什么把帝国主义、资本主义、西方世界看成团结一致、统一敌视中国呢？除非中国把这些国家的“利益奶酪”都动了一圈，人家才会联合抗中，我们也不会傻到这份儿上啊。

如果西方国家真的如我们所描述的“帝国主义亡我之心不死”，我们就解释不了中国在遭遇汶川大地震时，为何那么多西方国家伸出援手来支援，为什么他们要捐款捐物，派遣救援队和医疗队，他们的领导人还到中国大使馆吊唁。如果敌视到恨其不能立刻消亡，那么对手遭受天灾正应该是自己幸灾乐祸的时候，何必要去扶其一把？如果我们确信“帝国主义亡我之心不死”，那我们为何不像唐山大地震那样，就算遭受惨重损失也要坚决拒绝外国援助？

不排除世界上有敌视中国的力量，但“打了盆说盆，打了碗说碗”，不能笼而统之地称为“帝国主义”，如果把“国际斗争扩大化”，我们恐怕又要回到30年前闭关锁国的老路上。与发达国家为敌，与先进文明脱钩，无异于将中国30年融入世界的努力化为乌有，将改革开放的政策和成绩全盘否定，中国领导人与中国绝大多数人民是不会同意的。那么，这些口口声声骂“帝国主义亡我之心不死”的人，到底是在爱国，还是在误国，就不言而喻了。他们的口水爱国主义，实际上最不珍惜国家利益。

与“帝国主义亡我之心不死”的论调相似的，是民族主义愤青大谈“反华势力”。他们说反华势力面对中国的迅速崛起感到如芒在背、如鲠在喉，蠢蠢欲动。然而就像“帝国主义”需要界定一样，天天喊反华势力，也要先把“华”解释清楚。著名杂文家鄢烈山在《少贴“反华”的标签为上》一文中对此有过精辟论述：

首先搞清楚什么叫“反华”。如果这个“华”是指“中华民族”、“华人”，那么“反华”就是搞种族敌视、种族歧视，比如“黄祸论”等。当今之世，在国际社会，在任何文明国家，种族歧视都是违背“政治正确”的。人家心里要怎么想你没办法，人家不承认歧视华人，你总不能逼人家“反华”吧？如果发现有某个人或某个组织“反华”、辱华，你针对这个具体的人和事向国际社会讨公道就是了，不要愚蠢地慷慨派送“反华”的帽子。

如果“华”指的是“中华人民共和国”及其政府，则更不能滥贴“反华”标签。西方大国都与中国建立了邦交，承认“中华人民共和国”是包括台湾省在内的中国领土上唯一合法的政府，其中不少人特别反感的美国和日本，还先后与中国建立了“战略伙伴关系”。有什么事就说什么事，一单单解决争端。抗议也是一种表达情感态度的交流，但不要动辄扣“反×”的帽子。把事情推向对峙的极端，无助于纠葛的解决，徒然互生厌恶。

即便那些没有与中华人民共和国建立邦交的国家，也不要给人家轻易派送“反华”的帽子，以留下转圜的可能。

（原载2008年6月12日中国江西网）

中国以前是树敌太多，发展只能一切靠“自力更生”。现在，经过30年改革开放，中国的外部环境发生了质的变化。我们要珍惜来之不易的局面。中国民族主义愤青为冷战招魂，全球树敌，仇恨文明，主张决裂，是会断送这个大好局面的，会把中国推下深渊。对这样的民族主义愤青，我们要坚决说：不！对这样的逆流，我们要表示：不高兴！

如果将那些对中国提出善意批评的人（无论国内还是国外）视为反华势力，那就更没理由了，我们兼听则明的胸襟到哪里去了？如果听不得批评和反对的意见，还谈什么从容大国？

当年，胡适与陈独秀关于国际国内形势有一个争论。陈独秀基于当时的形势判断，提出两个目标：一是民主主义的革命，一是反抗帝国主义的侵略。胡适赞成第一个目标，反对第二个目标。他在《国际的中国》一文中说：“我们并不想替‘外国的资本主义’作辩护……我们要知道：外国投资者的希望中国和平与统一，实在不下于中国人民的希望和平与统一。”（欧阳哲生编《胡适文集》卷三，北京大学出版社1998年版）

是的，我始终不明白为什么帝国主义、反华势力要“亡我”。他们把中国搞垮了，对他们有什么好处呢？中国一垮，必然大乱，一个有13亿人口的中国动乱起来，对世界简直是一个噩耗，他们就不怕“黄祸”殃及自己的池鱼？中国的富裕和平是世界的福音，那样的话，才谈得上到中国来“有财大家发”，没有必要把他们假想成中国最大的敌人。即便为了本国资本和人员在中国的安全计，他们也不愿意中国动荡不安，投资国的和平安宁，是保障投资者的利益与安全所在。

没有敌人，然后假想出大量的敌人；没有敌人，然后满世界去找敌人、树敌人，这不是有病吗？俗话说，朋友不怕多，冤家怕一个，“一个好汉三个帮”，一个人在社会上朋友越多越好办事，敌人越多越麻烦，国家亦如此。这个最基本的道理愤青就是不懂：“喜欢把什么都看成是‘敌我关系’。这些‘爱国者’，最擅长树立敌人，美国是敌人，法国是敌人，日本是敌人，德国是敌人，俄罗斯是敌人……敌人，敌人，敌人，到最后全世界就剩下他自己不是自己的敌人。在当下语境中，他们动辄把意见不合的同胞看成是汉奸、卖国贼——反正都是敌人。我很佩服他们的二元思维：要么好人，要么坏蛋；要么爱国，要么汉奸。把别人当成敌人的人，首先是把自己当成别人的敌人。也不知道怎么搞的，总有一些人仿佛患上了‘被迫害狂想症’，这种症状总不是与生俱来的吧？”（徐迅雷《爱国、闹爱国及伪爱国》，摘自2009年《观察与思考》第8期）

一个讲道理的人，一般情况下，多数人会愿意跟他交朋友，一个狭隘、偏激、极端的人，也可能会有几个朋友，但一定是相对较少的。人家怕你一极端就伤害他，所以要离你远点。我们不妨放眼世界，哪些国家朋友少，而哪些国家朋友多？再看一看他的外交政策，就一目了然了，“得道者多助，失道者寡助”，这个道也可以说是朋友之道。

鲁迅说过：“用笔和舌，将沦为异族的奴隶之苦告诉大家，自然是不错的，但要十分小心，不可使大家得着这样的结论：‘那么，到底还不如我们似的做自己人的奴隶好。’”（《且介亭杂文末编·半夏小集》）宣传帝国主义、反华势力如何“亡我之心不死”，未尝不是要人们更容易忍受权贵们对自己用种种方式来残暴地“打”，这种驭民术极具欺骗性，不容易让人发现。

这是野蛮时代的政治理论，通过宣传异族的残暴来制造敌人。通过制造敌人来让国人产生恐惧，国人因为害怕外部的恐惧而团结起来，因为团结而让专制主义获得拥护，这一整套逻辑与和平发展的时代主题相背离，这一整套逻辑应该被抛弃。应该相信，人类不需要制造敌人，也一样可以在共同信仰的信念之下，和平友好幸福地生活在这个星球上。

2005 年 9 月 15 日，胡锦涛在联合国首脑会议上讲过一句话，“人类从来没有像今天这样休戚与共”，这是向世界发出和谐共处，而不是互为敌人的声音。愤青没有权力代表 13 亿中国人民不高兴，更没有权力给 13 亿中国人民制造敌人。他们居心叵测地为 13 亿中国人民制造敌人，那么他们就是中国人民最大的敌人。

三　愤青严重阻碍中国发展

现在的愤青，已经成为中国一股强大的力量，虽然愤青还没有喊出像“只有愤青才能救中国”，“只有愤青才能实现中国的经济发展”的雄壮口号，但是像“中国崛起需要愤青精神”、“愤青是中国的脊梁”的话是可以经常耳闻的。

没有人对中国愤青人数做出一个统计，但是从抵制法货的情势看，数量之巨，力量之强大不容小视。

愤青增多了，是一件值得国家民族高兴的事情吗？如果值得高兴，谁会高兴？

中国愤青泛滥，本质上是中国病态民族主义势力抬头和中国的国家意识形态重建互相作用的结果。

民族主义对本民族怀有朴素的民族情感，希望自己的民族变得更加美好，在“外人”看来，自己能从自己的民族身上获得更多的“印象分”，这没有什么不妥。但我总觉得像中国这样一个多民族组成的国家，让民族主义得势绝非好事。看起来，中国的民族主义是整个中华民族，实则是以汉民族为主体的民族主义。前两年甚嚣尘上的汉服复兴运动，打着复兴传统文化的幌子，其实是一场以汉民族为中心的民族主义思潮。我在与汉服分子的争论中，能闻到他们身上强烈的汉民族自豪感和对其他民族，尤其是对满族的敌视情绪，时时叫嚷着反攻倒算，无非就是因为满族入主中原，制造过民族屠杀。要是让这样一种病态的民族主义势力抬头，我们在国际上还没有显示一个民族的“辉煌形象”，恐怕在国内就已经出现民族纷争了。

美国也是一个多种民族融合的国家，我就没有看到美国要强调狂热的民族主义，大概一强调，又可能走回头路了，用鲜血换来的“废奴”成果将化为乌有。那么，那些做梦也想移民到美国去的中国人，恐怕也要踌躇再三，因为即便你更改了国籍，你仍然改不掉你的民族性、种族身份。所以说，国外华人总说他们爱国爱国，那是不对的，你爱国，你就要爱你入了国籍的国，而不是中国，你爱的中国，只是你爱这个民族，由于中国民族众多，所以说你是爱这片土地，是用爱国来表达自己的乡愁。

我这样说的意思是，一个多民族汇集的国家，不适宜唱民族主义的高调，要是众口不齐，出来的声音就十分难听。就算我们的民族主义在国内铁板一块，我以为也不值得让民族主义得势。近代以来，人类经受的数次战争人祸，就是因为病态民族主义得势，导致民族冲突、种族冲突，无论是日耳曼民族还是大和民族，都是如此。灾难还没有远去，逝者的坟头上还长着新草，世界人民吃够了病态民族主义的苦头，我们就不要用病态民族主义再给世界添乱了。

但是民族主义不正在跃跃欲试吗？要按照“丛林法则”来处理世界事务，他们不再讲以理服人的和政，代之以力服人的霸政。在国内，稍有国际摩擦，主张动用武力的人不在少数，说起要攻打台湾，像是要上桌吃山珍海味一样精神大振，仿佛国家总是没有给他们英雄用武之地似的。

我碰到一个愤青跟我讲，他很崇拜慈禧太后，为什么呢？因为慈禧太后敢跟洋人打仗，可以不顾一切后果地跟八国联军开战。在他眼里，“亮剑”是第一，至于谁去打仗，谁愿意失去丈夫儿子，那就高高挂起了，反正他自己是不去送死的。

在一个地球越来越像地球村，越来越寻求用文明的办法来解决争端的今天，愤青的增多，愤青的肌肉炫耀，以及对愤青的“铁血理论”的认同，是导致战争的元凶。因为愤青坚信拳头说话，当自己的拳头硬起来就要去打人，要去掠夺，要做霸主，而那些“劣等民族”以及“劣等民族”所拥有的资源就该让他们去“管理”（将“统治”的野蛮词换成“管理”的文明词），如若“劣等民族”不同意，他们就要发动战争，强迫他们同意“接受管理”。

在愤青这个“铁血理论”下，别指望世界安宁，别指望中国各民族内部、中华民族与世界上其他民族和谐相处，别指望中国人民及世界人民过上和平正常的生活。所幸的是中国现在没有“强人式的精神领袖”来登高一呼，病态民族主义还只能停留在盲目的情绪冲动的层面，只能沦为乌合之众。但不把病态民族主义的愤青毒瘤割下，中国的发展就始终有一股强大的、保守的、顽固的阻力。

我倒是很欣赏日耳曼人哈贝马斯提出的“宪政爱国主义”主张。他试图用这种现代形态的爱国主义来取代“民族爱国主义”。在哈贝马斯看来，由民族不同导致文化不同的人类共同体是一种多元状态，它得以维系的基础不应是民族（这个概念具有排他性），而应是以宪政为基础的国家。因为宪政具有契约性，它不但保护不同民族，甚至直接落实到这个国家中来自不同民族的个人。美国由众多民族组成，每个民族都爱国，应该得益于“宪政爱国主义”的帮助。

再来谈国家意识形态的重建。30年来，每个中国人都有一个深切的感受，除了赚取名利，人人都找不着北，普遍地丧失理想信念，传统道德滑坡，人际隔阂，社会冷漠，对国家缺乏认同感，迷茫成为一种社会心理，郁闷就像互相传染的流感，金钱成了衡量人生成败的唯一标准。为何如此？原因正是过去信仰的东西崩溃了，极“左”的国家意识形态被抛弃，新的国家意识形态还没建立起来，这是一个真空期。

这是一个转型社会必经的“阵痛”，在一个大多数民众缺乏宗教信仰的国度，也就是缺乏了最基本的内心约束的国度，这种“阵痛”格外的疼痛。

现实中，病态民族主义总是念念不忘一个东西，某某事是自己的家事，不能让人插手。可是，我还没有看到一个文明社会中，别人从来不干预自己家事的。如果一家的主人对妻子儿女使用暴力，外人就不能袖手旁观，到法院还可以起诉他。因为他的行为既违反道德，也可能违反法律，虽然是他的“家事”，但别人也要“多管闲事”。

愤青动不动就说别人在干涉内政，好像一旦成为内政，就可以关起门来自己想怎么整就怎么整了。这就跟不许别人干涉自己的家事是一样的。一般的家事别人当然不能干涉，但家里都打死人了，别人也不能干涉吗？法院也不闻不问吗？在文明社会里，如果你在家里不履行对子女的监护权，政府就有权剥夺你的监护权，这难道不是干涉内政？你在家里虐待老人，不尽赡养之义务，虽然是家事，外人也会千夫所指。

愤青抵制的不是“说三道四”、“多管闲事”，而是世界的主流文明。这其实说明，作为病态民族主义下的蛋，愤青因为只受情感控制，对自己的一切都以为好，哪怕有再多不是，也不许别人说，听不得别人说自己国家或政府一个不字，这就让愤青丧失掉了基本的是非判断能力，只为那一点情绪上的面子而无视问题的存在，也就谈不上揭示问题和解决问题，愤青这种讳疾忌医的搞法，只能让国家民族在“痛并快乐”的自我感觉良好中一条道走到黑，对中国发展的阻碍可想而知。

这一条道走到黑，就是重回“闭关锁国”，这岂不是把30年来的努力都要化为乌有？而且也要将30年来的种种制度建设推翻重来？这种担忧看来是多余的，其实一点都不多余，只要人的思想价值出错了，行为结果不想出错都难。当年极“左”思潮现在看来是那么不可理喻，不同样被世界上人口最多国家的国民所接受并实践着吗？极“左”会严重阻碍中国发展，病态民族主义愤青也一样会严重阻碍中国发展。就像前面所言，从愤青存在本身来说，例证着制度文明的倒退，例证着愤青在严重阻碍中国发展。

四　愤青的“仇日仇美”情结

以暴易暴不能走向文明友好

愤青对日本的仇恨自不待言，为什么如此仇恨也自不待言。

现在，中日无战事，双方政府高层都说要“世代友好”，愤青不能反攻日本，只好在国内反日，行动上抵制日货，言语上恶毒攻击日本。

日货出了名的好，抵制好的东西总不容易，但是嘴巴上骂人就容易得多。我们也就见到了骂日本如同随地吐痰一样的段子、恶搞、杜撰、开涮。

因仇恨而调侃而挖苦是无妨的，但是连篇累牍、连年不绝的调侃挖苦而至于令人发指则说明一个人或是一个民族始终沉浸在仇恨之中，随时需要获得贬斥别人的复仇快感，这已经超出了“快乐一把”，也不只是简单的阿Q一下，深埋的仇恨一直在发酵，随时都可能以暴力的方式回击对方，这才是中日关系中最为可怕的因子。

如何看待中日关系，学界已有太多的研究，国家领导人已经表过态：牢记历史但并不是要延续仇恨。牢记历史，不是为了记取仇恨，而是为了永志和平，避免历史重演。揭露南京大屠杀的美国华人女作家张纯如说过：“如果把对日本人在特定时间和地点所作所为的谴责看做是对整个日本民族谴责，那么，这不仅会伤害在这次灾难中丧生的南京的男女老少，也伤害了日本人民。”而愤青是以仇恨的方式来牢记历史，以报复的方式来延续仇恨——以其人之道，还治其人之身。

用别人对付自己的办法反过来对付别人，这种以恶制恶、以暴易暴的方式，不假思索地看，好像也没有什么问题。人不犯我，我不犯人；人若犯我，我必犯人嘛，别人在我头上拉一泡屎，我也在别人头上拉一泡屎，这有什么不对吗？

当然不对，不对的原因是，别人以野蛮粗暴的方式对你，如果你仍然以野蛮粗暴的方式还之于人，不仅不能显示出你多么的文明高尚，还表明你比别人更野蛮更粗暴；不仅不能显示出你多么的有道德，更显示出你没有道德。因为，你在痛恨野蛮粗暴、不文明不道德的同时，你没有丝毫的警醒，没有丝毫克制自己朝着那个邪恶的方向走去，而且还可能变本加厉——你对我不好，我对你更坏。

这样的事情在我们社会生活中多得俯拾皆是，男女自由恋爱，一方移情别恋，另有新欢，另一方就想尽千方百计把对方搞得身败名裂，意思是“你不让我好过，我也不让你有好日子过”；邻里之间，你在楼上弄出声响，我在楼下骂你的娘；你偷了我的东西，我去顺手牵你的羊以弥补……这都是“以其人之道，还治其人之身”的恶毒文化活生生的表现，通俗一点讲，就是以牙还牙，以血还血，以暴易暴。它充斥在我们的社会生活、文化历史的每个角落里，恶臭难闻，却被一些人当做人生的格言、处世哲学，用得滚瓜烂熟，甚至用到国际关系之中，丝毫也不觉得有什么不妥。

如此，在以恶制恶在残害中，我们永远无力逃出这个恶性循环的怪圈，永远也别指望文明友谊之光照耀我们。以暴易暴的态度将堵塞中日之间的友谊之路，世代仇恨，绵绵不绝。唯有不以其人之道，还治其人之身，我们才可能对野蛮多一些自省，减少一些倾向野蛮的冲动，我们才能告别野蛮，走向文明。

一个人能冷静客观地看自己，才能冷静客观地看世界，才能发现自己与他人的差距，激发学习的动力。一个国家民族的进步有赖于学习创新，以暴易暴的态度还将堵塞我们学习之路，因为我们心中被仇恨填充，再也没有吐故纳新的空间。过去，中国在被日本打得落花流水，在签订了丧权辱国条约的情况下，还能忍辱负重，以日为师，东渡日本，虚心学习。孙中山、蒋介石、周恩来、鲁迅、秋瑾等，都曾是日本虔诚的学生，他们学成归国，对中国社会的推动作用不言而喻。

现在的日本是不是没有我们可以学习的东西了？非也，多的我不说，当我看到日本人在研究机器人方面从娃娃抓起，我就觉得这个民族很了不起。倘若现在我们被以暴易暴的思维左右，难以客观冷静地看待一个国家民族，必然看不到别人的优点长处，激不起学习的热情，自我封闭，这是很可怕的事。

对于中日关系，专家学者的皇皇巨论多着呢，我也不想说什么，我也说不出超越他们的东西。我唯有一个理想：牢记血和泪换来的教训，抛弃恩恩怨怨，让和平与友好在两国青年人心中扎根。直到有一天，我们的子孙后代会奇怪，中日怎么会有这种互相残杀的时代，他们会为他们生活在友好的关系中而庆幸。

我们为什么如此仇视美国

说实话，我一直就没有弄明白一件事，为什么中国愤青那么仇视美国，反美反得那么起劲？有一个叫“睡醒梦难留”的网友就给我当老师说：美国骗走中国两万亿美元，控制大部分中国经济，对中国实行军事封锁，炸我大使馆，撞我飞机，阻挠我收复台湾，等等。

哦，原来是这么回事！且不论这位网友说的是不是事实，但这位网友讲的好多是近事，可50年前我们也是反美的，不反美国干吗跑到朝鲜战场去跟美国打仗呢。

而在此前，我们曾一度很亲美，要是我们翻看1943年7月4日中共在国统区发行的《新华日报》的一篇文章《民主颂——献给美国的独立纪念日》，我们能读到这样的文字：

从年幼的时候起，我们就觉得美国是个特别可亲的国家。我们相信，这该不单因为她没有强占过中国的土地，她也没对中国发动过侵略性的战争；更基本地说，中国人对美国的好感，是发源于从美国国民性中发散出来的民主的风度，博大的心怀。

在中国，每个小学生都知道华盛顿的诚实，每个中学生都知道林肯的公正与恒恻，杰弗逊的博大与真诚。这些光辉的名字，在我们国土上已经是一切美德的象征。他们所代表的，也早已经不止是一个国家、一个民族的荣誉了。马克·吐温、惠特曼、爱玛生教育了我们这一代。是他们使年轻的东方人知道了人的尊严、自由的宝贵；也是他们，在我们没有民主传统的精神领域里，筑起了在今天使我们可以有效地抗拒了法西斯思想的长城。这一切以心传心的精神道德上的寄与，是不能用数字和价值来计算的。中国人感谢着“美麦”，感谢着“庚款”，感谢抗战以来的一切一切的寄赠与援助；但是，在这一切之前、之上，美国在民主政治上对落后的中国做了一个示范的先驱，教育了中国人学习华盛顿、学习林肯、学习杰弗逊，使我们懂得了建立一个民主自由的中国需要大胆、公正、诚实。我们相信，这才是使中美两大民族不论在战时、在战后，一定能够永远地亲密合作的最基本的成因。

“她没有强占过中国的土地，她也没对中国发动过侵略性的战争”，这话值得推敲，1900年，八国联军侵华，有美国的一份，算不算是“对中国发动过侵略性的战争”呢？应该算吧（我们亲美起来，有时候都亲得头脑糊涂了）。不过说美国“没有强占过中国的土地”是可信的，说我们应该“感谢着‘美麦’，感谢着‘庚款’，感谢抗战以来的一切一切的寄赠与援助”，也是可信的。

庚子之乱后，备尝殖民之苦的美国继续推行“门户开放”（OPEN DOOR）政策，一是反对殖民瓜分中国，二是维护美国在华商业利益。庚子赔款问题，美国主张将赔款额尽量限制在清政府能够承受的范围内，不要给清政府造成过度的财政压力，以致清政府失去生存和改革的能力。之后，美国第一个把中国的赔款部分地用于培养中国留学生和在中国办学校、医院，遂有后来的清华学堂乃至清华大学。其他国家相继效行，美国在其中起到积极作用。

抗日战争中，美国给予中国巨大援助，先是陈纳德的飞虎队，后是大量军援，尤其是中国对外联系的最重要通道——滇缅公路被日军切断，抗战陷入了异常艰难之中。关键时刻，美国开辟了号称死亡之路的“驼峰航线”，为中国抗战运送了大批物资，因此损失了许多优秀的国军和飞行员，这是中国人民永不能忘却的人道主义援助。

美国还有很多在这篇社论中没有提到的、无法提到的帮助中国的事。可是事实的结果却是，中国愤青对美国的好可以忘得一干二净，对美国的恨可以深入骨髓，将其视为邪恶和魔鬼的代名词。“50 年代初我们国家编了一套连环画，是中国那些最有名的画家集体创作的，叫《美帝百年侵华史》，拿来在全国宣传，连每个村庄都得贴有。那美国人简直是青面獠牙啊，美国人坏得不得了。”（流沙河《美国人是我们的好朋友》）

我至今还很清楚地记得中学时的一件事，有一次上政治课，政治老师说“腐朽的资本主义”每隔一段时期就会爆发经济危机，1929 年经济危机爆发，美国农场主、资本家把大桶大桶的牛奶倒进河里去。

那个时候，我正长身体呢，家里又穷，长到十几岁了，连牛奶都没喝过，坐在教室里，肚子咕噜咕噜直响，想着白花花香甜可口的牛奶就这样被资本家倒进河里、阴沟里，眼睁睁看着穷人饿死也不拿来救济一下。我简直气愤极了，毫无疑问地坚信，资本主义腐朽到了极点，疯狂到快要完蛋了，快让我们去“接管”它吧，让我们收拾那些“万恶的资本家”吧，让我们去解放那些受苦受难的穷人吧。

细细想来，中国人仇美，无非源于三个原因：一、美国当年支持了蒋介石；二、美国阻挠我们收复台湾；三、中国与美国在朝鲜战场上火并。在民族主义兼意识形态的双副重药攻心下，“仇美”几乎成了中国人的天然情感，何况美国又是资本主义的老大，世界头号强国，所有受到西方列强的屈辱和嫉妒都可能发泄到老大的头上。

新时期愤青仇美，旧恨添新仇，“美国骗走中国两万亿美元，控制大部分中国经济，对中国实行军事封锁，炸我大使馆，撞我飞机”，而且美国喜欢对中国“说三道四”，指手画脚，愤青反美更加积极。谁要是给美国说两句好话，那还了得——“美国人现在都不洗脚了，因为最近给美国人舔脚丫的特别多！”因为仇美，所以，凡美国出兵，不是为了石油就是为了金钱，凡美国遭遇不幸，就幸灾乐祸。“9·11 事件”爆发，他们奔走相告，一片欢呼。在这些愤青的眼里，除了仇恨，没有人性、正义、理性这些字眼。

中国没有理由要与美国成为对手或敌人，两国有太多理由成为朋友和伙伴。中美之间，有太多共同利益的领域，应该加强合作，就是在分歧的领域，也可以相互尊重，坦诚对话，而不是将自己摆到仇美反美的立场上。

说实在话，就我个人而言，我不仅不仇美，还想赞“美”，当然，赞“美”不是我的首创也不是我的专利，《民主颂》用了最优美动人、最催人奋进的句子来讴歌美国，令我心动——“每天每夜，从地球最黑暗的角落也可以望到自由女神手里的火炬的光芒——它使一切受难的人感到温暖，觉得这世界还有希望”。

五 情绪商机：拍出一个爱国价

2009年，在“武大学子怒斥和服母女”之前，有一件事关爱国的事件——“圆明园兽首拍卖”，圆明园流失文物鼠首和兔首铜像在法国拍出2.8亿元人民币的天价。

颇具戏剧性的是，几天时间拍卖会峰头急转，中国人蔡铭超拍得圆明园鼠兔首，却抱定一条心：我不会付款，硬要将此次拍卖弄流产。

蔡铭超的“义举”令很多国人欢欣鼓舞，手舞足蹈，不过细想，只是一种以小人之道还治小人之身的行为——你不仁，就休怪我不义。这种公然的耍赖行为，只会破坏社会信任机制，损人不利己，在文明社会，永远难以为自己、为国家、为民族赢得尊严，不过是让公众吸了一口爱国的精神大麻罢了。

在“义举”式的“深度炒作”之中，文物可能会“身价暴涨”。退一步，虽然拍卖流产，也达到了古董商人们所期望的——利用中国人的爱国情绪，成功地完成了一次“情绪商机”的炒作，对于他们来说并没有什么实质损失，白进了一笔保证金，还给了别人一个法律上、商业上制裁的机会。

俗话说，有人的地方就有江湖，也可以说有人的地方就有商机。精明的商人已经发现，中国愤青是一个大市场，只要有愤青的地方，就有情绪商机和爱国生意，他们瞄准了这些商机和生意，刺激这种情绪需求，为愤青提供着种种服务，大赚特赚。

奥运圣火传递到我所在的城市时，我上大街去看了看，发现，愤青们差不多一人一件“中国心”的T恤，而这正为一些做文化衫的商家带来了商机。我认识的一位专做DIY文化衫的朋友说，2008年，因为国家大事特别多，他的爱国文化衫卖得特别好。这只是情绪商机和爱国生意中极小的一部分。大的可以铺展到网络、影视、歌曲等各个方面。比如一些商人就特别钟情于创作反日题材的爱国影视，《地道战》、《地雷战》已经是经典之作了，后来的《精武门》、《霍元甲》经久不衰，现在的《南京！南京!》也卖得很好。看这样的影视作品很能满足国人对日本的仇恨情绪，看小日本鬼子被打得落花流水，那个痛快啊，就是掏再多钱，此时也觉得都补偿回来了。

曾经，在湘西凤凰城游玩，我看到一个小酒吧门口挂着一个牌子，写着“日本人不准入内，请自觉遵守”（其他城市好像也有这种情况），这也是一种情绪商机和爱国生意。看起来，他们在拒绝做日本人的生意，其实是为自己招揽更多的生意。谁都知道，在湘西这地方，能有几个日本人来游玩呢，做日本人的生意几乎可以忽略不计。但是恨日本的中国人数目定然不少，拒绝日本人入内，等于欢迎爱国者入内，爱国者们受到了“热情欢迎”，于是群而聚之，大谈中日关系，谈到兴奋或悲愤之处，要用酒来解千愁，消费的水平就提升上去了。这正是酒吧的老板最愿意看到的情形。

国内商人发现了这个情绪商机和爱国生意，那在市场经济里泡大的老外怎能看不到？他们看到了，而且动作很快，下手很准，对中国愤青那点心思琢磨得很透，生产的商品绝对“投其所好”，让你都到了难以拒绝的地步。

早一点的，老外折腾出来的关于李小龙的影视，特能满足中国愤青“痛打洋鬼子”的爱国情绪需求，那都陈年烂芝麻了，不说了。说一点近的，那个《功夫熊猫》就是一个极其典型的例子，功夫是中国的国粹，熊猫是中国的国宝，都是中国人引以为豪的，让愤青在爱国时可以吹嘘的宝贝：你要问我们有什么，我告诉你，我们有功夫，嚯嚯嚯嚯几下，杀人于无形，我们有熊猫，别的地方还产不了呢。你们没有吧，那好，佩服我们吧，仰视我们吧。这回，美国商人不光佩服和仰视，还要主动来拍马屁，弄出一个《功夫熊猫》来拍你的马屁，满足你的自大心理。因为他制作得实在太好了，被拍的中国人没有几个不感觉很舒服的。其实呢，不过是瞅准了中国愤青的情绪商机，赶来做愤青的爱国生意。果然，这部动画片让美国商人赚得盆满钵满，乐开了花。

拍卖“水龙头”也是这回事。我们可以这样设想，如若不是中国人把这几个“水龙头”跟皇帝老爷扯在一起，如若不是跟一段屈辱的历史牵扯在一起，换句话讲，如果不是给这两个“水龙头”贴上爱国的标签，如果不是中国一些傻乎乎的“标签爱国主义”抬价，圆明园流失文物鼠首和兔首铜像拍卖会会闹得全球风雨吗？会拍出 2.8 亿元人民币的天价吗？

不可能！因为是皇帝老爷用过的，成了“国宝”，因为跟一段屈辱的历史牵在一起，就有民族情感在里面，就有了一个隐藏的爱国价。即，这不仅是一件国宝，而且倾注了无限的民族情感。国宝已价值连城，民族感情更不能用金钱来衡量，别说区区两个多亿，就是拿一座城池去交换，也值得，对吧？

王婆卖瓜还知道自卖自夸呢，古董商人更懂得如何引爆人们的购买欲——你们不是很爱国，很讲民族情感吗？爱国就拿出你们的行动来吧，讲感情就把你们的“国宝”买回去。那潜台词就是说——你们不买，你们就不爱国，是龟孙子。

因此，最好是把中国的“爱国主义者”、“民族主义者”的爱国热情调动起来——关键时刻，卖家自己也火上浇油：我并不打算送中国人礼物。但是如果他们把人权……我就会把两件古董送给中国。如此，把拍卖品炒得越火热，价钱就会被抬得越高。于是，一个奢靡的皇帝请外国人设计制造的“水龙头”（有专家说，真正价值也就是几十万元而已）竟能拍出天价，这真是一次情结商机创造的世界吉尼斯纪录。

不管这次拍卖成功与否，古董商人都已经看得明明白白：天底下还真有一群把“爱国主义”看得比吃饭、上学、就业、看病、养老还重要的人，几个破铜烂铁都能把他们忽悠得团团转。中国的爱国主义、民族主义真是最好的大买卖，情绪商机无限，大有可挖掘之潜力。全世界的商人都把目光投过来，做中国愤青的爱国生意，一不小心就发大财，这比起拿枪拿炮来抢夺还划算，真是太轻巧了。

记得在前两年讨论圆明园要不要复建的时候，我曾经在《复建圆明园，“无为”就是最大的作为》一文中说过，圆明园是封建帝王的“享乐工程”，修建圆明园那150年，恰恰是西方文艺复兴、工业发展大步前进的时期。横向比较，大清帝王沉浸陶醉在“盛世”之中时，中国正一步步落后于世界。透视历史深处，纵观中西发展，圆明园在修建之初，似乎已经注定了最终会沦为一片废墟。

我在文章中还说，历史的狼烟已经远去，伤口一天天愈合，疼痛被逐步淡忘，圆明园以史为鉴的政治意义正越来越多地被艺术成就所替代。不可否认，圆明园是举世无双的皇家御苑和当之无愧的“世界园林之王”，是难得的“艺术瑰宝”，其艺术成就足以让国人扬眉吐气。但圆明园在政治上是无数人民血汗的累积，是国人耻辱的象征，绝对谈不上民族的骄傲。依笔者之见，保持圆明园一片废墟的历史风貌之历史意义，就在于真实地展示骄奢淫逸的可悲下场，断壁残垣的圆明园才可以担当历史的见证人。

退一步讲，根据历史原貌，重新建构一个形神兼备的“赝品”，真如某些专家所言，能够“重现当年‘万园之园’的繁华胜景”，并借此体现国运之昌盛，是一件“功德无量”的事。那么，我们是否要“复建”阿房宫、鹿台……呢？体现国运昌盛最好的办法，是让国人摆脱贫穷，活得滋润，活得自由，活得体面尊严，而不是弄些“伪”建筑来“彰显”。

当我们把废墟上的几个“水龙头”视为至宝，并且对它的流失生出那么深的屈辱仇恨心理时，不过是认可了帝王生活骄奢淫逸，用度极尽奇巧，将自身所受的屈辱全部怪罪于列强头上而非帝王身上。这样似乎忘却了一点，中国之所以被列强侵略，根本上是因为资本主义制度与封建专制两种制度碰撞时，愚蠢无能的后者只有丢盔弃甲。这个制度连自己的人民都保护不了，更不要说保护几个“水龙头”，人民都保护不了，保护几个“水龙头”干什么？

假设我们把几个“水龙头”买回来，那段屈辱的历史就能修补好？或者说，被现在修补的历史还是历史的原貌吗？一个文物，哪怕是多么恢弘的工程、多么精美的物件，如若不能体现人的尊严和价值，反而充满了耻辱和痛苦，我只能将这个文物视为苦难的展品。我不明白这样的文物为何被冠为“民族的象征”、“国家的标记”，还把它拿来跟每个人的尊严贴在一起。一个国家或民族创造的真正体现人的尊严与价值的物质或文化瑰宝，无论放在世界的哪一个地方，都会为世人所铭记与景仰，并不会因为把它买回来，价值就格外高一点，别人的尊敬就会减少一点。造福于世界的文明，就该在世界的各处。

我们固然要主张流失文物的主权回归，如若在目前的法律框架内走不通，千万别捧着破碗去镶金牙，谁爱怎么贴标签谁贴去，谁爱买谁买去。处在历史的链条中，我们要无愧于将来，不重蹈历史的覆辙，就要让自己的社会制度真正优秀起来，让人民生活富足、自由而有尊严，不受内外的凌辱，而不是拿紧缺的钱去填一个历史的粪坑。

六　民族主义是笔好买卖

鲁迅那个时代，曾有一个落水狗要不要痛打的争论，今天，我们遇到一个落水狗要不要救起的激辩。那是由牛根生的万言书《中国乳业的罪罚治救——致中国企业家俱乐部理事及长江商学院同学的一封信》引出的话题。这封万言书说，蒙牛乳业股价暴跌导致抵押给摩根士丹利的蒙牛股份价值大缩水，蒙牛有可能被外资收购。作为民族乳制品企业的蒙牛，到了最危险的时候，渴望民族阵线的救援。

蒙牛之所以引起救与不救的争议，皆因牛根生称蒙牛是民族企业，“最后即使白送了弟兄们，也绝不愿被外国人买走”。一家企业一旦跟“民族”攀亲附友，跟国家利益前途挂钩，它的生死存亡当然就不是一个企业、一个企业家的事情，也是整个民族、整个国家的事情。作为这个民族与国家的一分子，岂能袖手旁观，如果拿不出钱来接济牛根生，以共度时艰，至少可以每天一斤奶，强壮蒙牛人，用自己的力量来支持和帮助老牛。

然而，牛根生这招“攀民附族”的手法，蒙得住狂热的民族主义者，蒙不了我，我要努力把“不救牛根生”的道理讲清楚。

首先，蒙牛是一个民族企业吗？有大量的媒体报道证实，其全称为“中国蒙牛乳业有限公司”的蒙牛，是在开曼群岛注册成立的有限公司。有论者剥皮抽筋般地考证出，“不管从什么角度来看，蒙牛股份都不是一家中资公司，而民族企业也不过是一个幌子”。又据了解，蒙牛上市之前，与摩根士丹利有一个对赌协议，假如有一天外资系真的可以轻松地增持“蒙牛股份”的股权，从而摊薄牛根生对蒙牛的控制力，架空牛根生，甚至收购蒙牛，蒙牛岂不从一个“民族企业”变成了一个“汉奸企业”？那我们是不是出于民族的情感，拒喝蒙牛牛奶，又是不是该痛打蒙牛而不是救起蒙牛？

退一步讲，我们不妨就视蒙牛为“民族企业”吧，那么，一个口口声声宣称自己是“民族企业”的企业，竟用含有三聚氰胺的、让婴儿肾结石的产品来“服务”他的民族与国民，有什么值得骄傲与高兴的？作为民族主体的人的生命更重要，还是一个虚拟的集合更重要？我想，一个企业要想成为一个民族企业，最最首要的一条，是将最基本的企业责任担当起来，给国民生产安全放心的产品，其实这是任何一个在市场中求生存求发展的企业（管他民族与不民族）都必须首先回答并要做到的。如果连这个最基本的要求都达不到，已经是一个“不良企业”了，说自己是民族企业难道不觉得脸红？如果真像牛根生所言：“国家与国家的竞争，战争年代靠军队，和平年代靠商队。”参与国际竞争确需依靠民族企业，那么连自己国民的生命健康的责任都负不起的民族企业，如何到国际上去跟别国企业竞争？倘若我们真的要保卫民族企业，首先是民族企业要保卫我们的安全。

资本与货币固然可以是一场战争，但现代公司制度告诉我们，股东的民族背景并不等于公司的政策。经济全球化的浪潮中，我们可以跑到国外去收购别人的企业，别人也可以跑到我们这里收购中国企业，只要符合市场规则，合法合序就行了。由于资本的互相渗透，跨国企业的“世界企业”色彩远胜“民族企业”的色彩，愤青死死地抱定纯而又纯的“民族企业”梦想是很傻很天真的。如若想要纯而又纯的“民族企业”，就不要吸引外资，地方政府也不要拼命地招商引资，关起门来造“民族企业”好了，可是这样行吗？以“民族企业”的旗号来阻止并购，真让人怀疑这个社会是不是在搞市场经济。

在市场里面，一个企业诞生或是消亡，不过是优胜劣汰的市场规律作用的结果，除非跟自己利益攸关。一个企业因为产品安全而遇到危机，最终关门倒闭，也属市场选择的结局，是再正常不过的事了。蒙牛危机变成了一场救与不救的全国争论，就在于我们不是把它放在市场的前提下去讨论，而是陷入民族主义的议题之中绕不出来。于是，一个本来简单的问题搞复杂了。

“救牛派”的一腔民族情感看起来是很感人的，用在“民族大义”也许管用，将“民族企业”的“民族”外衣脱光，就未必管用了。民族嘛，可以套用“儿不嫌母丑”，管他好与坏、美与丑，总归是有感情的。不过，俗话说，“亲兄弟，明算账”，在市场里，人多是理性经济人，讲无偿的投资恐怕总难持久的。当一个企业，哪怕是一个民族企业，它不能让人互利互惠，你不断地投入感情与利益，它却不断地回报你伤害与失信，你就是有再大的耐心也是坚持不了多久的。

事实上，消费者与企业是平等的买卖关系，国家没有哪部法律说，企业要倒闭了，消费者必须来拯救，消费者有什么责任与义务要拯救，何况是一个伤害了自己身体与利益的企业？相反，一个企业有责任与义务来拯救它所伤害了的消费者，这才是正道。换句话讲，那些吃了毒奶粉的婴儿的家长有权利要求牛根生来救他们，而不是倒过来！是牛根生忏悔、赔罪、赔偿，而不是扯个民族企业的旗号出来，让消费者一下子反倒觉得亏欠了牛根生什么似的，这样的逻辑岂止是太荒唐了！

牛根生可能忘记了一点，中国的改革开放虽然搞得晚，但毕竟搞了30年，民众多少也懂得点市场的游戏规则了。对于消费者来说，他们的消费行为是，哪个鸡蛋好吃挑哪个，管它是哪个母鸡下的。同理，企业是谁的并不重要，是不是民族品牌也不重要，重要的是让人放心。对于一个普通消费者来说，一个企业性质的“民族性”或许可以满足一下虚荣心，而一个企业产品的“安全性”才是最为根本的事情，假如他从“民族企业”购买的产品危及了生命，“民族性”不仅不是一种荣光，还是一种耻辱，不仅不值得保护，而且更值得声讨。相反，如果可以选择一个跨国的非民族企业生产的安全可靠的产品，他为什么不去选择呢？又何尝不是一件好事呢？试想加入WTO以后，我们不是买到了很价廉质优的“进口货”吗？

另外，愤青过去应当听说过农夫和蛇的故事，现在还在经历着农夫和蛇的故事，他们难道不知道，当蛇苏醒过来之后，会反咬自己一口？到那个时候，只怕是来不及了，所以，现在就不必相信蛇苏醒以后不会咬人。他们还应该明白，昨天他们没喝蒙牛，就这么活过来的，明天不喝蒙牛也一样可以活下去。何况，他们不喝蒙牛，还可以喝国产的蒙马、蒙驴……总不至于国产牛奶市场从此断绝吧，只要市场在那里，总有民族企业愿意去做，就会有供给，而且应该是更健康更安全。

一个企业老老实实地经营，消费者自然愿意购买，这就是支持，就是拯救，其他花里胡哨的东西终究迷不住眼睛雪亮的消费者。牛根生有那闲情谈民族大义，谈“大胜靠德”，还不如将自己的屋子打扫干净好了。自己的屋子扫不好，污水横流，乱七八糟，别人不嫌弃，来帮你扫扫，你感谢都来不及，竟说人家是恶意收购，难道要等着自生自灭吗？我最不能忍受的是，牛根生自己做错了，却将责任有意无意地推开，然后找个洋替死鬼来顶罪，玩这一手，也就蒙一蒙那些双眼迷糊的愤青罢了。

国人很喜欢说发达国家的企业与国民素质如何之高，如何之讲诚信，其实，发达国家的企业诚信及个人诚信大厦不是一天两天建立起来的，也是在置许多企业、个人于死地而后生的，是在倒闭、跳楼等种种残酷的教训中，惩罚并警醒了那些不良企业、不良公民，将社会的诚信一点点地垒建起来。即便现在，国外对不良企业、失信公民的惩罚，无论是法律还是市场，都是极其沉重的。有鉴于此，对于那些连国人的生命都不放在眼里的企业，哪怕是打着“民族企业”旗号的企业，我不心痛它的倒闭，也要揭穿它的画皮。一个不良企业的倒闭，对一个社会诚信的建立有好处，会有无数有良知的企业站起来；一个不良企业的苟活，反倒会伤害社会的诚信，会有更多不良的企业尾随而至。没有一回刮骨疗毒，受伤的最终还是消费者。我们想要创造真正的民族企业，就告诉那些企业家一句话：能救民族企业的只有企业自己的良心。

在对待蒙牛这些出了大娄子的企业，很多人竟像疯狂的球迷一样，丧失了辨识的基本能力，用一种民族情感、情绪代替一切，这是很可笑的。我们可以这样假设，你可以是火箭队的忠诚粉丝，是姚明的铁杆球迷，但假设姚明犯规了，粗鲁伤人了，你还在一个劲地叫好，这算什么事？我举这个例子是想说明，我们对人对事必须理性，有原则底线，有是非对错，有天理良心，无论我们多么地喜欢一个企业家、一个品牌、一个企业，当他犯了规，就该受到处罚，感情不能代替原则。

我习惯于对那些“高扬”民族、国家旗号的人和事保持警惕，对一个企业家高扬这样的旗号尤其如此。这种行为很容易就让我想到“爱国贼”——以爱国、爱民族的名义来谋取自己的私利，或是以爱国、爱民族的名义来损害国家民族的利益。这些人表面上看好像是为国家为民族保存一个企业，实际上可能是为了自己的小集团利益。我奉劝那些惯于玩“民族主义”的朋友，不要以为民族主义是那么好玩的，一旦被煽动起来的愤青发现你不过是一个“爱国贼”，是在利用他们的爱国、爱民族的善意与激情，他们满腔的怒火就可能掉转枪口朝向你，引火烧身也只是瞬间的事，还是三思为妙。

七 “仇富”：一次脱靶的射击

黄纪苏在《中国不高兴》中有一篇文章《打倒拳王，打碎拳坛》，谈到“眼红”、“仇富”某种意义上是中华民族力量所在。通读全文会发现，黄纪苏其实是鼓吹陈腐的“人上人”理论，认为有这种你追我赶的动力，社会流动的各种渠道就相对通畅了。

如果不是睁眼说瞎话的话，我们应该发现，中国目前社会固然很大程度上让人自由流动起来了，农村人可以轻松进入城市，至少很多城市不用暂住证了吧。但是，中国的两极分化也在加速，包括阶层的两极分化、财富的两极分化，甚至情绪的两极分化，中国在校的城市大学生的锐增与在校的农村大学生的锐减恐怕就是一个实证。两极分化的结果不是让社会流动得更通畅，而是越来越让中国变成铁板一块，贫穷与富裕的世袭在一天天加固。

扯远了，在此，我也来谈谈“仇富”这个问题，在我看来，“仇富”看似“眼红”问题，其实并没有那么简单，它涉及中国人的财富观和中国的政治问题。

毋庸置疑，每个人都是社会财富的创造者，只有人人都创造一点财富，世界才可能变成富裕的人间。不过从比例上讲，富豪是社会财富的主要创造者，也是社会财富的主要占有者，中外概不例外。富豪不仅是社会财富的集大成者，还是社会的精英、社会的标杆、成功的象征，他们的财富观，以及由此引发的一系列对财富的态度和行为，在很大程度上影响人们对财富的认识，对社会的认知。健康的财富观是健康的社会基石之一。

观念也是一个博弈与妥协出来的东西。一种观念的形成并能存活，不取决于一个人、一个群体的自觉，更多地取决于社会的容许。有什么样的社会才会有什么样的观念，财富观念亦如此。

中国人过去喜欢“小富即安”（现在很多人还是这样），为什么呢？因为，一旦大富就不安了，大富就如同大树，容易招风，如同出头鸟，容易被枪打。“小富即安”的财富观，是各种力量博弈出来的观念性结果。其实，真正有力量枪打富人的，倒不是穷小子，而是比富人更有力量的权势阶层，他们看到富豪肥起来了，就眼红了，想方设法来揩油，分一杯羹。为了保护自己，富豪只好去巴结官府，只有与官府勾结，才敢大富且安。官商勾结，是富豪的被动与无奈之举。

中国有“为富不仁”的说法，有浓厚的仇富心理传统。以前，我也跟一些评论者那样，认为穷人并不是仇富，而是仇恨富人发财不正，仇他们靠钻政策法律的空子，甚至是违法乱纪暴发起来，赚的不是干净钱。这样理解当然没有错，但是我转念一想，在中国，如果富人都靠公平竞争、合法经营发了财，中国人就不仇富了吗？我认为，他们还会仇富。仇富不光是一个发财要走正道的问题，也是权益要受保护的问题。如果每个人，无论穷人还是富人，他们的权利得不到很好的保护，那就会出现有权人欺压有钱人和无钱人，有钱人欺压无钱人，这其实是婆婆欺压媳妇、媳妇欺压小姑的翻版。如此，媳妇不仇恨婆婆，小姑不仇恨嫂子才怪！

中国人特别喜欢把财富留给子孙后代，我们同样可以从中国的政治里面找到答案。中国两千多年封建社会，“普天之下，莫非王土；率土之滨，莫非王臣”。刘家打下江山，所有财富皆归刘家所有，李家夺得江山，李家江山就要一代代地传给李家后人。总之，包括权力这种最大的“财富”在内，总是子承父业，兄终弟及，从来不愿意拱手让人，也容不得别人来抢。

试想，在这样的社会里生活的人，他如何会建立起一种财富是社会的、全社会共享这样的观念？他有什么理由不效仿，也把财富据为己有，并留给子孙呢？再说了，他不留给子孙，他还能给谁？所以，即便明白“钱财如粪土”的道理，还是舍不得肥水流了他人田，留给子孙后代为妥。

中国人类似这样的财富观还有很多，我这样粗略的举例，无非想说明两点：一是财富观的形成，跟制度有极大的关系；二是国家的强弱跟财富观关系大焉。

我时常认为，中国之所以落后，跟中国落后的财富观不无关系。“小富即安”，人们没有创造更大财富的愿望，社会财富如何增长？极其仇富的社会，冒出一个富人就要灭之而后快，人人不敢做大富之人，社会肯定富不起来。把财富留给子孙，而不是惠及社会，这样的财富传承总会在某一处断掉链条，因为拥有大量财富的子孙要么容易好逸恶劳，坐吃山空；要么容易发生家财的血腥争夺，带来财富损失风险。结果，从父辈那里接过财富的子孙常常不是增进财富，而是消耗破坏财富，故有所谓“富不过三代”一说，更不要说“传之万代”了。

这样的财富观，既是中国普通人的财富观，也常常是中国富豪的财富观。中国人的这种痼疾的财富观，不仅让社会财富难以迅速增长，而且还带来社会危机。因为在这种财富观之下，社会财富要么不能较好地增长，一旦增长就是一种高度集中的增长，贫富悬殊极大，分配极不合理，就算社会富裕起来了，这个社会也不会和谐稳定，潜伏着种种危机。

总有一些力量要打破这种不合理的财富格局，力图实现财富的重新分配。中国历代社会改朝换代，从财富分配的角度说，就是一次次地打破不合理的财富分配格局。历史上原有的政治制度、政府政权无法实现合理的财富社会分配时，就会有起义，用暴力的方式来重新分配，一次次改朝换代，完成了一次次财富的社会化分配。

可见，财富观的关键，并不是如何创造财富，而是如何分配财富，搞懂了财富分配的重要性，并探索合理的财富社会化分配，是政府的职责，更是维护政权的重要手段。说实话，我们在前者花的心思很多，而在后者用心不足，这就是中国目前的财富观滞后的现实。

逐利是人的天性，人的欲望无穷尽，人天然地有发财致富的愿望，也就是说人天然地想做“人上人”。为了这个愿望，人会努力创造财富，这是再正常不过的财富观，不需要太多的说教。前面我们讲过，富豪是一个社会财富的主要创造者，我还认为，富豪的职责就是赚钱，就是尽可能多地创造财富。一个霍英东一年创造的财富，可以抵得数千农民一年的努力，没有一个个富豪创造财富，社会财富不会水涨船高，富豪不创造财富说不过去。

但是，如果财富的分配不合理，扭曲变形，肯定会影响人们创造财富的积极性，影响人们对财富的看法，影响社会的进程。而且，财富的分配不能依赖富豪慈悲大发，只能依靠政府。说通俗点，就是政府有鼓励人们创造财富的职责，更有“分钱”（分配财富）的职责；既要让富豪愿意创造更多的财富，又要让富豪愿意把钱拿出来进行社会化分配，这是一门学问。

可惜，这门学问我们学得并不好。每一个创业者都会感到，哪怕是弄一个小餐馆，也不是一件容易的事，三天两头会有工商、税务、消防等部门来找麻烦，直到方方面面都打通了，才能立得住脚，可能在这个过程之中，很多人还没支撑得住就停止了创造更多财富的脚步。

又比如拿招商引资来讲，有的地方只会雁过拔毛，吃拿卡要，令投资者谈之色变。这一套跟过去并没有多大的区别，还是要商人来巴结自己，跟自己“搞好关系”，否则就翻脸不认人，怎么可能让人乐意创造更多的财富？

等富人富起来后呢，我们的搞法也不见得有多聪明，在使富人的财富社会化上，还没有做好。至少目前中国还没有遗产税制度来进行财富的合理分配。

有些人喜欢拿种种理由来搪塞。一说中西方富豪的财富观差距如此之大时，就认为是文化差异，说什么“在巨富中死去，是一种耻辱”，比尔·盖茨“裸捐”，众多家族企业经过数代传承，是西方文化的产物。这未免显得笼统而空洞无力。

中西方在对待财富上真有这么大的文化差异吗？在人生的价值观上，我们的教导里不就强调，达则兼济天下，穷则独善其身，人过留名，雁过留声吗？西方富豪拼命赚钱，然后做慈善行为，不正是这一观念的最好体现吗？要讲美德，我们的传统美德里缺少扶贫济困这样的东西吗？要讲对财富的认识，中国人也有很高妙的地方，“生不带来，死不带去”、“钱是身外之物”，是普通人嘴里都能说出来的话，权势人物也能说出“子孙若如我留钱有何用？子孙不如我留钱有何用”的话。要讲思想觉悟，过去讲“损有余而补不足”，丝毫不逊色于西方人。思索再三，我认为只能从制度上去找答案，什么样的制度就有什么样的财富观，什么样的社会就有什么样的财富观。

在扮演“分钱”这个角色上，很显然美国做得更好，它的一个制度安排，是对富豪征收高额的遗产税，防止财富因世代相传而过度集中，财富越多，税赋越高，高到“逼迫”富豪把钱拿出来“贡献”给社会，让社会去花。它同时照顾富豪们的感受，让他们成立各种基金会，最大限度地拥有对财产的“支配权”。实际上，富豪把管理自己的慈善基金当成一件有成就感的事业来做，这就让富豪掏钱掏得愉快。这就巧妙地实现了富豪财富的社会化，实现了这样一种财富观：财富取之于社会、用之于社会，带着巨富死去是可耻的。

中国的富豪有时并不是不懂得财富取之于社会、用之于社会的道理，他们做不到还在于，中国的社会保障制度也跟不上，也制约了健康的财富观的形成。美国不少富豪“一分一毫也不会留给自己子女”，他的子女也会因美国相对完善的社会保障制度而体面地活着。同样的事情如果发生在中国，会是另一番景象，他们的子女会面临严峻的生存问题，他会上不起学，买不起房子，结不起婚，看不起病，遇到不公正的待遇，会因为没有钱“打理”而困难重重。父辈留给他们的财富却能保证为他们的人生保驾护航，免受社会福利保障不足而陷于生活的困境，免于匮乏与恐惧。这同时说明，政府“分钱”要分得合理，确确实实用之于社会，富豪才愿意自己的财富被“瓜分”。

八 少来些国外的“阴谋论”

2008年，正当北京奥运会进入尾声的时候，对北京已然有些审美疲劳的人们开始将目光转向将举行下一届奥运会的伦敦。关于伦敦举办下一届奥运会的新闻也格外地多起来。其中有一条新闻说，伦敦在取得了下一届奥运会的主办权后，频频爆出市民的反对之声，争论的核心是，投入巨资办奥运会，是不是浪费纳税人的钱？

到北京完成主办城市的交接仪式的伦敦市长约翰逊，在接受记者采访时对此显得信心十足。他承诺说，伦敦为筹办奥运会将投入93亿英镑，相信这些投入可以带来回报，不会浪费一分钱。

那个时候，国内外舆论对于北京奥运会这场投入400多亿美元的超豪华运动会，能不能赚钱，会不会因所谓的“奥运低谷效应”拖累中国经济发展，是不是“奥运行情利好出尽”，有不少的争议。于是有网友就认为，约翰逊市长的这番话，纯粹是一个阴谋：伦敦市长摸准了中国老百姓的心理，一句话就激起我们对自己政府的不满，并将我们从成功举办奥运会的无比自豪的高台上推下，使我们跌入羞耻与埋怨的深渊！

什么是阴谋呢？2000年版的《应用汉语词典》里，当动词解释是“秘密计议，暗中策划”；当名词解释，是“诡计，暗中做坏事的计谋”。反正是来阴的，背地里使绊子，这确实是十分的可恶可恨。

“无心插柳柳成荫”，并非阴谋的事情歪打正着，看起来有几分阴谋像，却不能当成阴谋。伦敦市长约翰逊说不会浪费一分钱，而恰巧北京奥运会显得那么的奢华，你这不是阴谋吗——暗中使坏，挑拨中国民众与政府。或许，没有北京的奢华，人家也要说不浪费的话。

在奥运会期间，很多外国人质疑的声音都被国人以“阴谋论”论处，只要外国人一开口说我们不中听的话，就认为他们心怀叵测，有某种不可告人的阴险目的。

不仅在奥运会期间，平常也有很多国外“阴谋论”在国内涌动。世界油价暴涨，有人说这是美国的“阴谋”，意在绞杀中国；三鹿毒奶粉被曝光了，有人说这是反华势力的“阴谋”，想要搞垮中国的民族企业；美国爆发次贷危机，有人说这是美国的“阴谋”，想要拖垮中国经济。

我们承认，有些老外就是受了指使专门来“捣乱”的，“捣乱”就是他的首要任务。但是，别的国家说了我们不中听的话，就以为是指桑骂槐，阴谋可疑，另有目的，那就有点草木皆兵了，也太高看了阴谋论。

如果将油价暴涨视为美国对中国绞杀的阴谋，那么油价下跌，岂不成了美国对中国的挽救？如果毒奶粉被曝光是反华阴谋，那么，没有曝光之前是不是特意保护？次贷危机是一场劫掠的阴谋，那些下岗的美国公民会不会赞同搞阴谋？油价的涨跌，奶粉质量的好坏，次贷危机的爆发，这里面当然有很多复杂的原因，道德的、人性的、博弈的、贪婪的，总体是放在市场里来分析。如果所有的市场经济行为都能用阴谋论解决，我劝中国学生就不要去大学里学什么经济金融证券了，有时间多研究一些“阴谋论”，恰好中国又是“权谋学”、“阴谋学”集大成之国，研究好“阴谋学”，也就找到了市场运转的基本规律，这是多么轻巧的事！

拿伦敦市长约翰逊先生的话来讲，人家确实是讲了大实话。与其说他是在对我们说话，不如说是在对他的市民说话。他作为一市之长，要举办这么大的一个运动会，要砸近百亿英镑的钱进去，并不是他一市之长可以决定的，因为他要用的是纳税人的钱，就要征得纳税人的同意，至少要有充分的理由来说服纳税人。

至于约翰逊市长承诺93亿英镑投入可以带来相应的回报，不会浪费一分钱，这样的收支平衡论，能不能征得英国人的认同，这不是我们可以管得了的事。不过人家做事考虑成本（居然首先不是考虑举办一届奥运会给英国、给伦敦带来面子），充分尊重纳税人的态度，是令人钦佩且值得学习的吧。

故而我相信，伦敦奥运会昂贵程度不会超过北京奥运会，因为伦敦市长想要超豪华，市民也不会同意，市民要考虑自己的福利会不会因此受到大的损害。而且我相信，即便伦敦奥运会不能举办成一届规模、奢华程度超过北京奥运会的体育盛会，也不会有太多的人骂伦敦市长，更不会有人骂伦敦市民小气鬼——如果你那么大方，何不自己掏腰包资助伦敦奥运会，我们有什么理由要求伦敦市民勒紧裤带来办一届超豪华的奥运会？

我倒是觉得，说人家国外的“阴谋论”实是某些国人的“阴谋论”，不是就问题谈问题，而是将话题引上挑拨离间，引上情绪对抗，以此转移“火力点”，为自己躲避民愤而寻求苟安的港湾。这种“阴险论”中伤了国外的同时，也中伤国民情感，除了真正的“阴谋家”得逞，对绝大多数中国民众来说，有百害而无一利处。

动不动就在国际关系之中使用阴谋论，是冷战思维的遗毒，过去认为“帝国主义亡我之心不死”，现在认为西方国家害怕我们崛起，总是想方设法掐我们脖子。因为假设了一个别人总想要害自己的前提，别人做的任何一件于己不利的事情，都可能是阴谋。然而，谁能说我们的假设是成立的呢？如果假设不成立，结果也就不成立，伦敦市长约翰逊只是在说他自己的实情，并没有要危害我们什么，我们的假设不成立，结果只能作为笑谈。

正像我在前面谈到的，如果用阴谋论可以解释一切，我们就不需要对事情做理性深刻的分析，对这次波及全球的经济危机，也不必分析它是怎么产生、如何发展的，直接说是美国的阴谋即可。只是，美国人民真的要同仇敌忾地损人不利己吗？好吧，就算这是美国的一个巨大的阴谋，那么请告诉我，美国的阴谋是为什么，是从什么时候开始实施这个计划的，每一个步骤和环节如何？有没有事实来回答我提出的问题？如果这些问题回答不了，就不能轻易下阴谋的结论。

现在，国际上对本次金融危机取得了一定的共识：是核心国家（美英等国）的私营部门闯的大祸，不是政府本身的管理机制如财政预算、国际收支、汇率等政策出现问题，而是私营部门出了问题，虽然政府难脱责任。而从根本上来讲，我更愿意相信，这次金融危机是人的私欲发展到一定的阶段必然遭致的惩罚，也可以说是自由市场的局限，而不是美国人民早就预设好了要给世界人民一个沉重打击，要知道，金融危机来临，他们自己的利益也会受到巨大的损害。一些政客可能愿意拿人民去与敌人玉石俱焚，但人民自己大概是不愿意如此同归于尽的。

不问青红皂白的阴谋论只会让人把复杂事情简单化，用情绪来代替理性，用愤怒来代替思考，用幼稚来代替成熟，也就可以懒得去做十分艰辛的探究分析，因为要从表象推导出原因，揭示本质，需要花费很大的工夫。倘若没有能力求源探本，或者懒得动脑筋，一个不错的办法就是假设对方在搞阴谋，跳出一切必要推理环节，直接得出结论，而且还满足了情绪的宣泄，可谓一举多得。

因为怀疑别人有阴谋，还得时时刻刻让自己处于警惕提防的紧张情绪之中，纵是别人不阴谋你，也有一种被阴谋的感觉，阴谋论真是一种受虐的心理。别人给你送杯糖水来，就怀疑别人是不是在里面下了毒，要是倒来一杯苦涩的良药，就更有理由怀疑别人下了剧毒。一个民族普遍地接受受虐的阴谋论，这个民族我看是健康不到哪里去的，它无法让这个民族用开放的胸怀看世界，也无法友善地与世界人民交朋友。他因为自己不健康而怀疑别人不健康，因为自己心理阴暗而怀疑别人心理阴暗。这样一种不健康的民族心理当然是历史形成的，是受欺负、吃亏之后种下的，但是，正像一个人不能背负“一朝被蛇咬，十年怕井绳”的阴暗心理过一辈子一样，一个民族也不能总沉浸在“别人要暗算我”的不健康的心理阴影之中。

由于自己怀疑别人在搞阴谋，也就为自己攻击别人提供了“说服力”，又由于怀疑别人是阴险的，使用非正常手段，也就为自己攻击别人时使用卑劣的手段找到了“合理性”。一个处处怀疑别人有阴谋的人，也会用同样的方式来达成自己的目的，他是一个阴谋论的怀疑者，也可能是一个阴谋论的奉行者。阴谋论很容易误导自己和他人，把一个民族变成一个卑劣的民族，这就正应了北岛的一句诗：“卑鄙是卑鄙者的通行证。”

一个社会信奉阴谋论，小道的消息不胫而走，人人处在设防的围墙里，人人对私密话题感兴趣，到处打听，作为茶余饭后的谈资，让人养成相信花边的恶习，在不经推理的误区之中无法自拔，无法培养健康的思维头脑，一群群听风就是雨的人就这么充斥人间，像老鼠一样生活。久之，理性的声音反成陈腐之言，市井的流言飞语最有人缘，只用扭曲的眼光看世界。

君子坦荡荡，小人常戚戚，这过敏的神经说到底是太自卑了，自卑到时刻不忘把自己防护起来，哪怕别人无意的举动，也会以为怀有某种暗算的味道。人没有想象的那么坏，世界也没有想象的那么坏。如若不相信他人与世界的美好，这世界有什么值得留恋的呢。始终活在阴影里的人，有一颗阴暗之心，始终相信阴谋论，无端地激起仇恨的情绪，这怎么也不像一个成熟理性的国民应有的思维方式。

中国经过 30 年的改革开放，崛起了，在国际上的地位日隆，国际社会对待中国的态度也发生了很大的变化，少来些国外的“阴谋论”，换一种光明自信的心态看待自己以及世界，确实应该抛去“弱国心态”、“怨妇心态”，重树大国风范。

九　从莎朗·斯通的地震“因果论”说起

从莎朗·斯通的地震“因果论”说起

2008年5月24日，莎朗·斯通在戛纳出席公开活动，在被香港有线电视台记者问及是否了解中国汶川地震时，突然口吐狂言，令在场众人惊讶不已。

记者：你知道中国地震吗？

莎朗·斯通：当然，我知道。

记者：你有什么感想吗？

莎朗·斯通：你知道，这非常有趣。因为，我觉得任何人都不能对别人不善。所以我一直在想，应该对这件事情做些什么。因为，我不喜欢这个样子。我也在想，应该用什么态度来看待奥运会……然后这次发生了地震，这是不是报应呢？如果你做得不够好，然后坏事就会发生在你身上。

这是翻译过来的文字，莎朗·斯通的原话我没有听到，以我的英文水平，听到恐怕也不能完全听懂，不能肯定莎朗·斯通的本意是“因果论”，还是有的网友们所说的“天谴论”。如果是前者，那确实是丧失了基本的道德良知，没有理由不引起世界华人（包括笔者在内）的愤怒。如果是后者，我想就和朱学勤、沙叶新的观点一样，是不值得如此万箭齐发的，而且还要感谢他们把“天谴”的话题抛出来，引人深思。

事实上，在汶川大地震这件事情上，哪怕是从学者如朱学勤、作家如沙叶新的嘴里说出“天谴”这样的字眼，同样遭到了网友的谩骂围攻。原因是2008年5月14日，朱学勤先生在《南方都市报》的《地震寄语》中写道：“这就是天谴吗？死难者并非作孽者。这不是天谴，为什么又要在佛诞日将大地震裂。”2008年5月15

日，沙叶新先生在《南方周末》上发表的一篇题为《为中华祈祷》的短文中写道："2008 年，老天怎么这样对我中华如此不公，先是华南雪灾，又是山东车祸，继而再是这次特大地震灾害，半年不到，灾害频仍，下半年我们还会遭受怎么样的天谴呢？"

不知何故，董仲舒发明的"天谴论"竟被一些人理解成了"因果论"，凡遇到有人说"天谴"、执"天谴论"，皆义愤填膺，欲除之而后快，这是愤青最容易犯的毛病，连别人在说什么都没有搞清楚的情况下，就挥起板斧砍杀起来，这不是断章取义是什么？

抛开"因果论"与"天谴论"，一场谁也不愿意看到的大灾难发生了，发生之后，除了客观的"无可抗拒外力"因素，比如地震很难预测之外，我们能做的，就是将损失减少到最低。这个低很难用一个具体的数字来限定，但确实有些不该损失的损失了，我们就要反思：为什么不能避免这样的损失？

这样，我们一面谴责莎朗·斯通的冷血，一面既然说因果，那我们就找一找因果。如此，莎朗·斯通事件算是一个契机，给我们一个思考因果的契机——反思我们哪些做得不够，如何因为做得不够，才会有目前的结果。

这个时候，本来是一个可以引入反思的契机，中国愤青是大有可作为的，那就是顺着这因果的关系思考下去，可以派生出很多思考，进而对国家防灾体系的建设、灾难预警系统、应急救援保障、建筑施工灾难性预防、社会组织动员等，提出很多有建设性的设想，并督促政府去实施。

可是我们很遗憾地看到，这件事就像很多事件一样，一经被愤青的情绪主导，在爱国的呼声之下，只能停留在对莎朗·斯通的口诛笔伐上，不能够再向前迈出哪怕一小步，最终变成一场口水仗。

灾难让我们成熟了吗？

一个国家民族成熟的标准又是什么？我说不好，不过，我觉得有的人如此描绘，我十分赞同：从最普世的价值观来看，一个"成年国"，其国土莫非福祉，其国民莫非公民。它的制度必然是以人为本的，是合乎人性以及人道的；它的权力必然是听令于人民的，它的社会必然由公民社会所组成。它理性而不偏激，富足而不骄奢，自信而不野蛮，不仅拥有自己坚定的价值观，更需要成为一个获得广泛价值认同的大国，更应当成为价值观的输出者。

当我看到神州大地上还有那么多的愤青，他们偏激而不是理性，骄虚而不是自信，还没有彻底从臣民转变成公民，捡拾文明国家的价值观都还有些不屑，更不用说成为价值观的输出者，让愤青来做反思的工作何其难也。

依此可以判定，我们还不是一个成熟理性的民族国家，正因为还不成熟，所以我们格外需要反思，正因为我们不反思，所以更难成熟。所以，我决不陶醉于美国《时代》周刊的赞誉——中国社会在救灾过程中显示出了高度的文明。我的期望是——中国社会在反思灾难过程中同样显示出高度的文明。

第五部分　痛批愤青：一掌掴醒梦中人

一　打在愤青脸上的响亮耳光

愤青被打耳光是常有的事，愤青的无知注定了经常会被打耳光，有的打了也就打了，有的打个耳光给颗糖。

远的如义和团那阵子，愤青被西太后掴了一个响亮的耳光，连人都掴死了一大片。那是陈年旧事了，就说现在吧，愤青也还经常地被打耳刮子，当愤青抵制某某洋货时，却不幸发现有权有势的人正在外国公款旅游，花天酒地，狂扫某某洋货，这样的耳光真是打得他们眼冒金星，却又忍气吞声。

有一年，国内某大学的学生控诉他们要反日，大约学校已经接到通知，非但不予理睬他们的控诉，校警还将他们的保钓衫给没收了，学生想出要报纸声讨大学的做法，你这行为完全不符合国家和平发展的总体要求嘛，报纸怎么会支持你？这帮学生就这样被扇了几记闷耳光，可想而知是多么的悻悻而归。

类似这样鲁莽的行为被按下去扇耳光的事多的去了，愤青们反对印尼排华，反对俄罗斯强占我国领土，基本上都以叫嚣始，以被打耳光终，因为他们并不能左右什么。

2007年年底，我还在跟愤青们为抵制或是不抵制法国货、抵制或是不抵制家乐福而费尽口舌，连写了数篇文章来“争鸣”。说实话，我自己觉得跟愤青讲道理都讲得想吐了，总得有一些鲜活的事实来力证我的观点才好。

真是瞌睡偏偏送来好枕头，2008年12月21日《新京报》报道“北京家乐福新店开张数十武警维持秩序遭抢购”，原因是，家乐福开业之际，很多商品低价促销，还送一张5元的抵金券，因此拥入大量顾客，发生货架被挤倒等事情，超市只好暂停营业，到26日再开业，还配了很有冲击力的照片。

这个场景，就像一记响亮的巴掌，抽在那些自诩爱国的愤青的脸上（这估计已是第N次被抽了，但不长记性也没办法），疼痛到傻眼至愤怒的地步……

宽宏大量一点的愤青说，这些抢购者素质、觉悟太低，不要跟他们一般见识，以显出自己的高素质、高觉悟来，甚至还要将抢购者归为“不明真相的群众”。可是很显然，买东西是要自己掏腰包的，普通人腰包里的钞票来之不易，他们为物美价廉而来，并不受“一小撮不法分子”的煽动，是一种理性的经济行为，并不是不过脑子的。

莫非，这些老百姓是用另一种方式来抵制法货？即通过万众一心的疯狂抢购，买光家乐福的东西，让家乐福无货可卖，只好草草关门停业？问题是，抢购者只管买，家乐福只管拼命进货，这场抵制岂不是“子子孙孙，无穷尽也”，抵制得家乐福赚的钵满盘溢？这种抵制的办法也太笨拙了点吧。

又莫非，这是抢购者的高上策略，等买完便宜货后，再来抵制？果真如此，这种爱国也爱得太势利、太不纯粹了吧。要做一个纯粹的爱国者，哪怕家乐福白送也不要才好，那才算正宗的爱国者咧。

如此分析，普通老百姓真的让愤青们失望不已了，一张购物券就把他们给“收拾”了，而且还是首善之区的老百姓！觉悟确实超出愤青们所想的低。愤青们除了连普通老百姓也不放过地骂为“汉奸”，一定还会心生老调：“哀其不幸，怒其不争”。

事实绝非如此，老百姓才是真正爱国的，因为，他们懂得爱自己就是爱国家，因为国家就是由他们自己构成的，连“自己”这样一个个鲜活的生命都不爱，如何去爱那个离开了“自己”就虚空的国家？老百姓也明白一个道理，人首先要吃饱了肚子才有力气去爱国，一个为活命而奔忙的人，恐怕是没有工夫去爱国的。吃饱肚子与爱国同等重要，甚至更重要。

老百姓是最实惠的，谁给他们实惠，他们就支持谁，谁对他们敲骨吸髓，他们就反对谁，这种道理极其简单，就好比一个人能够分得清楚谁在爱他，谁不爱他一样。家乐福能给老百姓带来一点实惠，他们为什么要抵制呢？他们要抵制的是那些让他们失业，让他们买不起房、看不起病，让他们失去人格、自由与尊严的人。如果他们不能够用手投票来抵制，他们就会用脚投票来抵制，这是没有任何疑问的。报道中，老百姓抢购家乐福，就是用脚投票的一种。

人们对自身经济、政治、话语等利益的追求，天赋而正当，人们对自身利益的正当追求，是推动社会前进的原初动力，是亘古不变的真理。那种“大公无私”，“毫无私己，专门利人”的“黄金世界”固然很美好，但因为漠视违离人性而行之不远，百姓最终会冲破围困他们的樊篱，历史终究要回到“以人为本（本位而非本钱）”的轨道，这是无论什么都阻挡不住的力量，包括冠冕堂皇的口号、假借爱国的迷魂药。

如果暂且撇开民生之多艰不提，打肿脸充胖子地将不抵制家乐福拔高到国际的高度来看，抢购或不抵制也不等同于丢国人的脸，更不等同于不爱国，恰恰是爱得那么高明深刻，即他们的行为可能会在国际上为中国赢得“国民成熟理性”的高分，这岂是那些烧制出来的愤青所懂得的。

愤青被多扇耳光是好事，多让民众扇他们耳光，而且要势大力沉地扇，把他们脑子里的淤积污水都扇出去，看能不能把他们扇清醒过来，尽管对此，我并不抱太多信心。

很多时候，就算我们不打愤青的耳光，他们也会被现实打耳光的。那些抱着天真幻想的愤青经常满含泪光地质问：你为什么说我们国家不好？你为什么批评我们的文化有毒？你以为你很高明，以为你吃的盐比我吃的米饭还多？好吧，我闭上嘴巴，不装高明也不装懂事好吧。人可能真的需要自己去碰钉子才会长大，我确信，那些抱着天真幻想的愤青不需要我们打耳光，当他们踏入社会的时候，现实会自动地掴他们耳光的，而且绝对以令他们猝不及防的形式打过来：不是说我们国家很好么，为什么生活对我如此不公？人生的路啊，为什么越走越艰难？不是说我们的文化很好么，为什么人与人会如此冷漠？

不排除，挨了一记沉重的耳光之后，愤青还不知道耳光是从哪里抽来的，继续做他的愤青，对此，我只能如此鉴定：此愤青已无可救药，请准备“后事”。

二　愤青“不高兴”也没用

前些时候，20国集团伦敦峰会召开，被媒体强调成G20的核心是G2，“中美共治”的概念也出笼了，民族主义愤青又打了一针兴奋剂，好像这个世界就是中国与美国的事情了，我们现在把美国扳倒我们就成为全球霸主。

真是人一无知加狂妄，什么话都敢讲。美国不是一天练成的，美国在第一次世界大战和第二次世界大战中都发了战争财，“二战”结束时美国成了“世界盟主”，积累了多少财富以及财富以外的东西？如美国文化制度、创新能力、国际资源的调配能力等，光是美国人能选出一个黑人总统就足以让世人对美国制度刮目相看。真的像民族主义鼓吹的“铁血腔”那样，拿中国30年孵化的鸡蛋（用廉价劳动力和破坏环境孵出来的鸡蛋）去碰人家百年修炼的老石头，无异于自取灭亡。

是的，现在世界正遭受金融危机，美国政府不得不收缩战略，调整政策，但这绝不等于“美国破产了”、“资本主义完蛋了”。说这话的人不知道有何理由，是因为美国的民主政治制度不灵了？是美国对全世界的优秀人才失去了吸引力？是美国的资源耗光了？还是美国的基础科学一下子从世界前列掉到了世界后列？

他们只看到了美国的经济危机。只是，人家搞了上百年的市场经济，又不是头一回遇到经济危机，我们从经济崩溃的边缘走过来，才搞了30年市场经济，刚刚解决温饱，我们居然自信比人家玩得更转，自以为机会来了，又是抄技术的底，又是抄金融的底。抄底可以，但别以为自己了不起，过高估计自己是取败之道。

很简单的一点，愤青没有搞明白：要想成就世界霸权（当然我是极力反对“霸权”的），必须成就经济霸权；而要想成就经济霸权，必须使本国货币成为世界的核心货币。就是说你有铸币权，世界各国都以你的货币来结算，那就非同寻常了。美元现在是硬通货，美国开动印钞机，你就得为他白白打工。当然美国不可能那么个搞法，因为那样受损的首先是美国人，美国人不会同意。那种认为美国开动印钞机，掠夺世界经济资源的说法很能激起人们对美国的仇恨，但依据在哪里，数据在哪里？如果美国的通货膨胀率很高的话，美国就产生不了庞大的中产阶层。

在G20峰会上，中国提出改革由美国长期主导的金融系统，可谓抓住了美国的“七寸”。可惜，这一抓只能算“严重抗议”，因为，美元也不是一天硬起来的，它的背后是美国一整套制度、文化、军事的保障。人民币要硬起来还有段“其修远”的漫长路程，目前，人民币没有实现可自由兑换，连一个区域货币都不算，要当货币老大，何其难也！

当年，中央高层高薪聘请外国高级金融人才来帮助中国建立资本市场，何等有远见有魄力。今天，以《中国不高兴》为代表的愤青鼓吹“武力战争”，不愿意参与“货币战争”，说中国不需要“金融战士”，这是大谬。他们之所以认为中国不需要“金融战士”是因为“金融战士”很腐败，问题是，需要与腐败是两码事，不能因为吃饭会撑死人所以我们不吃饭吧，关键是要解决不吃得撑死人嘛，可是他们的思考也就到此为止了，为什么中国金融特别腐败，不知道是他们有意回避还是不知道。

事实是，中国金融腐败很严重，原因在于制度的缺陷。国有银行的国有性质决定其资产具有二重性：一方面，国有资产在经济运行中实实在在地存在着，它通过国家代理人的行为而参与市场竞争；另一方面，国有资产属于抽象的“全民”所有，无法人格化，缺乏可操作性，国有资产是虚置的，国有股是“股东缺位”的。由于所有者的虚置缺位，产权模糊，导致难以形成对资本使用的有效制约和对称信息的把握，结果不但使资本控制权旁落代理人的手中，还产生了“企业内部人控制”的危机，使国有资产成为唐僧肉，只要有机会，谁都想得而食之。

所以我非常赞同陈志武教授提出的一个大胆设想：将国有资产公民化、实现“全民所有”，在全国31个省、直辖市、自治区分别成立国民权益基金，把全国的国民权益基金股份均分给13亿公民，以此完成民有化改革。

就目前中国这样一种金融制度想跟美国金融叫板是不行的，但“货币战争”你不打还不行，那就要从制度上去规划修正，培养更多真正的“金融战士”。要是因为金融腐败而叫喊着只要实业不要金融，那就更搞笑了。实业发展到一定阶段就需要金融，这是秃子头上的虱子——明摆着的事情，不需要我再费口舌了吧。

再说了，美国没有实业吗？美国的工业基础、汽车重工、航天科技、军工、新农业、尖端电子，哪一样不健全，哪一样垮掉了？更不用说美国还掌握着那么多核心技术、行业标准。愤青奔走相告说美国要破产，根本就是意淫，指望美国马上衰落的难度不亚于指望太阳从西边冉冉升起。相反，中国经济的科技含量还很低，自主创新能力还不够，体制制度还不完善，发展包袱还很重。只能说，在金融危机当中，美国很重视中国的作用，中国也可以借此向美国提一些条件，想现在替代美国成为领导世界的国家无异于痴人说梦。

就像上海外国语大学苏长和教授所说，中国还缺少成为世界性领导国家的国内国际条件。

就国内来说，（1）政府与社会的内向性功能不足以使中国胜任承担世界领导者的角色；（2）中国暂时还不可能为和谐世界建立提供所必备的制度性资源；（3）中国现有的财政资源不能保证或者维持中国持续的领导地位；（4）中国还没有储备充足的应付世界性问题的人力和知识资源；（5）中国的精英和中产阶层缺少与外部世界打交道所需要的国际化、多元性的包容文化。

在国内国际限制条件下，实行"当头"外交对中国来说就是不可取的。韬光养晦，"示弱"而非"示强"，外交上争取更长久的和平国际环境，集中精力办理好国内事情，在财政许可的前提下适度推动和谐世界建设，将仍是中国大战略的要义所在。

（苏长和《"示弱"有理》，载《东方早报》2008 年 12 月 31 日）

"示弱"不会吃亏，"示强"往往没有好果子吃。"二战"前的德国和日本都很强大，国家一强大，本国的民族主义就坐不住了，要"示强"，要通过武力来扩张势力，最后都一败涂地。目前中国民族主义随着国家实力的增强而抬头，很有点像"二战"前的德、日。好在这个时代世界人民普遍不接受"打砸抢"的强盗逻辑了，中国也不能完全拒绝文明潮流，这会让自己陷入人人喊打的境地，这就注定新时代的民族主义愤青不会有大的作为，掀不起大的风浪，就算他们"不高兴"也没用。

"示弱"表明我们谦虚，如果不是谦虚，中国也就不会有越王勾践卧薪尝胆这么深刻的"示弱"故事。在元末农民起义队伍里，朱元璋正确地奉行李善长提议的"高筑墙，广积粮，缓称王"的战略，才最终一统江山。谦虚就必须承认中国还是一个穷国，月亮没有发达国家圆，没有这样的谦虚胸怀就不会有进步，中国的月亮就画不圆，更不要说中国的月亮将来比美国的月亮更圆。

中国现在还是一个经济举足轻重，人口又相对贫困的国家，"示弱"是必然而必要的。如果我们要打肿脸充胖子地去"示强"，那好，谁都把中国当成胖子来看待，按胖子的标准来要求你尽国际责任，要求多交联合国会费、多向 IMF（国际货币基金）捐助等，中国就会"死要面子活受罪"。

当然，"示弱"不等于放弃国际话语权，也不是放弃国际应尽道义，而是量力而行，用低调务实的姿态去承担更多的国际责任，把为人类世界贡献更多的文明成果作为自己的追求，让国家道义形象与综合实力在国际社会中形成良性共鸣。在今后相当长的一段时间，中国对世界的最大的贡献应该是让占世界四分之一的人口过上自由幸福的生活，仅为此一点，也要沉得住气，以理好内政为根本。

三　愤青跟“五四”青年不能等同

很多愤青都自认为自己是“五四”青年再世，举凡别人说他是愤得无头无脑，他就祭出“五四”青年来证明自己做愤青的正当性、高尚性。这就像泥腿子出身的流氓土匪当了皇帝，就翻烂历史书，给自己找“老祖宗”，一直找到炎帝黄帝去，目的就是要神话自己的出身。神化了自己的出身，自己的龙椅就可以坐稳了——君权神授，不是我血腥抢夺、专权篡位，是老天爷要我坐这个位子，我不坐能行吗？

再说了，要是不把自己的出身弄得“根红苗正”，念起诏书来也不方便——“奉天承运，皇帝诏曰”喊起来就显得底气不足。所以，皇帝老爷是一定要“寻根问祖”的，哪怕编些蒙孩子的神（经）话也行，反正就要显示自己出身非常，上天指定，投胎来管你们这些屁民的，自己想推脱不当皇帝都难，上天的盛情难却啊。

愤青可没有皇帝那么走运，他们中的某些人，工作饭碗在哪都还没有着落呢，可是这丝毫也不能阻止他们为自己寻找好的“出身”，虽然现在苦点穷点，但俺们可是“曾经阔过”哩，你看看“五四”青年，那就是我们的老宗祖，曾经多么辉煌，可是开了一个时代的先河（“五四”运动确实是新旧时代的分水岭）。愤青这个“托古”的用意，其实也是想证明自己在做一项“开创新时代”的伟绩，理想如此宏大，能不激动人心么。

我不得不对愤青们说，你们看走眼了，认错了祖宗，拜错了码头，你们真正的祖宗在义和团那里呢，不相信我们可以做一个文化DNA，保准丝毫不差：西方文明视作洪水猛兽，对专制极权跪下来舔屁沟，这不都是一脉相承的血缘嘛。当然，我也得承认，在这个血脉相传的过程中，也有“基因突变”的情况，比如现在的愤青学历就远比义和团那些农民高，恰恰这一点上证明了现在愤青是九斤老太，一代不如一代——既然你学历知识比自己的祖先高，为什么还像祖宗一样愚昧无知排外呢？

不要恬不知耻地往“五四”爱国青年身上靠了，他们要是灵魂有知，也会觉得被你们这帮人加入进来而感到难堪，恨不得躲到火星上去。不要以为自己抵制洋货、抗议示威的行为方式跟“五四”爱国青年相似，也不要以为自己砸过日本车，封过家乐福的门，爱国的成绩似乎很斐然，就“五四”青年再世。这些都是表面的，我只要问几句就行了：当年的“五四”青年高扬德先生和赛先生（何等的精神追求），现在的愤青在干什么？当年的“五四”青年走向街去外抗霸权，内争民主，外争国权，内惩国贼（什么样的政治抱负），现在的愤青外争了什么？又内争了什么？

不能不说，现在的愤青跟“五四”青年有相似之处，“五四”青年也有过激的破坏性行为，这为以后的青年开了很不好的先例，好像举凡爱国，就要激烈，就要破坏，这是“五四”的负面效应。但现在的愤青跟“五四”青年显然不在一个档次之上，如果说同样是爱国，“五四”青年显然懂得什么是真正的爱国。

“五四”青年也是激进而愤怒的，现在的愤青看起来也是激进而愤怒的，但激进是有深意的，力争走在世界文明的前面是激进的，力争逆世界文明潮流而行，看起来也是很“激进”的。另外，愤怒也有层次之分，通过文明的手段来争取自己的权利是在表达愤怒，像地痞流氓一样骂人打人也是在表达愤怒，高下一看就知道了。

在我眼里，愤青跟“五四”青年最根本的区别在：“五四”青年是一切不愿做精神奴隶、追求民主与科学的青年人的集合，愤青是头脑简单、偏执狂热的病态民族主义青年人的集合。我想愤青还是放弃那种试图给自己的糙脸涂抹脂粉的事，不要再弄巧成拙，老老实实承认自己与“五四”青年的差距，才是愤青走向光明的开始。

有一个叫戴梦葵的网友，始终关注我与愤青的争鸣，受到我评愤青的启发，自认在“中国粪坑大学”研究起愤青来，并给我发来他的“研究成果”，谈到“当代愤青与‘五四’爱国青年的本质区别”，我认为，他的分析全面深入，有理有据，颇有说服力：

愤青常自诩为“五四”爱国青年。愤青的常用理论是，正因为有愤青才有“五四”，正因为有“五四”才有现代中国（“五四”运动被认为是中国近代史和现代史的分水岭）。因此愤青就间接地成为现代中国的缔造者。虽然在形式上，比如抵制日货、抗议示威等，当代愤青和“五四”爱国青年有相似之处，但二者的确有着本质区别。

首先，二者的客观历史条件不同。“五四”时期，当时的中国积贫积弱，北洋政府软弱无能，资本主义进入了帝国主义阶段，着手对世界进行瓜分。中国面对列强的侵略有丧失主权的危险。“五四”爱国青年顶着当时北洋政府的压力，上街打出了“外争国权，内惩国贼”的口号，抵制日货，反对“二十一条”是完全正确的，是拯救中华危亡的正义举动。而今天的中国在政治、经济、文化、军事上已经远远超过旧中国。正所谓“越强大，越宽容”，愤青的叫嚣正是一种没有自信的表现，是一种仍然认为自己国家积贫积弱需要自己挺身而出的自卑心理。另外，冷战以后，世界格局也朝着多极化发展。和平与发展成为当今世界的主流。而愤青的“战争叫嚣”恰恰是逆世界潮流而动。

其次，二者的立足点不同。“五四”爱国青年的行动，是立足于中国社会的现实。他们是把行动落实在具体如何拯救国家的方案上来。当代愤青们关注过中国社会吗？他们会拿出玩游戏的时间去当义工吗？为什么都是愤青从农村往城市跑的多，少见有毕业的大学生回到农村的呢？愤青根本就没有社会责任感，“爱国秀”就是满足自身心理的膨胀。当代愤青的立足点是自己。当然在不侵害别人的前提下为自己没错，但如愤青一样一面为自己还一面称赞自己是为国家，为了满足自己内心的膨胀而企图剥夺他人话语权是要坚决反对的！

再次，二者的精神不同。“五四”的核心精神是什么？民主与科学！当代愤青你们的精神又是什么？除了无休止的谩骂、恶搞、意淫，你们有什么理性的思考？“五四”爱国青年是一种民族主义精神，而愤青是一种民族主义情绪。愤青是被调动起来的动物，缺乏自己的思考，又何来精神可言？愤青的行为不仅不救国，反而是在乱国、祸国，如跳梁小丑般供人耻笑。

所以，愤青自诩自己是“五四”爱国青年完全是“老鼠上天平，自称自赞”。

2009年是“五四”运动90周年，90年过去了，大概找不出几个“五四”过来的老人了。当我看到网上有那多么呼啸而来的愤青时，我简直怀疑，中国是否曾经发生过“五四”运动，真的有那么一场中国知识界和青年学生反思中国传统文化，追随民主与科学，探索强国之路的思想文化运动。

90年前人们知道的常识，我们现在还要一再地强调，我们难道不觉得有点愧对前贤，难道不觉得“时光停止”了吗？事实是，时光在飞速前进，社会在飞速前进，但我们的思想没有飞速前进，为什么我们的思想没有与时俱进，是因为我们走入了另一个时空隧道？还是被浪潮推到了岸上？这是一个值得思考的大问题。

我始终觉得“五四”新文化运动的最大贡献是唤起人的解放，那一代知识分子如胡适、鲁迅、陈独秀、傅斯年等，无不强烈要求砸烂铐在中国人身上的枷锁——政治的、文化的、思想的等，促成“新民”的诞生。他们解放人的心情如此迫切，有时都不免显得“用力过猛”，尽管如此，他们的思想仍然如火如炬，照亮我们。

很多人是不愿意承认今不如古的，不会赞同我们不如90年前。但，我们离“五四”那么远，我们离“五四”又那么近，却是我们现在所处的中国现实。中国仍然需要用基本的常识来做“二次解放”，延续未曾完成的新文化运动，或是进行第二次新文化运动，从培养独立自由、理性成熟的“新民”开始，单是靠脑子里装满糨糊的中国愤青，是创造不出一个可爱的中国的。这是一个不能不面对的时代命题，中国知识分子面对这样的命题，是一种幸运。

四　我与一个愤青的“单挑”

网络上把我称为“中国反愤斗士”，其实我跟具体某一个愤青在文字上“单挑”的不多，因为很多愤青在我看来，都是好人，只是误入“粪坑”，对于这些人，要用好心去对待，也不排除我在批判中使用了矫枉必须过正的策略，总体来说是善意的，愤青对我的驳斥总体来说也是善意的。但是，也有很邪恶的愤青，邪恶得让人起毛，对这种愤青，我坚决不退让，兵来将挡，水来土掩。2008年，有一个在网上叫炮郎的家伙，写了一篇文章：

《中青》的新低：评廖保平《一个国家靠什么赢得尊严》

炮郎

青年一向是反帝爱国的生力军，可是近年来《中国青年报》却屡屡打击青年们反帝爱国的积极性。该报上周又接连刊登廖保平的两篇文章，在反对抵制法货的同时把矛头指向中国政府。这些文章一篇比一篇差，最新的《一个国家靠什么赢得尊严》恐怕创下了新低。我将此文拎过来“立此存照”，顺便也评论几句。

廖文中前言不搭后语、语法错误、事实错误、用词不当之处，我就不一一指出了。他的中学语文老师应该为此感到脸红。我这里把廖文的主要意思简单复述一下，使其稍具条理。廖文认为，国民的尊严主要表现在我们能获得自由、独立，能不依附强权，能实现自我价值。怎样才算达到了这些指标呢？中国人自己予以评价是不算数的，因为“自己对自己的评价”等于“自己给自己面子”。因此达标与否，即“赢得尊严”与否，要看“别人对自己的看法”，也就是外国人对我们的看法。外国人在评价我们的时候，不是看我们是否富裕、强大、有文化，而主要是看我们会不会抵制。会不会抵制什么呢？当然不是抵制法国货，而是“抵制自己像木偶一样被人掰来掰去，抵制我的视线被人转来转去”。什么叫做“抵制我的视线被人转来转去”呢？廖氏在其博文《对不起，我不抵制法国货》有一段说明：

“我不抵制法国货，更为深层的意思，是我不想被某人随随便便‘转移视线’。当贪污腐败、看病无钱、养老发愁、油价高居、工作难找、股市圈钱等等‘国事’难休，已经引起人们愤然，需要出口恶气的时候，这下好了，活泼好动的萨科齐出来了，我们的一口恶气终于有出的地方了，一股脑儿地出在萨科齐身上，出在法国身上，而且出得如此万众一心，出得如此正气沛然，出得如此酣畅淋漓！”

很清楚，廖某所谓国家尊严，就是外国人对中国人的好评，体现在国民起来反对政府，向政府“出口恶气”。

《中国青年报》要刊登反对抵制法货的文章也不是不可以，但应该是理性、负责、爱国的文章。廖某的文章质量低劣，立场反动，令人不得不怀疑《中青》编辑的水平和立场。

（摘自2008年12月15日“乌有之乡”《炮郎文集》）

上面这篇署名炮郎的文章，细细琢磨起来，让我脊背冒冷汗。

虽然，我宣布与愤青的争鸣暂告一个段落，并且网上有很多驳斥我的文章，我也泰然读之、思之，说得对的我然之，说得不对的笑之，不打算要作太多的论说。因为，有些事情就是这样根深蒂固，他懂的话你一说他就懂，他不懂的话你怎么说他也不会懂，他需要自己去经历。目前唯独看到这篇文章，我委实不能选择沉默，因为，这个作者真的很邪恶！

炮郎说我语文没有学好，我是虚心接受的，如果炮郎认为自己语文学得很好，我甚至还要不耻下问。但是我就不明白，我的文章写得清清楚楚：“敬重一个国家与敬重一个人有相似之处，并不看它军事多么强大，经济多么富裕，体量多么庞大，打架起哄多么带劲，而是看是否值得人们从内心去敬重它。”并进而指出，“由无数个有尊严的国民构成的国家才是真正有尊严的国家，才会真正赢得别国的敬重与尊重。”为什么到了炮郎的嘴里，绕来绕去，变成了“赢得尊严”与否，不是看我们是否富裕、强大、有文化，而主要是看我们会不会抵制。竟将自己杜撰的观点强加给我。

马克思关于“人的全面发展”提到，“人的全面发展”包括人的客观状态与主观状态的发展，自然包括人的尊严得到维护这一基本内容，即我那种十分通俗的说法——“尊严的具体性不只是表现在工作有岗位、生活有保障，更表现在你是可以自由、独立的存在，不会依附于强权，可以建立并实现你的自我价值。”现在我们讲“以人为本”，就是马克思关于“人的全面发展”思想的继承和发展，我真不明白，关于尊严，我讲的哪一点不对？

我确实是在博客文章中说到，我不想被某人随随便便转移视线，这里的“某人”被炮郎说成只能是“国家领导”，又是一种强加于人。谁说“某人”就一定是“国家领导”，而不是别的？好吧，就算联系上下文，猜测文章中的“某人”是指“国家领导”，那也没有什么，难不成“国家领导”或政府是不能有任何人对他提出不同的意见甚或不能批评其做得不对？就连封建帝王都还要讲讲“广开言路”、“风闻言事”，要做“诽谤术”，让百姓有意见可提，要下“罪己诏”，承认自己的错误，为何我们都已经“当家作主”了，成为“国家的主人翁”了，且都快60年了，反倒不能提意见了，岂不是天大的怪哉！

从另一个角度看，既然《中国青年报》能刊登这些文章，即允许人们说话，正说明政府也在“与时俱进”，在推进“社会主义民主”，并且，允许批评、允许反对的政府才是好政府，才有可能赢得人民真心的拥护。政府尚且有如此胸怀，容天下能容之人事，炮郎却站在政府的对立面，指责那些不抵制的人，难不成炮郎要将炮口对准政府，要污蔑政府没有发动人民抵制法国货，要与政府对着干，真正成为政府的对立面？自由、民主的社会需要的是宽容的态度和容得下异己的胸怀，在此，我们宽容一下炮郎，不与他一般见识。

在今天的中国，“反动”、“造谣”等词汇，官方早都少说慎说了，炮郎兄倒独得真传，衣钵继承得很好，张口就来，真是不愧为“炮郎”。

在我的眼里，《中国青年报》是有良知的报纸，至少有很多有良知的报人在其中，在重大的事件面前，不会少了他们严正的身影，尽管曾经得到过那么多的“关照”与“优待”。那些可赞报人，本着对历史负责的态度，总是这样为人打开一扇希望的小窗，尽管很小一点。那些实在看不过去，非要用言辞（不是行动）“出口恶气”的人，不必拿《中国青年报》说事，向我开炮就行了。

五　对不起，我不抵制法国货

对不起，我不抵制法国货

2008年12月6日，法国总统萨科齐不顾中方反复耐心的工作和多次严正交涉，执意同窜访欧洲的达赖喇嘛见面，“此举极不明智，严重伤害了中国人民的感情，对中法关系也造成损害”。

中国人民的感情确实受到了“严重伤害”，这是有网友们的愤怒为证的，他们在网上高呼：抵制法国货！让我们用行动捍卫民族的尊严，犯我华夏者，虽远必诛！……

大街上有没有“过激行为”，抵制出新鲜的花样，像奥运时堵家乐福的大门，我不得而知，大约国家大事面前，街市总不至那么太平。可是，我要对这些热血沸腾的同胞们说一声：对不起，我不抵制法国货。

我不抵制法国货，自有我不抵制的理由。首先是因为我压根儿买不起法国货，法国货多奢侈品，在商场里我看到一件“法国品牌”的衣服顶我好几个月的工资，对于我这样一个为了活命的饭碗而奔忙的人来说，哪里舍得花那辛苦钱？如果说买不起也算是一种抵制，那我倒是经常“抵制”的，等同于经常爱国。

只是，我不知道那些一毕业就面临失业的青年朋友们是不是也以此来爱国。他们自己的饭碗还没的端，兜里空空如也，本就买不了什么东西，抵制与不抵制都那么一回事，难道是要乐得个嘴巴快活？否则，凡带“法国”的货都要抵制，那好，中国不是还有一种叫法国梧桐的“法国货”么，不妨统统砍光，这定然也是很解气很爱国罢。

真正腰包充实的人抵制法国货吗？我真的很怀疑，他们是奢侈品的真正消费者，要让他们抵制香味醉人的法国香水，抵制惊艳迷人的法国服装，抵制情调爽人的法国葡萄酒……是一件多么困难的事！喜欢都来不及，如何去抵制？他们不仅不会在国内抵制，还要借“考察”之名跑到巴黎去狂扫法国货呢。“上层人士”用法国货正起劲，“下层人士”在闹哄哄搞抵制，这也算是一种“中国特色”吧。或者说，将买东西与卖国联系在一起，也算是一种“中国特色”吧。

我们可以抵制的大宗的法国货是什么？空中客车算是吧，可是，对于我而言，这辈子是买不起空中客车的，买得起空中客车的人，恐怕早就申请法国国籍了，既然成了法国公民，自然不好抵制自己的国货在别的国家大卖、大赚。要国内的航空公司抵制空客，谁来填他们的利益损失档子呢？这都不是嘴巴上图快活那么简单的事。

血脉喷张抵制之时，不要忘了一点，我们抵制法国货，法国人同样可以抵制中国货。谁说这世界上只有我们可以抵制别人，不允许别人抵制我们？这就要算一笔抵制的账，看谁更得好处。这么多年来，中国的经济依靠出口与投资拉动，一旦别人抵制起中国货，出口下滑恐怕还不止现在这么严重，经济的下滑也不止像现在这么小幅。我不知道，中国从法国等欧盟国家每年进口多少亿元的商品，每年又出口欧盟多少亿元的商品，如果抵制的结果是伤敌一千，自损一万，这种只要面子不顾死活的抵制不要也罢。

说实话，我不抵制法国货，如果别人的东西物美价廉，甚或是高科技的好东西，为什么一定要抵制呢？有时候我反倒要抵制国货，比如抵制有毒的国货奶粉。连我都抵制这种有毒的、水货的中国货，法国人有什么理由不抵制的呢？

我不抵制法国货，还因为我怕这抵制只是应景的叫卖，并不当得真的。中日关系紧张的时候，我们也曾抵制过日货的，很多人当时发誓一辈子不买日货，但效果总不见佳。回头一看，更像一场自娱自乐的闹剧，该买日本车的还在买，该用日本电器的还在用，该吃日本料理的还在吃。所以，在我看来，这种拿不买东西要挟洋大人的玩法，自以为很囧，其实一点新意都没有，刚开始人家可能还“以为神，避林中窥之”，玩多了人家就知道，最坏的结果也不过是“驴不胜怒，蹄之……”，有什么了不得！

有一点要强调，抵制法国货不等于抵制家乐福，家乐福只是个法国品牌罢了，里面卖的90%都是中国货，90%的工作人员是中国人，我们要抵制家乐福，无异于抵制国货，抵制同胞，用抵制一个法国品牌来砸烂同胞的饭碗，伤害自己的利益，我们至于有这么心狠手辣么？

我不抵制法国货，更为深层的意思，是我不想被某人随随便便“转移视线”。当贪污腐败、看病无钱、养老发愁、油价高居、工作难找、股市圈钱等“国事”难休，已经引起人们愤然，需要出口恶气的时候，这下好了，活泼好动的萨科齐出来了，我们的一口恶气终于有出的地方了，一股脑儿地出在萨科齐身上，出在法国身上，而且出得如此万众一心，出得如此正气沛然，出得如此酣畅淋漓！

抵制洋货的最高境界是回到小国寡民

根据我对愤青们的近距离观察和“打笔仗”，我发现，愤青们都是一些直觉爱国者，就像巴甫洛夫所说的“条件反射”，只要碰到他们的爱国神经就弹起来。这种反射是后天形成的，经过不断训练、不断强化而不断巩固下来的。

是谁这么长期地坚持不懈地强化训练愤青呢？或者说什么样的人经过这么长期不断地强化训练才变成具有条件反射功能的愤青呢？又是什么让它变成如此巩固呢？

我想，人毕竟非猫非狗，是高等的动物，对事物当有更高明的自我判断，不应那么易于“反射”，因此这种训练必然是时间更长，强度更大的训练结果，可能长达千年，亦可能强化到不练好就杀头，于是才修炼成功，到了不需要过脑子，“快速反应”就行了。至于为什么要抵制，抵制的前提是什么，抵制的时机如何把握，以什么方式抵制，抵制的后果怎么样，抵制对自己有什么影响，他们统统不去深思，别人只管碰触，他只管反射。

如果我们跟别的国家发生一点矛盾摩擦就抵制洋货，而且还将发誓一辈子不用人家的东西，而且还要连历史老账都算进去，那样的后果简直无法想象。因为，据此抵制标准，日本货不消说了，从哪里来回哪里去；美国炸过我们的大使馆，其货也要“净身出户”；世界上还有那么多国家的元首会见过达赖，也应统统拒之门外；再远的，八国联军侵华，俄国人打我们，这些国家的货也都免提了。最后，我们还剩下什么货可以不抵制的？

抵制了先进文明的结晶——洋货及洋货以内以外蕴涵的思想理念，我们就彻头彻尾地自己摸着石头过河去搞现代化吧，什么“吸收世界文明成果”也见火星人去，这跟“宁要社会主义的草，不要资本主义的苗”有何差异？那种动不动就抵制洋货的愤青们，是连我们的祖先都不如的，我们的祖先被坚船利炮欺负了，比我们承受的身体与心灵的痛苦不晓得多多少倍，他们还晓得不能抵制西洋的文明制度与科学技术，懂得去“师夷长技”，才有后来的旧貌换新颜。是不是现在我们翅膀硬了，腰杆粗了，从“师夷班”毕业了，所以要报仇雪恨了？其实，徒弟跟师傅比，无论从政治上的文明进程，还是经济上的人均富裕，都还差得远呢，有什么本事奢谈抵制？

就我所知的是，封闭的农村僻壤或者小国寡民是最有抵制的本事的，因为粮食自己生产，菜蔬自己种，食用的油自己榨取，粗布自己织，甚至食盐都自己风晒，完全可以“自己动手，丰衣足食”，万事不求人。

但在一个分工越来越细的现代社会你就做不到，你想抵制什么，你抵制得了什么？除非样样都能自己生产，你能搞定吗？显然不能。如果要抵制洋人发明的网络、报纸，我们现在连讨论这个话题恐怕都只能“基本靠吼”。当然，退而求其次，只停留在吃喝拉撒这个最动物、最基本的层面，那是可以的，如果想生活层次再高一点，就很难做得到。

诚然，对于个人来说，抵制的最高境界是不食周粟，饿死首阳山，博个骨气铮铮的美名。而对于一个国家来说，抵制的最高境界是回到小国寡民，至于能不能收获美名，鬼知道。

关键是，国门洞开，妄想退回到小国寡民时代已是不可能，试想，假若一头猪一旦明白了做人的好处（奴隶除外），它就断然不想再做猪。猪之所以乐于做猪，是因为它根本就想不到做人有什么好处，也没有那能力去做人。看到外面的世界很精彩，谁还想回到只有八个样板戏的年代？

经济全球化时代，民族与民族，国家与国家的经济联系只会越来越深入，你中有我，我中有你，牵一发而动全身，一损俱损，一荣俱荣，没有谁能离得开谁。这里面的利益纠葛之深之广，岂是我们这些草民从表面上看得出来的？我们抵制一下日货好像问题不大，抵制一下法国货也无大恙，但是四处抵制就会寸步难行，这跟四面树敌，然后被围困其中，然后四面楚歌何异？我们难道还希望回到全世界树敌的时代去吗？

在这样的时代，上策是把自己的产品质量、服务质量搞上去，在市场上赢得竞争优势，想靠政治的而不是市场的手段来抵制质优价好的产品，那是违背了人性的行为，因为，人的天性就是喜欢质优价好的东西，这难道有错吗。如果非要用政治的方式来违背人性的选择，那可不可以说这种政治是违背人性的？违背人性总是持续不久的，于是我们看到，抵制总是变成此一时彼一时的自娱自乐的闹剧，就像花和尚一本正经地念了一通经，转过身就大酒大肉地开怀痛吃。这已经用事实说明，抵制无效。

愤青们虽然身处21世纪，脑筋呢，还停留在一百年前，甚至都不止，井底之蛙还觉得自己看的天空够开阔够深远。也可以说，愤青们都是一些奇怪的动物，是一些现代的封建遗老遗少。

我想我说得再义正词严也会有人不以为然，认为是可恶的说教面孔，倒不如让一个我不知其姓名的网友写的《致“爱国者”们》来“开导”一下愤青的“抵制情结”：

1. 如果你有耐心google一下中法双边贸易额你会发现，中国每年在法国佬那里净赚N个亿，虽然贸易顺差和逆差一样，不是好事，但这至少说明中国对法国的经济依赖远远大于法国对中国的依赖，你可以像疯狗一样地抵制法国货，愤怒的法国人也可能抵制中国货，谁都知道拉动中国经济增长的两个火车头是出口和房地产，中国货受到了抵制，直接影响的当然是出口，到时候谁受到的损失更大？中国提出所谓对法国进行经济制裁，你们欢呼雀跃，以为很伟大很有魄力，还写出“敢于说不的中国赢得世界的尊重”这样厚颜无耻的臭文，你们真以为中国经济已经牛气到可以对法国对欧盟发动制裁的地步了么？一个事实是，欧盟对中国产品征收个惩罚性关税，中国就有80万人被迫下岗。所以，那些高呼抵制法国货的傻子们，你们正在做的是一种伤敌一千自损一万的极其愚蠢的行为。

2. 你找到工作了么？你下岗失业了么？你能让你的老婆孩子过上好日子么？你吃得饱穿得暖么？就你们那副穷光蛋样，也配抵制法国货？你是喷过香奈儿穿过圣罗兰坐过空中客车买过雪铁龙还是喝过王朝葡萄酒？对了，哥们儿，你见过艾瑞娜、露得清、娇兰、歌非乔、卓丹、百宝力、卡纷、非罗伦斯么？你知道乐飞叶、雅漾、迪莱、圣戈班、所罗门、迪梵、克里斯提鲁布托是什么玩意么？我的意思是，我们都是底层劳动人民，一生下来就几乎注定这辈子与这些法国货无缘了，现在还跳出来义愤填膺地抵制，这不多此一举么？谁都知道你想不抵制都难。本来日子就不好过，一金融危机想填饱肚子都不那么容易了，你还有心情抽出时间来抵制一把几乎是奢侈品代名词的法国货，真够幽默的。

3. 你们在那里群情激愤地喊口号、拉个红布条搞签名的时候，你知道那些首先号召你们抵制法国货的达官贵人、社会精英们在干什么吗？人家正蹬着鳄鱼、套着皮尔卡丹、兜里揣着你的血汗钱坐在飞往巴黎的空中客车的头等舱里品库克香槟呢。人家的二奶三奶四奶五奶们正抹着欧莱雅、穿着姿妮华、挎着LV在凯旋门附近的家乐福里选娇韵诗呢。哥们儿，你有没有问问人家是否也抵制法国货啊？

4. 家乐福里90%的货产自中国，90%的服务人员来自中国，你们就这么不分青红皂白地把它给抵制了，请告诉我，你们砸的是谁的饭碗？你们还嫌失业下岗的在大街上没命地讨工作的人不够多是吧？你们正在干的是一种“亲者痛，仇者快”的勾当，知道吗？

5. 第四条表述不够恰当，不应该叫“仇者快”，虽然这些洋鬼子也都不是什么好东西，但还没有到了成为我们“仇者”的地步。你们自己把自己搞得那么紧张以至于到了抓狂的地步反而更让人怀疑，莫非真的做了什么不可为国人道也的事情？所谓做贼心虚。

6. 问一个问题，小日本、法国佬被你们抵制了也不是一回两回了，喊完口号、签完名之后你们真的没再用过索尼、松下，没打算过买辆安全实惠的丰田？不会是前脚抵制完了，后脚打开东芝笔记本在阿尔卡特的帮助下上QQ群里疯狂转发抵制法国货的帖子去了吧？哈哈，要是那样可真有意思。

六　袁世凯为什么反对抵制日货

1914年7月，第一次世界大战爆发，日本参加协约国集团，对德宣战，进军中国山东，很快结束了在中国领土上对德国的战争，然后突然向中国提出“二十一条”要求，遭到袁世凯政府抗议。

5月7日，日本向中国政府下最后通牒，“帝国政府兹再重行劝告，对于此劝告，期望中国政府至五月九日午后六时为止，为满足之答复。如到期不受到满足之答复，帝国政府将执认为必要之手段，合并声明。”

8日下午，袁世凯召集副总统、国务卿、政事堂左右丞、参谋总长、各部总长、各院院长、参政院参政、外交次长等高级官员讨论最后通牒问题。袁世凯对大家说：“此次日人乘欧战方殷，欺我国积弱之时，提出苛酷条款，……强词夺理，终以最后通牒，迫我承认。我国虽弱，苟侵及我主权、束缚我内政，如第五号所列者，我必誓死力拒。……我国国力未充，目前尚难以兵戎相见。……为权衡利害，而至不得已接受日本通牒之要求，是何等痛心！何等耻辱！无敌国外患国恒亡，经此大难以后，大家务必以此接受日本要求为奇耻大辱，本卧薪尝胆之精神，做奋发有为之事业。……则朱使（即英国公使朱尔典）所谓埋头十年，与日本抬头相见，或可尚有希望。若事过境迁，因循忘耻，则不特今日之屈服、奇耻无报复之时，恐十年以后，中国之危险更甚于今日，亡国之痛，即在目前。我负国民付托之重，决不为亡国之民。但国之兴，诸君与有责；国之亡，诸君亦与有责也。”

袁世凯在说这番话时“声泪俱下”，虽然袁世凯很善于表演，但是“二十一条”是在自己执政时发生的事，对他自己的政治生命来说是一个巨大的打击，因此，无论于公于私，这个“声泪俱下”都应该是发乎于心的，确实有一种无助的屈辱感。

“二十一条”触发了中国人的爱国情绪，各地掀起空前的大规模抵制日货运动、救国储金运动和反对卖国怒潮，誓死反对“二十一条”，规定5月9日为“国耻纪念日”，要求严惩卖国贼，背城一战。一部分官僚、军阀趁此也反对在“二十一条”上签字，即便签定了也要赶快废除这个不平等的条约。

1915 年 3 月 25 日，袁世凯下令禁止抵制日货。他说：“中国与日本地居唇齿，素敦友睦。近有协议案件，外交部与驻京日使掬诚磋商，可望和平解决。乃商民不悉内容，多生误会，闻有排斥日货及有与侨寓日人偶生龃龉之事，殊为可惜。又有乱党包藏祸心，乘隙煽惑，尤堪痛恨。”

对于国民的抵制行为，袁世凯认为“顾谋国之道，当出万全而不当掷孤注，贵蓄实力而不贵骛虚声”，认为抵制行为不过是一种于事无补的虚张声势的行为。还说“中外互市，有无相通”，“设有抵制，即双方同受其害”，认为商业贸易是互通有无的互利互惠行为，要是抵制日货，不光是对日本有害，对我们自己也有害，因此，“一朝之忿，明哲不取”，认为，简单的情绪化行为，并不是一个明事懂理的人应该做的。袁世凯对抵制日货看得十分透彻，评价十分中肯。

对于那些企图利用国民的抵制情绪的人，袁世凯的态度是痛批和打击，他说：“此辈平日行为，向以倾覆祖国为目的，而其巧为尝试，欲乘国民之愤慨，借簧鼓以开衅端，其居心至为阴狠。”认为这些人就是故意利用民愤，挑起国家争端，满足自己的阴谋野心，警告“切不可徒逞血气，任意浮嚣，甲午、庚子覆辙不远，凡我国民，其共戒之。”

移时易世，换位而思，面对日本人的强硬态度，袁世凯除了据理力争，基本上别无他途，打是打不过人家的，拼死一战，虽然可以赢得虚名，结果无非给人家更大的侵略借口，这样的教训又不是一回两回。唯一的明智理性的选择，就是像袁世凯自己所说的，将奇耻大辱和血吞下，本卧薪尝胆之精神，做奋发有为之事业。

当时的中国积贫积弱，不独经济上中国是个弱国，单就军事一项而言，中国也落后得太多，1875 年 10 月 2 日《纽约时报》刊登的一条消息“大清帝国军事资源透析”，对当时中国的军事有十分清晰的记录，在此不妨转录如下：

“《香港每日新闻》断言，以国家规模和资源情况评价，世界上没有任何一国的军事力量像大清国这样脆弱。拥有巨大人力资源的大清国，其士兵数量相对来说少之又少，并且，这些所谓的士兵，其中大部分都名不符实。他们装备极差，而且几乎全军都缺乏严格的军事训练。他们在军容严整的欧洲军队面前恐怕抵抗不了五分钟。此外，清国军队军纪恶劣，他们的兵丁通常是社会上一些举止粗野和品行不端的人渣，在哪里驻扎，哪里的民众就恐惧万分。”

这并不是人家血口喷人，即便到了袁世凯征战护国军这个时代，这些貌似训练有素的“新军”仍如土匪无异，他们在四川前线抓群众的耕牛、猪、鸡来吃，任意役使、枪杀群众、强奸妇女，甚至把大姑娘抓到战壕里轮流奸污，完全不像正规政府军。

该文说："近几年在欧洲军事顾问的指导下，各地一些经过集训的清军部队无论在掌握军事技能方面还是在提高这些'勇士们'的士气方面，都取得了一定的进步，但这种情况还只是一些个别的特例。大清国有大量的'原始兵源'，但通常这些'原始兵源'无法改造成具有强大战斗力的部队。论及武器装备，清国政府即使有一些也没什么好的。他们花费了巨额资金来购买枪炮，但这些武器在他们手里却用不出效率来。如果清国人自鸣得意地沉醉在他们想象中的军力强盛的话，那么，与其说是似乎，不如说显而易见，他们就将会越来越骄傲自大，越来越不把外国人放在眼中，进而也就不再理会是否还遵守他们已经签订的条约。这样的话，他们就只有再次遭受外国枪炮的教训。他们将会看到，新装备的这堆玩艺儿在英国或法国军舰面前不过是一堆废铜烂铁，而他们那些号称为'勇士'的乌合之众的军人们，其争强好胜的本领只有在逃跑中才能获得证明。"

有人考证说，中日甲午战争中，中国战败并不是中国的武器装备不够先进，北洋舰队花了李鸿章半辈子的心血，清政府砸了那么多钱进去，绝对不是因为武器不够先进，而是因为没有战斗力，于是让新装备成了一堆废铜烂铁。

因此该文说："主和派的势力仍然是非常强大的（我们正希望如此），尽管他们那些好战的同胞们急于挑起争端，或被允许冒犯和侮辱欧洲人，但他们似乎铁了心要保卫目前的和平局面，防止发生公开的敌对行为。有一些清国政治家，在任何情况下对自己国家实质上的脆弱都一清二楚，尽管他们不愿意承认这一点。"

这里的"清国政治家"，就是李鸿章、袁世凯这样的一些人，正是因为对自己的老底了如指掌，才会主和，而他们只能是清醒的少数。早在19世纪70年代李鸿章就提出："外需和戎，内需变法。"所谓"和戎"，就是要遵守国际法和同外国签订的条约，跟外国保持良好的外交关系，为变法提供良好的国际环境。甲午战争时，李鸿章本来是不主张开战的，袁也认为跟日本开战必定打不过日本，就因为他对自己国家那点底子实在太清楚不过了，最后拗不过那些主战派，才自取其辱。袁世凯当权后，其外交策略与李鸿章一脉相承。

《纽约时报》的文章继续分析说："大清国的真正兴趣应在维持和平的局面和大力开发他们的矿产资源。清国的这些矿产资源到目前为止几乎还未被触及。清国绝大多数民众都非常贫穷，如果再把一场战争的负担强加于他们身上，一定会造成巨大的和普遍的不幸。"

外国人是这样分析的，中国政府也是这样做的。在维持和平的局面下致力于内政改革和经济发展。从19世纪末，到辛亥革命这个期间，中国民族工矿业一直在上升，平均每年以15%的速度在增长，整个经济已经以比较高的速度增长。19世纪末，清政府每年的财政收入约七八千万两银子，到1910年已经三个亿。要是没有和平的局面，要是不至力于发展经济，仍然跟各国开衅，疲于战事，不可能取得这样的成绩。当然，这其中也与清末及袁世凯时期实行的种种经济制度，鼓励民间资本发展，加快经济立法等有直接关系。

现在来看袁世凯反对抵制日货，以及秉承“外需和戎，内需变法”的外交策略无疑是正确的，为什么这样说呢？袁伟时在《大国之道》（郑州大学出版社 2007 年 1 月）一书中讲到：“这本是稍具理性的人应有的常识：你是弱国，没有力量迫使列强立即废除不平等条约，就只好卧薪尝胆，致力改革，为日后收回利权准备条件。不顾力量对比，立即宣布废除一切不平等条约，既爱国，又革命，可爱得很！但会招来进一步丧权辱国的大祸。这是稍具理性的人都懂得的常识。令人惊奇的是：20 世纪 90 年代，居然有人跳将出来，出卖良知，向常识开战，大骂这是鼓吹卖国投降的自由化观点！20 世纪尚且如此，19 世纪 70 年代，更是除了几个无权无勇的先觉之士外，没有人支持和响应。”

确实，20 世纪 90 年代以来，随着中国国力增长，抵制洋货又风生水起。如若说，过去我们是弱国所以需要“外需和戎，内需变法”，反对抵制洋货，那么是不是因为经济实力强大起来了，不需要维持和平局面了，只要“中国不高兴”，就到处动手打人，四处争霸？抵制洋货也理所当然？

不是的，和平与发展是当今世界的主题，现在的中国政府执行的是独立自主的和平外交政策，主张用谈判的方式解决国际争端，而不是搞霸权主义，给世界其他国家和民族一点颜色看看。至于抵制洋货，且不损人不利己，关键是，中国虽然摆脱了民族危机，中国的经济总实力也不错，一人均，中国还是一个弱国，还需要“本卧薪尝胆之精神，做奋发有为之事业”。否则，我们愧对先人，也将愧对子孙。

七　大胆承认“月亮是外国的圆”

好多年前，我在银行工作，有一次陪领导到上海出差，说实话，那是我第一次去上海，领导国外国内好多地方都去过。晚上我们走在上海最繁华的南京路上，摩天大楼华灯璀璨，如入梦幻之境，领导说，你到了这里就等于到了国外，国外还未必有这么繁华呢。

这话不假，《纽约时报》曾报道说，纽约的高楼只是上海的一半。当时我很惊讶，中国的发展真是神速，中国的月亮终于比美国的月亮圆了。可是现在细想，上海的月亮能代表中国的月亮？不能，并非绝大多数中国人能享受上海式的文明成果。同样，我们也不能因为纽约高楼只有上海的一半，而说美国只有半个月亮。有一天，当我们指着中国最落后的农村说，你到了这里就等于到了发达国家的农村，那个时候，我们就真的可以说中国的月亮很圆很圆了，可现在还不是，现在的“月亮是外国的圆”。

在中国，说“月亮是外国的圆”是一件找骂的事，这是一个只能做不能说的事，你一说，民族立场就有问题，愤青就会说你在给洋人舔脚趾，是崇洋媚外。你什么都不说，你买辆美国产的悍马开开，他们就羡慕得发出啧啧之声。

记得20世纪80年代初，有机会出国的人都要给亲朋好友捎些洋货回来，有一个不知道是真话还是笑话的事，讲一个人有机会去一趟美国，满眼都是好东西，恨不得全部搬回来，可是口袋里的银子毕竟很少，为了能多买点洋货回来送客，这位朋友只好省吃俭用，是啊，亲朋好友都翘盼他的“洋货”呢。结果这个可怜的家伙因为饥肠辘辘而晕厥过去，险些发生人命。这也是行动上自觉地认为“月亮是外国的圆”，但那会儿谁要是说“月亮是外国的圆”肯定被骂得狗血喷头。

美国的次贷危机引发全球性的金融危机，美国也不好过，打击“月亮是外国的圆”又有市场了，在农村老太婆嘴里，说美国人都讨饭了，只能靠我们来救济的话都在流传着，美国又该只剩半个月亮了。

有那么一些人，非富即贵，在中国活得很滋润，处处养尊处优，中国差不多成了他们的天堂，为所欲为。这些人跑到国外去，人家才不把他当个爷呢，说不准还瞧不起他，这种落差让他们无比失落，觉得还是在国内生活有质量有优越感，由此生出对外国切齿的仇恨，哪里还能接受“月亮是外国的圆”？谁要是跟他说“月亮是外国的圆”，他就以自己在国外生活过来打断你的言说：不要给我拿外国的月亮说事，老子在某某国的时候怎么怎么样，差得很。也真是，你要是觉得外国的月亮不圆，你就待在中国好了，何必出去受洋人的气？

还有的人一讲到外国的月亮就说，你们的制度、环境、文化比中国现在优越，还不是因为你们用了很长时间积累出来的，而我们还在摸索阶段，你们当年在初始阶段，还不是一样的血腥丑陋，要是都从起点这个阶段来说，中国的月亮比你们圆多啦。

这话听起来似有道理，深究就站不住脚了，历史都进入 21 世纪了，你的起点和别人不一样，标准也变了，你还想象参考过去那样赤裸裸的搞法怎么可能？拿环保来讲，有愤青讲，凭什么外国人对我们破坏环境有那么多的指责，当年你们工业化初期不是一样破坏环境么？

这叫什么话？人类对环境保护的认识是一个逐步成熟的过程，我们已经进化到人了，还要退化回去做猿猴怎么可能？再说，环境保护首先是对我们自己有好处，是对自己的子孙后代负责，总不能让我们把环境都污染成一个个的癌症村，水不能喝，空气不能吸吧。

自己对此不予正视，别人好意提醒，不要蹈人家的前车之辙，自己还在说，你们享受先进的文明，为什么要阻止我们去追求先进的文明。这不是笑话吗？自己活下去都成问题了，还讲享受什么先进文明？如果是这样，人类的所有探索还有意义吗？文明还值得借鉴吗？不管什么东西，都要从零再走一回，这算什么回事。就算是为了成本的节约，也不能这样做吧。

在现代文明的清单中，无论科学、技术、制度、规则、器物，自近代以来，我想象不出我们有哪些东西不是依托于西方而是自己弄出来的。“五四”新文化的旗手鲁迅曾经这样说过：“中国的文化，便是怎样的爱国者恐怕也大概不能不承认自有些落后。新的事物，都是从外国侵入的。新的势力来到了，大多数人们还是莫名其妙。”（《三闲集·现今的新文学的概观》）

中行在《月是异邦明》中讲得更清楚了：中国的小民为了幸福和安全，寄希望于天道、仁政、好官、鬼神，一切己身以外的善心善力，都成为画饼。剩下的真饼只是苦难，因为力或权不均等，自己总处于少的那一方，就难得摆脱这种困境。这个时候就该看看西方民主法治这轮外国的圆月亮，这是因为，“其一，他们所讲，是我们的经史子集里不讲的，只是为广见闻吧，也应该看看。其二，在生活与治道的大问题上，我们一贯是寄希望于善心，结果所得是画饼，而仍想活，并活得如意，就应该看看人家不问善心，在权上打算盘是怎么讲的。其三，人祸的苦难，绝大部分由权来，我们乞援于善心而想不到如何对付权，是空想，人家实际，如果所想对了，并有办法，就会使画饼变为真饼，实惠，为什么不尝尝呢？”（张中行《月是异邦明》，载《读书》杂志1992年第9期）

我不能无视的一个事实是，1840年鸦片战争，是西方列强用侵略的方式强行敲开中国国门，破坏了中华民族的主权和领土完整，但是中国被“强塞”进来的还有先进的物质文明、制度文明和精神文明，是“欧风美雨”滋物无声，给即将枯朽的中国大树注入生机，老树发新枝，回到文明潮流。极端一点讲（不要说我不爱国啊），没有1840年的炮声，就没有中国近现代化的开始，中国这个僵老的帝国不知道还要持续到什么时候。

中国近代取得的进步，离不开学习借鉴先进国家的先进文明。今天的愤青无法理性全面地正视这段历史，完全被意识形态和耻辱心理左右，非但不承认“月亮是外国的圆”这样一个基本事实，还要众声吠月，叫喊着抵制外国有月亮，不过他们抵制时用的高音喇叭、无线广播、电视电脑，全部都是西方发明创造的。“神七”升空那阵子更是让愤青壮了一回阳，有一种崛起的快感，看到直播中太空里的月亮如此圆润，觉得中国月亮也圆润如此。孰不知，在1969年，美国人都上月球走一回了，这个差距有多大！

如果说中国的月亮没有国外圆，就会打掉我们的民族自尊心，那是扯淡的事。你要是真的先进文明了，国外人就会说月亮是中国的圆，他们就会跑到中国来看月亮，来中国创业定居。我们先进文明的时候不就这样的嘛。例如唐朝吧，多少国家来我们这里取经，日本的很多文化不就是中国大唐文化的山寨版么？这就是日本敢于承认月亮是中国的圆的表现。现在，人家比我们先进文明了，我们为什么反倒不愿意承认人家的月亮比我们圆呢。一个人要面子也就罢了，那叫“死要面子活受罪”，一个国家民族要面子就危险了。

我这里讲的“月亮是外国的圆”，不是主张连个楼盘起名也要洋包装，“甚至纯土而不洋的，包装上印几行洋字，档次就像是提高了不少”，而是要用一种客观公正的态度看待西方，人家确实好的我们要勇于承认，人家确实不好的，我们也照实直说。

现实总让人纳闷，明明国外的月亮圆而亮，偏偏愤青喜欢说，外国的月亮只是个月牙儿，一点也不圆。中国不是很多人都接受了这样的说法么，说日本是一个野蛮的国家，一个从来不知道认错，无法理喻的国家。要是你读赵晓博士写的《日本竞争力：数据中见真相》会发现：“从社会信用和国民素质看，日本人普遍被认为工作认真、讲求效率，守时、重信用、讲礼节；日本的企业亦以讲究信用、产品质量精良著称于世；在日本的大街小巷，你看不到垃圾，无论是走到拥挤的地铁，还是人头攒动的商场，地面都光洁如新，地铁的墙壁上也看不到乱写乱画的现象；日本人很少在公共场所抽烟和吃零食，更没有随地吐痰、随手扔垃圾的习惯；日本人遵守交通规则，无论是繁华的东京、大阪，还是古老的京都，大街上看不到一个交警，汽车、人流严格按红绿灯指示行动，一丝不苟。”（载《南风窗》2004 年 10 月上半月刊）

一个明亮的圆月，到我们这里被有意地涂抹或是屏蔽，我们看到的是一个变形了的月亮，或许，只有我们真正地走出去看月亮，才能看到真实的外国月亮。曾经有一个在日本留学工作的网友给我写了一封信，在信中他说道：

“中国的强大，从很多我们的切身感受都能感觉出来，不过，有时更有好多痛心。日本，我们很多中国人痛恨的国家，一个被很多愤青称为变态的岛国。但是来到日本，我发现我们痛恨的日本人却过着我们很久以前一直都在奋斗着的生活——和谐社会。举个例子，一个外国小偷在日本行窃了 5000 多次才被逮到，人与人之间的防范心已经到了这种地步。我早上上班时，大家在同一个电车里挤着，钱包，手机等物品别说被偷，看着都怕掉，我的东西掉了好几次，都被人归还，这在国内是没法想象的！有时有一种没出息的想法，要是我的故乡，我的祖国也变得这样该多好。”

我没有出过国，不敢瞎讲这是真是假，不过我仍然可以判断这是一个理性成熟的青年，即便面对仇人，他也能看到对方的优点，能够实事求是地看待自己的不足。如果中国多一些这样的青年，中国何愁月亮不圆！

八　崇洋媚外与崇中媚内

我知道，在目前的中国，我要是说日本如何好、美国如何好、法国如何好……注定不讨好，会遭致一些愤青的怒斥，其中有一条他们还没有开口，我就猜到了——廖先生崇洋媚外，是美日的走狗。

既然愤青把我视为对立面，说我是崇洋媚外，那我也可以说愤青是崇中媚内，是什么什么狗（是什么狗？）。

对崇洋媚外的“正统”分析，说这是一种不自信心理作怪，而且还广有支持者。这也是我一直觉得好笑的解释。当自己的国家“连一颗铁钉都不能生产”，却把“洋钉”视为耻辱的名词，而且把使用“洋钉”当成崇洋媚外，当成不自信的心理作怪，这是一种什么样的笑话？对先进文明他不崇尚也就罢了，却要抱着愚昧不放，这得需要一种什么勇气才能做到？要是这样一种做法，愤青得先去买些算盘回来，然后回家把电脑统统砸掉，电脑是洋货，我们天天坐在电脑前，离开了它像是活不下去了，那还了得，是崇洋媚外到了骨髓里了，那些上网成瘾的愤青，已经崇洋媚外到了病入膏肓的地步。

崇洋媚外也不能一概而论，愤青是典型的病态民族主义，应该是最坚定地反崇洋媚外者，其实不然，他们也是崇洋媚外一族，只不过他们崇的不是英美，而是崇韩鲜、古巴。发达国家他们也崇，只是崇的内容不同罢了，像“铁血腔”对于德国法西斯和日本军国主义那种敢于用武力扩张势力，去抢他国的利益，就很推崇，这难道就不算作一种崇洋媚外？

说得难听点，愤青骂崇洋媚外是一种自打耳光的话，我们崇人家洋人的马克思主义，而且还要不断继承发展下去，愤青却要反对“崇洋媚外”，这岂不是要“反其道而行之”？

崇洋媚外中的“崇洋”是一种学习精神，人家好的地方就得崇，人家不好的地方你也去崇，那只能说你没有分辨能力。比方说，有人崇国外的汉堡，你却去崇外国的饺子，这就崇错了地方，汉堡是国外做得好，饺子是中国做得好嘛。网上有一个网友谈“我为什么‘崇洋媚外’”时说了一串理由，我就觉得讲得很好：

因为美国总统布什的女儿是小学教师；英国前首相布莱尔的儿子是中学教师；因为德国前总理施罗德开着自家的破大众去郊游；因为法国总统萨科奇竟然和民众在大街上对骂；因为新西兰女总理克拉克的车队竟因超速行驶遭起诉并受到法律制裁；因为在美国公款请客超过9美元竟然视为行贿；因为……就这么简单。

“崇洋”是因为人家有好东西，我们就该学习借鉴，为我所用，这是一个十分光明磊落的词，却不知道为何要与“媚外”这个词捆绑在一起，这就像把林黛玉跟西门庆捆绑在一起，怎么看怎么让人不舒服。这等于用后者来羞辱前者——你不是崇洋么，那我就说你媚外，媚外跟汉奸多像啊，这是要背负巨大的道德枷锁的，于是崇洋也有罪了，于是外国的好东西也不敢说好了，也不敢引进外国的先进文明了，这就回到了“宁要社会主义的草，不要资本主义的苗”。那些有“话语权”的人，用拉郎配的办法造了这些词来混淆是非，把崇洋但不媚外的人也一并泼污。这一套混账逻辑曾经被柏杨先生批判过，但现在还有人拿来污损那些崇洋的人。

我只是“崇洋”，但你非要说我“媚外”，那好吧，像笔者这样的工薪阶层，在理想之中，能够“媚外”的，就是希望把外国的先进制度文化能够更多地“拿来”；在生活之中，能够“媚外”的，也就是多买几本外国名著、多看几场洋电影。而中国的一些权贵精英，他们“媚外”的方式早些时是看“内部书籍、内部电影”，现在“媚外”的方式可就太多了，公款出国“考察”，把子女送到外国去，然后“裸体做官”，把质量好的“外贸产品”销往国外，差的卖给国人，平时吃穿用度都是顶尖的洋品牌，对于国内的牌子他们基本上投不信任票，实在要“媚内”，也要“特供”，就是说起码要高出一般国人使用的产品质量才行。

中国有那么一群愤青，整天骂别人崇洋媚外，但是一听到谁谁谁出了国，常常艳羡得垂涎三丈，恨不得明天美国大使馆能给自己办移民签证。他们把出国当成一件荣耀的事，有条件的要出，没条件的创造条件也要出。这种口是心非的搞法很不厚道，皮袄底下藏着的“伪”一不小心就抖落出来了。

我们不崇洋媚外，那我们崇中媚内如何？这同样需要区分看待，“崇中”是崇什么？“媚内”又是媚谁？中国有精华有糟粕，有政治有文化，我们要崇什么？是崇中国的封建专制，还是中国国学？媚手握大印的，还是媚手捏大钞的？

咱就说曾经闹得满城风雨的成龙吧，成龙出席博鳌亚洲论坛的一席演讲，令他在大陆和港澳台声名扫地。因为他在论坛上说，香港和台湾因“太自由而很乱”，并认为“中国人是要管的，否则便会为所欲为”。成龙原话的意思很明白：中国人不需要民主和自由，那玩艺儿不适合中国人，会把我们华人搞乱的。

成龙这番话对“口径”的把握很准确，真是难得一个香港的艺人有这番功夫。没有想到，一向口碑不错颇受欢迎的成龙，突然在华人世界成了人人喊打的过街老鼠。

你看，成龙讲得多好啊，他这不是典型的“崇中媚内”嘛，说中国大陆的好话，说受英日之风浸染多时港台的坏话，含沙射影地打击崇洋媚外：“我在国外购物，买回来的很多东西都是“Made in China”（中国制造），这些产品的质量都很好。我们国内许多年轻人都崇洋、崇日、崇韩，就是不崇中。”

我不知道成龙说国内许多年轻人不崇中有什么依据，至少我敢肯定，成龙所说的“许多年轻人”不包括愤青在内，因为愤青盲目爱国，狂热排外，到处骂崇洋媚外者为汉奸，理所当然地崇中，不符合成龙的判断。虽然有的愤青可能嘴上崇中，实际崇洋，但他们也会像煮熟的鸭子嘴硬——我就是崇中，我就是崇中，你怎么着。

要是时光可以倒流，再往前推几十年，国内许多年轻人就是想崇洋、想不崇中也不敢啊，在批判“洋奴哲学”，强调“自力更生”的年代，崇洋是要冒政治风险的，哪怕读点西方的名著也要偷偷摸摸形同做贼，而崇中却十分安全可靠。成龙没有那些不自由的经历，他生活的环境太优渥了，以至于优渥到“为赋新词强说愁”，挨骂活该!

“崇洋”、“崇中”都没问题，但要崇得对路，不要黄金满地却拣了几根狗屎，“媚外”、“媚内”就不妥，媚的本质是乞怜，形态是磕头，不管是对外对内，都被抽掉了骨头，变成了爬行动物。成龙被骂并不是因为他崇中，而是因为他崇中崇到了垃圾堆上去了；成龙被骂也不是他的“武功”不行，而是“媚功”太甚，媚得有点“舔屁沟”的恶心形状。

我想，崇洋也罢，崇中也罢，初始是向往好的东西，如果我们的社会福利水平、医保养老、失业救济毫不逊色于发达国家，至少在这一方面，我们就不必崇洋了，如果我们做得比发达国家还好，连老外都要崇中了，要以我们为榜样。愤青们所引以为自豪的“大唐盛世”，曾引起世界很多国家民族跑过来崇，多少人崇得五体投地，崇得都舍不得走了。这说明，“崇”不应该只是一种情绪，更是两相对比得出的理性选择。我们要想在崇洋与崇中之间得到更多的“支持率”，不是骂两句汉奸可以解决的，而是要让“中”比“洋”好，那时，别人自然会崇中而非崇洋。

这样讲应该有个大概的谱了，不要见到人家说国外好，说“月亮是外国的圆”，就骂人家崇洋媚外，人家说外国的月亮圆，也有可能说外国的星星暗，人家崇外国的月亮圆，不是要崇人家的星星暗，只要不是“媚外”，就多多鼓励崇好洋，学长处，赶先进，强中国。

九　家丑不能外扬，国丑不能外揭

我写过一篇评论，叫《GDP 超过日本是虚空的数字幸福》，缘起是经济学家李稻葵在接受央视采访时指出：预计今年年底，中国经济规模就会超过日本。这个"喜讯"令中国狭隘的民族主义者弹冠相庆，在网络上奔走相告，喜不自胜。

对此，我用事实和数据分析了中国真实的 GDP 与日本 GDP 的质量差距、人均差距，认为中国经济的含金量很低，科技创新不力，经济高增长是靠出卖廉价劳动力和付出沉重环境代价换取的，并且存在严重的分配不公问题，指出没有建立在一流的制度、一流的技术、一流的人才基础之上的 GDP，只能是肥大而非强大，是经不起考验的。

文章发表在《中国青年报》，后被愤青们转到反 CNN 网上讨论，说我是专门为中国的成就说丧气话的。"在他看来，中国无论取得了什么成绩，中国人都不应该高兴，应该自杀才对。在他心里，中国永远赶不上日本才是值得高兴的事。"也有的愤青说我是鸡蛋里挑骨头，"中国的一些知识分子就是喜欢舞文弄墨，什么好事也要找点儿不好的来说，说得好听点叫忧患意识，说得不好听就是'哪儿办喜事就到哪儿去奔丧'。"

我只不过是据实说了一些中国经济仍然存在的一些问题罢了，提醒中国保持理性，不要被空虚的数字幸福迷障双眼，到底挑动了愤青们的哪根神经，让他们感觉如芒在背，把一番理性客观的分析当成驴肝肺，说成是"哪儿办喜事就到哪儿去奔丧"，真是好心没有好报，好柴烧了烂灶。

其实我知道愤青们为什么反应如此激烈，是因为我揭了中国的短，扬了中国的"家丑"，把我们的不足和缺陷都暴露出来了，所以遭到了愤青的攻击。愤青们见不得谁说中国不好，却十分乐意听到有人说西方国家不好；而在西方国家，他们的愤青专门揭国家的丑，唯恐全世界的人民不知道他们国家有多丑陋。

哪个家庭没有一点家丑呢？哪个国家没有点国丑呢？家丑不能外扬是一条古训，扬家丑是愚蠢而不允许的。家丑涉及一个家庭或是整个家族的颜面，一个人把家丑都外扬出去，不仅亲人无颜面，自己似乎也无好处可言。因此，家丑是不能随便向外人讲，这里需要一个攻守同盟，否则，后果很严重。

《红楼梦》贾府里有个焦大，是一个老资格的下等人，在贾府里生活的时间当然不短，见得多识得广，但并不谙“家丑为能外扬”的规矩，竟敢说“那里承望到如今生下这些畜牲来！每日在家偷狗戏鸡，爬灰的爬灰，养小叔子的养小叔子”。这就是典型的家丑外扬，焦大这一扬，完全让尊享荣耀、斯文体面的贾府丢尽颜面，结果呢，贾府的主子为了保住脸面，拿马粪塞了焦大的嘴——不怕你曾经跟随老祖宗南征北战，有救命之恩，你揭了贾家的丑就是不行。

他们为什么要这么掩着家丑，护着自己的短呢？从中国深层的文化去分析的话，我认为是“面子文化”遗毒。面子看似面上一张皮，其实是中国人的命根子，是中国人的重要价值观：人的价值在于“他者承认”，他人、外界、社会对自己的评价，才是自己的价值依据，如果没有外界的价值评判，个人固有的价值无所依托；如果外界的评价极差，这个人就一无是处，毫无价值。外界的评价决定一个人的价值，多数中国人就是要做给别人看，活给别人看，多数时候并不是为自己活着。

既然一个人的价值是由他者决定的，那么，为了赢得外界好的评价，就必须想方设法迎合外界的价值评判，哪怕内里败絮其中，也要做得金玉其外，这就是中国人的“面子工程”，其他的工程都可马虎一点，这个工程马虎不得。既然外界的评判如此重要，那就要拼命维系自己的面子，没有面子意味着个人价值的崩溃，做人的失败，因此，很多时候，中国人一辈子就是为面子而活着。

如若没有实力，就透支未来把面子搞好，比如哪怕是用今后十年省吃俭用勒紧裤带换来一次有排场很风光的婚礼，也是心甘情愿的，这会得到外界的好评，因为很有面子。如若很有实力，却在面子问题上泼皮潦草，与里子很不“般配”，就会被人笑话，自己面子上也会“挂不住”。

树活一张皮，人活一张脸，中国人很多时间、精力、钱财就都花费在“面子工程”上了，只不过，个人有个人的面子，家庭有家庭的面子。为了面子，要尽到十二分的努力，当然不能因家丑而毁于一旦。

家丑是面子的一大克星，包装得好好的面子，一经家丑外扬，所有的面子工程都成了豆腐渣工程，其危害简直要命。所以讲，家丑是外扬不得的，而国丑好像也不能随便外揭。一如前文提到，我那篇文章还谈不上是“揭丑”，只是好心地提示中国经济还有诸多的软肋，就已经让某些愤青坐不住了。如若真的揭出中国种种丑陋来，我真不知道他们要猴急成什么样子。

人活一张脸也没有什么不好，为了个人的脸面更好，会更加地发奋努力，其实在推动社会前进。为了面子而不扬家丑，好像也无不妥，家庭的和谐是社会和谐的基础嘛。国家也大致如此，国家也有国格尊严，也应该在世界格局中尽可能多地获得别的国家民族的认同和赞许，必要的面子也是要有的，比如北京奥运会开幕式要搞得史无前例我都没有意见意。

怕只怕为了那点面子，搞起“阿Q讳癞”。阿Q头上长了瘌疮疤，他便讳说“癞”以及一切近于“癞”的音，后来“光”、“亮”也讳，甚至连“灯”“烛”都讳。别人犯讳，就是揭他的丑，头上的癞疮疤通红，怒不可遏，要是对手口讷他就骂，弱小他就打。像我这种还能辩论两句的，愤青们就说，“一张嘴巴两层皮，说来说去都由你，反正不合你的意愿，总归都是不是。”

愤青们不但不从主观上找原因，反思现实，反倒把些瘌疮疤遮着掩着，生怕被世人看到，只会让自己更显得丑陋。在揭国丑这个问题上，我姑且比喻我像医生一样指出溃烂之处，建议亮出来让公众“会诊”，进行手术治疗，而爱国愤青们不但不引以疗救，反对医生横挑鼻子竖瞪眼，那感觉就像是对宫里太监说到了“你不行”、“你没有”之类的话，触之即跳，充满敌意，横加指责与非难，真是滑天下之大稽，不知道是该笑还是该哭。

对于国丑视而不见、听而不闻，有意遮掩，然后用一套“国美”来装点门面，那是回避矛盾，说得严重点，是弄虚作假，以此来治国，只能说是“谎言治国”，那是比国丑更加丑陋十倍不止的东西。

家丑毕竟不同于国丑，家丑只是你一家人的事，国丑是全中国人的事，如若说，为了维护虚伪的国家尊严、民族脸面，对我自己和很多像我这样的人有害无益，我就要站出来揭丑并外扬，以引起疗救的希望，因为这与我个人的利益密切相关，你们不能代表我，我不能袖手旁观，更不能选择沉默。

国丑不能外揭，纯属“讳疾忌医”，我想愤青们大抵还不是希望等到中国因病致癌的时候才会说疗救的话，与其那个时候见了棺材落泪，不如现在就小疾小治，溃烂早治。

十 有毒的中国文化奶粉

有毒的中国文化奶粉

有一则爱国短信是这样说的：

等两年咱们中国强大了，全叫老外考中文四、六级：文言文太简单，但要求使用毛笔答卷，这还是便宜他们了。惹急了，一人一把刻刀一个龟壳，刻甲骨文；听力全部用歌曲，《双截棍》听两遍，《菊花台》只准听一遍——这是咱们中国人最慢的语速了；默写《义勇军进行曲》和《大海航行靠舵手》，要用繁体字；阅读理解题，全用中国政府工作报告和1966年的“5·16”通知；口试要求唱京剧《红灯记》和绕口令“吃了葡萄吐葡萄皮”；实验考试，男的考包粽子10个和汤圆100个，10分钟完成；女的考缠三寸金莲，5分钟内完成……

笑话以夸张嘲讽取胜，这样的中文四、六级考试对老外来讲难于上青天，对土生土长的中国人，也必定会两眼犯傻。动脑的功夫好说，文言文、繁体字、书法都无碍，动手的功夫就不一定行，包粽子汤圆、缠三寸金莲，天啊，有几个人会啊。

这则笑话的撰写者深谙中国的文化精髓，看看古文、书法、京剧、相声、粽子、汤圆、金莲、官话……哪一样不是中国的，哪一样不是文化的，哪一样不是“精髓”的？老外搞懂这些东西，不止可过中文四、六级，过中文托福也没有问题，弄个国学大师当当也绰绰有余了。

真是天下之事无奇不有。无独有偶，正当我为这个笑话乐在其中的时候，猛然想到报纸上说，云南师范大学的一位彭姓老教授，当真主张在高校设置一个文言文的四、六级考试，用制度、规定要求学生达标。“外语学习在我国还有四级、六级的硬性指标，文言文学习能不能也立个规矩，定个明确的目标呢？”他说，“在学校中加强传统文化的教学，尤其是文言文的教学很有必要。这不是复古，也不是赶时

髦，而是普及传统文化的救急措施。”（《春城晚报》2008年10月16日）

这位彭教授的良苦用心可谓青天昭昭——“怕文言文在100年甚至50年后成古董，成为博物馆里的东西”，“文言文是中国人丢不得的东西，因为中国的传统文化必须要有文言文做基础”。

老先生这番用意可敬又可佩，但力挽狂澜于既倒，下重药并强制吞服的态度并不可敬又可佩。倘若传统文化真是山珍海味，有人确实不愿意吃，我看还是由他去罢，按下人家的头去逼着吃，算不得是文明的待客之道。我们的传统文化不是特别讲究礼义廉耻吗，怎么彭老先生做起事来就全忘了呢？

倘若以革命的名义，那自然不用讲客气，只是，当年胡适博士为了人人皆可读书识字，发起了“文学改良”，他在《文学改良刍议》中提出白话文学的“八不主义”：一不言之无物，二不模仿古文法，三不讲求（拘泥）文法，四不作无病呻吟，五不用滥调套语，六不用典，七不讲对仗，八不避俗字俚语。这才革了文言文的命，迎来了德先生和赛先生，以及人的解放，现在我们又要革它的命回去？

语言也遵循自然的淘汰法则，没有淘汰哪来的古董？千年文言文被一炮轰倒，并非胡适等一帮文化人武功如何了得，而是文言文走到那个时候，就像封建皇权、科举八股，已经到了穷途末路。胡适们也就是放了最后一根稻草而已，这是胡适自己也清醒承认的。气数已尽的专制体制崩溃了，一整套话语体系随之崩裂，是历史的必然。随之而去的还有下跪、作揖、辫子、口称奴才等，我是断然不会为之惋惜的，也断然不想与历史潮流作对。

时至今日，我不只一次看到有人在反思当年胡适们发起的文学革命，觉得胡适们当年用力过猛，以致掐断了传统文化的血脉。现在赶紧要做补救的措施，教授倡言设置文言文四、六级考试，就算补救措施之一吧。

如果我们了解传统文化，要读点原著，而不是嚼别人嚼过的馍，是要懂点文言文才行，这是一座过河的桥梁。此外，也不能说中国传统文化一无是处，纵是糟粕再多，也还是有其精华，为了吸取这点精华，也要先弄懂再说。鼓励学文言文并非坏事，对于有志研究传统文化者，让他们考文言文四、六级，考文言文托福都无妨。只是，我们见过全民研究古董的吗？语言依存的前提是用于交流，现在不兴用“之乎者也”来交流，纵然考个文言文托福，也不会有人天天在日常生活中“之乎者也”。

逝去的就让它逝去吧。平时我们都是这样安慰自己和他人，只是国粹派的先生们心有不甘，心有不甘那就敝帚自珍好了，不要把自己的喜好强加到别人的身上。难道他们没有觉得，自己螳臂当车的样子，太过悲情了？

如此悲情的人内心里揣着一个看似颠扑不破的道理：没有传统文化的乳汁，我们就变成了营养不良的孩子。对此，我是颇为怀疑的，既然我们的传统文化那么好，当我们被列强敲开国门，签订了一系列不平等条约的时候，为什么那么多的国人主张弃“国奶”而喝“洋奶”，主张师夷，主张打倒孔家店？

由此我又想到有毒奶粉事件。这事闹得全世界沸沸扬扬，开始是检出含有三聚氰胺，现在又有奶业人士曝出内幕，牛奶里面还掺了尿素（一开始是往里面撒尿）、洗衣粉等，洋奶则没有这些令人发指的问题。那么，喝了中国传统文化乳汁的中国人，生产了有毒的奶粉，没有喝过中国传统文化乳汁的西方人，没有生产出有毒的奶粉，这是必然还是偶然？或者，敢于生产有毒奶粉的人，究竟背后有着怎样一种有毒的文化理念来支撑？

中国人丢不得的东西不是文言文，不是几块裹脚布，不是冒牌的爱国，是什么？可能有很多，想了很久，我自己觉得这个思想丢不得：别喝有毒的文化奶粉。这个有毒的文化奶粉就是落后、腐朽、低级、迂腐的代名词，其本质就是封建主义！

所以我现在特别能理解鲁迅主张少读古书的原因。吃了这种有毒的文化奶粉而不能及时排毒的人变成了中国愤青也在情理之中，只是，他们居然还厚着脸皮弃精华拾糟粕，难不成我们要将欧美人带回封建时代去？跟着我们一起下跪、作揖？

相当严重的“国粹病”

因为“破解川剧变脸秘密”，曾金贵曾经成为四川乃至全国川剧爱好者的声讨对象。昔日是非渐去，但法国女孩美兰妮的出现，却将这场“恩怨”再次提上案头。2007 年 7 月，这位女孩专程从法国赶来中国，如愿以偿地拜曾金贵为师，随后者学习变脸。这一消息传到成都，川剧界一片哗然：“变脸是国粹，怎能随便传给外人”？（2007 年 9 月 16 日《潇湘晨报》）

拜师学艺是一件很正常、很平常的事，问题之所以变得如此复杂，充满火药味，变成一场不善罢甘休的声讨，皆因变脸被视为“国粹”。

过去，独门绝技的传授大有规矩：传男不传女，传内不传外（人）。自从国门被大炮洞开，国人发现天外有天，国外有先进的“洋玩艺儿”之后，那些人无我有的“绝活”均被冠以“国粹”之名。一种技艺“粹”到“国”级，就跟国家荣誉、国家机密、国家利益等等联系在了一起，也就有了维护甚至保卫的意义。以前的学衡派、国故派、国粹派等等，对国粹的敬爱心理，跟现在的国粹派一样，都是爱之心切，尊之神圣。不同的是，那个时候，洋人还不大瞧得起你的“老古董”，国粹派只好敝帚自珍。现在呢，洋人对你的“绝活”感兴趣了，还想学一学，国粹派就哗然起来：“绝活”是传内不传外（国）的，“国粹怎能随便传给外人?”传授者随便把国中最粹的东西传出去，很有点卖国的味道，真是可忍孰不可忍，声讨也就不足为奇了。

变脸真是国粹么？现在没有国粹鉴定机构发证，我只能从人们的心理倾向上去获得“鉴定”了，或者比照非物质文化遗产，承认它是国粹。不过，曾金贵说，作为戏曲外化人物的一种手段，变脸只是戏剧的表演技巧，谈不上所谓的“国粹”。按曾金贵的说法去理解，变脸只是一种罩着朦胧面纱的表演技巧，显出神秘色彩的表演手段，因此给它披上国粹的名号不妥。这不能说丝毫没有道理，如果一种东西神秘就被视为国粹，那么巫婆通人鬼的巫术也该算作国粹。

我看过某电视台一期探变脸之秘的节目，直到节目看完，也没弄明白这变脸是如何变出来的，背后有什么玄机，这是我看这档节目这么久，遇到唯一没有给出答案的一次。我猜想，这变脸并不是哥德巴赫猜想，不是什么奇妙的伟大科学，不是央视探不出“秘”底，可能也是用了一种类似于“变脸是国粹，怎能随便传给外人?”的心理看待变脸。因此，从头到尾，我就得到一句最有意义的话：变脸运用了很多变魔术的手法。于是，变脸在我心里也就跟魔术差不了多少。

有趣的是魔术算不得中国的国粹，我在网上看到这样一则介绍，说历史上最早的魔术记录是在埃及，大约是在公元前 2600 年，也就是距今四千多年前。1823 年发现的威斯卡手稿，文献上记载了一位名叫德狄的魔术师，奉召为法老王进行表演。他能将鹅的头砍下，而断了头的鹅依然能走动，最后再把头接回去恢复为原本的鹅。该记录描述了这名魔术师对鹈鹕和公牛也进行了相同的戏法。但法老要求他也对犯人施行相同的戏法时，他拒绝了。

现在有一种比较公认的看法，认为京剧是国粹，依我看，京剧确实比川剧、变脸要粹出很多。照说，京剧也有绝活，京剧也应该传内不传外（国）。可是，京剧大师收洋徒弟已不是新鲜事，并没有背上“卖国贼”的骂名，相反，京剧却因此变得更加有人气，更加有影响力。

有人说鲁迅先生太过刻薄，不能领略自家的国粹倒也罢了，还那样贬损国粹，究竟是患了国粹病。我倒不这样认为，相反，那些誓死捍卫国粹到非理性的人，依我看来才是真正的国粹病患者。当一种“国粹”不适应时代的发展，需要创新，需要外来文化碰撞交融以焕发出新的生机时，他们却抱残守缺，对碰触者祭以叛徒败类般的声讨，真是病到了相当严重的程度。

说实话，我们这个国度历史文明太悠久了，悠久 PM 到让人自豪不已，随便一说，就是五千年文明，五千年啊，这么长的时间里能不有点好家当么，能不有些国粹么。可是这历史文明又悠久得让人不堪重负，那么多厚重的传统突破，那么多陈旧的思想要超越，那么多独有的国粹要保护，光做“保卫”、“弘扬”的工作，就可以让一个人皓首穷经。另外，在全球一体化的时代，文化的交流与交融是必然趋势，我们如何用开放的心态面对自己的文化和别人的文化，如何让我们轻装上阵，而不是像守财奴一样对待国粹，这确实是一个值得深思的问题。

十一　汉服复兴更像大汉民族主义复辟

汉服复兴更像大汉民族主义复辟

这两年，汉服运动可谓轰轰烈烈，借汉服以复兴传统文化的声音不绝于耳：有北大历史系的学生建议把汉服当做系服，有人设计并倡议国家使用汉服学位服，有的地方学生穿汉服行成人礼，有大学生搞“穿汉服、过端午”活动，还有人掀起轰轰烈烈的提倡穿汉服的运动。

为此，我曾经写过冷观的文章，结果像捅了马蜂窝，被蛰得鼻青脸肿。此外，我接触过一些汉服狂热者，其中还有一个专门开设淑女班的青年人，他们对汉服表现出一种近乎信仰，哪怕就是变成外星人也要支持汉服的狂热让我惊讶。同时让我意识到，汉服不只是一套衣服的问题，背后藏着一个的密码，解读这个密码或许可以解读现在一些人的文化心理。

以孔子为代表的儒家，力图要建构一种社会秩序，他们把这种秩序建立在象征和仪式之上，对象征和仪式的敬服，就是某种秩序的建立，反之则陷入无序混乱。象征和仪式要借助于某些工具或手段，比如服饰、称谓等，其中服饰被看得尤其重要，服饰象征一个人的身份、地位和修养，也制约着一个人的言行举止。故孔子说“资衰苴杖者不能听乐，非耳不能闻也，服使然也，黼衣黻裳者不茹荤，非口不能味也，服使然也。”（《荀子·哀公》）服饰将人们各就其位，各行其是，整个社会就形成了“垂衣而治”的象征系统。

正是这种“垂衣而治”的象征，使服饰附带了除遮丑、保暖以外的诸多社会功能。因此，每个朝代的更换，一个民族对另一个民族的征服，一个重要的工作就是改服易冠。改服易冠既表示前朝遗老遗少对新政权的臣服，也有利于新的统治者建立起一套新“垂衣而治”的社会秩序，比改旗易帜艰难得多、深刻得多、尖锐得多。于是在服饰的去留之上才会充满了血腥味，“留发不留头”才会变成别无他途的选择。有人讲，满清入关后，“大约屠杀了6000万汉人，汉服才在华夏大地上消亡”。可见，服饰关乎国之大运，关乎对新君的臣服与统治的秩序，而不只是两三尺布匹那么简单！

可是毕竟满清王朝覆灭了，随着满清王朝覆灭的还有两千多年的封建专制。此后似乎没有人再来一次改服易冠，强制推行汉服或别的服饰，倒是随着西风东渐，随着洋人的坚船利炮打过来，洋装便大行其道起来，一直延续到现在，期间，民国时期奉行过大汉族主义，但无疾而终。关于汉服的消亡，这是一段不容忽视、必须正视的历史。

封建专制覆灭了，但封建思想并不会随之立即覆灭，满清被推翻了，但大汉民族主义愤青复兴的号角还在吹奏。他们打着复兴汉服、复兴传统的旗号，干的是大汉民族主义复辟的事，用极具象征性的服饰来激发汉民族意识，内心里有那么一种重构主体民族秩序的思想和扬我大汉风范的民族沙文主义。

我们知道，秦汉时期，随着诸侯国被消亡或削弱，“书同文，车同轨”，分散的区域文化融合成为一个文化共同体，逐渐形成共同的语言、习俗、观念和服饰等等，并出现了整体排他性心理，比如当时出现了“四夷”、“胡虏”的指称，这就在地理和文化意义上形成一个族类——汉民族，同一个族类就有同心向一的价值取向，“非我族类，其心必异”。

此后中国至少经历了魏晋南北朝、隋唐、宋辽夏金元及满清四个大阶段的民族大融合。这个融合的过程中，既是其他各民族被“汉化”的过程，也是汉民族被“夷化”、“胡化”、“蒙化”、“满化”的过程。当然，这里所谓的“化”绝不只是温情脉脉地潜移默化，也包括血与泪的斗争及屠杀。但是，在这个“化”的过程中，各民族文化在碰撞中会聚成中华传统文化，各民族都为传统文化贡献了自己的智慧和力量。

无论已经消失的，还是现存的，各民族的服饰理所当然地可以视为中国传统文化的重要组成部分。中国的服饰可以说是绚丽多彩，汉服、唐装、蒙服、满服……那么多的朝代，那么多的民族，简直让人看得眼花缭乱。

汉服只是汉民族的服饰，而不只是汉朝的服饰，如果因为“一个民族可以没有文字，但一个民族不能没有服饰”的缘故，复兴汉服无可厚非，一个民族要保持其独特性，应该在形式上有所体现。就像现在我们要鼓励中国一些少数民族保留他们的民族传统，理当保留他们的民族服饰一样。汉民族也可以有自己的标志性的服饰，别的民族没有权利干涉汉民族要复兴汉服。

但大汉民族主义愤青把穿汉服提升到复兴传统文化之上，我以为有点以偏赅全。传统文化十分宽泛，它包括中国历史上各个时期、各个民族创造的文化，自然也包括苗、夷、羯、氐、羌、戎、狄等各个民族的服饰文化，汉服是传统文化的组成部分。以汉服来复兴传统文化，很容易被理解成汉服代表了传统文化，要求55个民族都回到汉民族的传统文化上，会以一个民族的独特性影响其他民族的独特性，这是不符合我国现行的民族政策的。

大汉民族主义愤青自然可以找出理由来，他们引经据典地说："汉服集天圆、地方、绳直、权衡、五行为一体，处处蕴涵着华夏文化的精神；华夏素以'衣冠上国、礼仪之邦'著称于世，汉服的设计处处依着礼的需要，汉服礼服宽袍大袖、流畅飘逸的特征显示了华夏自古以来成熟内敛、含蓄蕴藉的内质，以及追求和谐自然、天人合一的境界。汉服，是最能和中华传统文化各个方面相结合的服饰，无论是儒道国学、诗词歌赋、武术剑道、茗茶药酒、琴棋书画、礼乐舞蹈，无一不与汉服有着密切联系。"

这当然也有一定的道理，不过，其他民族的服饰就不堪此任么？APEC会议在上海召开时，各国元首穿的都是中国的唐装，还被一致地叫好呢。针对"民间有一些年轻人在提倡穿传统汉服的运动"，前文化部部长孙家正表示："我到现在都搞不清楚什么服装是能够真正成为代表中国的服装。"这正说明，复兴汉服可以，但不要搞成"我代表你"，"我要代表你"的大汉民族主义心态要不得，也很难有说服力。

我之所以要把这些汉服运动分子称为大汉民族主义愤青，就因为他们对汉服赋予了太多美好的东西，自视本族优秀，对"汉文明"的维护到了不容批语的地步。大汉民族主义也是一种民族主义，其极端行为同样极端可怕，特别是大汉民族主义里的"夷狄思想"，具有浓厚的民族歧视色彩，阻碍民族平等，煽动民族仇恨，近年的"满汉之争"竟上升到暴力的层面。比如2008年10月，阎崇年先生在无锡签售，就挨了大汉民族主义愤青一巴掌，原因无非是阎崇年在央视主讲清史，被很多人认为过度"扬清抑明"，大有美化"满清王朝"之嫌，伤害了大汉民族主义愤青的感情，将其骂作"汉奸"、"包衣奴才"。因此，我警告那些大汉民族主义愤青，要赶紧悬崖勒马，不要在错误的道路上越滑越远。

有大汉民族主义愤青说，汉服几千年来一直是国服，传到日本和朝鲜后成了他们的国服，不明就里的人，见人穿汉服竟误以为和服，这也是他们痛心疾首要复兴汉服的原因。在我看来，这不仅在国内有重树民族权威的心思，对外，特别是对日本，更含着一种复杂的仇恨心理。

复兴汉服也可以看作愤青反国际化的一种文化复辟，是全球化背景下文化认同的焦虑心理。全球化相应地需一些世界标准，必然会在政治、经济、宗教、观念、文化等各个层面对各个文化群体产生不同程度的冲击，甚至可能摧毁民族文化的特异性。因此，我们所说的复兴传统文化，既是对日益被世界同化的文化现状的不满，也是追求和保护民族文化特异性的精神需求，并时时表现出焦虑心理。汉服被一些人视为蕴涵着华夏文化精神的服饰，也就具有了显示和保存民族文化特异性的功能，故而被力挺而出。

但是，历史告诉我们，文化的演进绝不只是对立与隔绝，比如佛教传入中国，曾引发过残杀与血腥，但佛教与儒、道教也有交流与融汇，催生出新的文化。用历史的眼光看文化，用开放的心态对待独特性，用和平的方式接纳别人，这是全球化下对传统文化应有的态度。汉服的复兴不是一件坏事，但是容不得别人评说，一评说就恼羞成怒，实际上就从文化焦虑走上了文化暴力。

消费主义时代的“复兴汉服”

如果说去年或更早一些时候，复兴汉服只是一些怀着强烈民族主义情绪的愤青对传统文化的狂热行为、追寻行为，并不曾引起舆论关注的话，那么现在，精明的商人已经认识到了这里面蕴藏的巨大的情绪商机了。据 2007 年 3 月 24 日《北京晨报》载，北京首家以汉文化为主题的餐厅开业，客人需要身穿汉服就餐并可欣赏到汉服展示、传统文化礼仪表演。

不能不佩服商人的精明，他们及时捕捉到了市场信息，准确发现了时下“复兴汉服”这一主流话语，并巧妙地为这一话语提供“说话”的机会和场合，借“机”生财。

不过，就像西方传统文化，譬如圣诞节，到了中国被商业改装一番，变成“购物节”一样，类似汉文化主题餐厅，同样是用商业的手段将中国传统文化包装成文化消费品。在商业作用下，消费主义大行其道，汉服狂热者自以为在尊古、崇古、复古、兴古，事实上却被消费主义所操纵，他们在汉文化主题餐厅里消费的主要对象不再是传统的生活必需品，而是一种文化符号，而这种文化符号恰恰是别人为他们所预设的。

在这里，大汉民族主义或传统鼓吹者、追随者，或许并不了解什么是汉服，或许根本就不想知道什么是传统，也不知道哪些传统该复兴，哪些该扔进垃圾桶。但是他们被复兴“自己的”传统这一宏大话语所鼓舞所兴奋，被主流、被潮流所挟裹，也随声呐喊着高歌前进。他们大约只知道大家都如此，不知道自己为什么也要如此，只是在“发扬光大”的响亮口号下从众的一员，一不小心被引到了商业和消费主义的河床里。

传统是一种资源，它并没有消失得无影无踪，它流淌在我们身上，也埋藏在典籍里。那些嘴里说着传统式微、传统消亡，把自己塑造成了一个力挽狂澜、拯救传统的英雄的人，就像一个掘宝者，挑出传统里那些对自己最有利的东西，打着“民族文化”的旗号进行推销。因此，研究孔孟的要鼓吹传统，举办私塾的要吆喝传统，就连路边卖碗汤的妇女也要吹嘘“祖传配方”，而况宣扬国学、经典、服饰、建筑、民间文化……乎！很多时候是某些人在借用“从前”的号召力做自己的生意罢了。

传统的复兴浪潮一浪高过一浪，有两个推波助澜的力量。一是国力逐渐增强，国人如暴发户一般的民族自信心急剧膨胀，民族主义以重振传统文化的方式抬头，表现在社会生活的各个方面。比方有人讲我们现在要摒弃弱国心态，比方有人讲我们要做负责任的国家，比方有人讲我们是大国崛起，比方有人讲增强国家软实力，比方有人讲重新设计国家形象，比方有人讲建议将人民币改称为华元，等等。二是全球化背景下文化认同的焦虑心理，正如前面我讲到，全球化相应地需要一些世界标准，必然会对各个层面、各个文化群体产生不同程度的冲击，甚至可能摧毁民族文化的特异性。因此，复兴传统文化，既是对日益被世界同化的文化现状的不满，也是追求和保护民族文化特异性的精神需求，并时时表现出焦虑心理。

但是很显然，并不是穿几套汉服，说几句之乎者也，看几场皮影戏，传统就回来了，传统就复兴了。时光总在流逝，生活总在变化，传统奔流而下是一个去芜存菁的过程，残渣存下，传统中那些好的元素与时俱进，融入到现代文化之中，譬如尊老爱幼，并没有淡出我们的文化。现在，复兴的传统已非本义上的传统，本已被淘汰的东西强拉硬套在自己身上，搞不好就不伦不类，“半截泥鳅半截黄鳝”。

如果把复兴汉服放在消费主义的流行话语里，而不是放在“复兴传统”、“大汉民族主义”的宏大话语，我们可能会得出另一种解读。流行永远求新求变，复兴汉服这样的文化复古未尝不会变成一种像流行服装、手机款式、休闲方式一样的“时尚”。当它不断被追捧和重复使用的时候，它就是在不断消耗其嬗变的潜力；当它穷尽了人们的新鲜感的时候，人们很自然地会把它弃之如草芥。如此，出发点庄严神圣，到结束时无厘搞笑，事情的急转变化往往让人意想不到和啼笑皆非。当有网友看到汉文化为主题的餐厅开业的报道说无聊之极，甚至说想吐时，我似乎感到复兴汉服的结局也不过如此尔尔。

第六部分　打捞愤青　治病救人

一　掀起“捞愤运动”的高潮

青年在开放自由中走向历史前台

“少年智则国智，少年强则国强，少年独立则国独立，少年进步则国进步，少年雄于地球，则国雄于地球……”（1900 年，梁启超《少年中国说》）梁启超这篇脍炙人口的文字耳熟能详者多矣，其中的道理现在看来并不新鲜，但是在一百多年前，这样的声音可谓振聋发聩，标示着一个青年时代的到来。

在中国的专制皇权社会里，少年，确切地说就是青年吧，并不是一个得志的群体，在君为臣纲、父为子纲、夫为妻纲的“三纲”压迫下，在仁、义、礼、智、信的“五常”规限下，不仅妇女过得低三下四，委曲求全，青年人也大抵如此。“父要子亡，子不能不亡”，他们很难自己为自己作主，没有婚姻权，没有经济权，甚至连离家的自由都没有——“父母在不远游”，要冲破礼教和家庭的牢笼绝非容易。即便像《红楼梦》里的纨绔子弟贾宝玉者，也不敢反抗父母家庭之命，要你跟薛宝钗结婚，就不能跟林黛玉进洞房。

在家庭生活中如此，在政治、社会生活中亦如此。等级森严如此，按资如此排辈，见到谁都是大人，自己总是“小的”，在政治社会生活中几无他们的一席之地，能考上科举者，凤毛麟角，能出风头者，寥寥无几。青年人“非讴几十年八股，非写几十年白折，非当几十年差，非捱几十年俸，非递几十年手本，非唱几十年喏，非磕几十年头，非请几十年安，则必不能得一官、进一职”。及至得一官、进一职时，已非意气风发之青年了。

那是青年被压制的时代。这样的青年如何谈得上智强、独立、进步，更多的是封建礼教的附属物。人之不智强，国何智强，人之不独立，国家何独立，人之不进步，国家何进步？所以，梁启超写出《少年中国说》，确实是石破天惊，春风化雨，具有划时代的意义。

正是在那个时代，中华民族遇到前所未有的外族入侵，中国人面对着截然不同的西方文明，是千年未有的难题。要救民族于危亡，靠老朽的文明、老朽的人都不行了，必须要依赖青年人去扮演拯救的角色。“中国而为牛为马为奴为隶，则烹脔棰鞭之惨酷，惟我少年当之。中国如称霸宇内，主盟地球，则指挥顾盼之尊荣，惟我少年享之。”在国家民族存亡之秋，青年摇身一变，担当大任，成为中国社会的一支重要力量，得到社会的普遍认同。

“五四”时期，青年人在青年导师如陈独秀、胡适、鲁迅等一大批新文化运动大将的启蒙下，纷纷走向争取人的解放、争取国家独立富强之路。我们看鲁迅《伤逝》笔下的子君和涓生，就是力图冲出樊篱的新青年。他们有别于旧青年最根本的一点，就是他们肩负寻求民族的解放与自身的解放的责任。他们要婚姻权、要经济权，要自主权。他们在国家政治生活中强烈发声，宣讲民主与自由，人权和法治，扮演拯救中华民族的神圣角色、担负挽救民族存亡的神圣使命。

正是从自身到社会国家的整个精神更新，“五四”青年成为中国青年的经典范式，树立了一个青年的标杆，无数青年向他们看齐。可以说，“五四”青年在一个民族国家中扮演重要角色的同时，第一次完成了青年的社会结构化意义规定。而这一切的到来，都是由于社会相对开放自由的结果，反过来说，青年的奋争促进了社会的开放自由。当我们重提“五四”青年，重唤文艺复兴，某种意义上说就是重提青年人的权利以及他们在社会中的角色意义，就是调适青年在社会结构中的正确位置。

“五四”时期，青年人已然成为中国社会结构中的不可忽视的力量，连鲁迅这样的青年导师都寄予厚望，当鲁迅发现中国的历史由两个时代组成：做稳了奴隶的时代和求做奴隶不得的时代，过往这两个时代无非是吃人的社会，他希望中国创造“第三样时代”来，并将希望寄托在青年人的身上：“扫荡这些食人者，掀掉这筵席，毁坏这厨房，则是现在青年的使命！”毛泽东则说得更加直接：“世界是你们的，也是我们的，但是归根结底是你们的。你们青年人朝气蓬勃，正在兴旺时期，好像早晨八九点钟的太阳。希望寄托在你们身上。”青年人从未有过地被抬到如此高的地位。

“五四”之后，青年在历史当中扮演过仍然极其重要的角色，比如“抗日青年”对民族自救的自觉奉献，“进步青年”对延安的向往与奔赴，“民主青年”对联合政府的呐喊，“跃进青年”对理想的狂热追求，“文革青年”对整个国家的破坏，“愤怒青年”对国家的疯狂热爱和盲目排外，等等。如果仔细分析这些青年，会发现，他们并非与“五四”青年一脉相袭，正如我在《愤青跟“五四”青年不能等同》里谈到，并不是讲只要是青年，就一定是“五四”青年，不同的历史环境之下，青年人表现了不同的价值追求、行为方式，对国家民族产生不同的影响，“抗日青年”奔赴国难，可敬可爱，。

从纵向分析其实也可以看得出，青年有好的，也有坏的；有积极的，也有消极的；有朝着“五四”青年步履前进的，也有逆“五四”青年而行的；有在推进社会前进的，也有阻碍社会发展的，这就提出了一个新的重大课题，青年并不总是阳光的，并不总是正面的力量，也并不是不会成为利用的对象，并不是不会成为历史前行的阻碍者。显然，我们需要积极向上的青年，而非需要消极误国的青年。

中国愤青现象应该引起足够关注

中国经济发展的速度已经显示，中国经济规模超过日本，成为世界第二指日可待，没有太多的悬念，这是中国无法忽视的一个变化。

“中国速度”带来了“中国世纪”。高盛预计，中国经济将在2040年左右超过美国。经济学人智库则从购买力评价角度出发，预计中国将在2017年超过美国。无论国际和国内，很多人都在说，“21世纪是中国人的世纪”。

随之而来的是“大国崛起”话题，标志性事件就是2006年11月电视片《大国崛起》在央视热播。这部打着探究大国崛起的规律的片子，其实是在问每一个国人：中国崛起了，你准备好了吗？

是啊，大国崛起，你准备好了吗？是当今中国人，尤其是青年人面临的一个时代课题。大国崛起以后，中国如何在国际关系扮演恰当的角色？是争夺世界霸权，与西方“有条件地决裂”，还是担负大国使命，促进世界和平？这看似简单的问题，因为悲痛的历史创伤，因为政治诉求不同，因为青年的价值取向差异，很可能变得十分复杂起来。

这些年，西方国家对“中国威胁论”十分关注，这其实是要论证一个命题：越强大的中国危险性是不是越大？我认为强大的中国并非必然地具有威胁性，我同时认为，强大的中国如果具有威胁性，对世界不是好事，则对中国也未必是幸事。但是谁也不敢说，强大的中国没有危险性，未来中国有没有“威胁”，完全取决于青年，关注青年，就是关注中国的命运。

过去几代青年所处的时代是屈辱为明显标志的时代，现在的青年所处的是“中国世纪”的时代，后者显然要有更多的自信甚至骄傲。他们有着更鲜明的青年意义重构的冲动，对西方抨击中国表现出特别强硬的态度。仅就去年至今年发生的一系列“外交事件”、“爱国事件”，激起了中国青年的强烈反弹，可管窥一斑。

然而，这是自信的一代，也是焦虑的一代，全球化时代，中国青年存在普遍的文化认同焦虑，加上就业难、独生子女、应试教育、公平受损等，随时将他们推上弱势的位置，都可能引发“愤怒”。当愤怒因实际困难无法解决而积蓄时，必然要转移，去寻找可替代的宣泄口子，这个口子，可能就是在自信前提下的“爱国式泄愤”——通过所谓的爱国行为，来消解内心淤积的愤怒，达到情绪的平衡，“爱国式泄愤”向前一步就可能演变成狭隘民族情绪。

掀起“捞愤运动”的高潮

2007 年，我曾经写过一篇短文，叫《没有哪一代是垮掉的》，写作的原因，是一些人认为“80 后”、“90 后”是独生一代、溺爱一代，是掌上明珠、温室之花，他们蔑视传统，厌弃学业和工作，行为骇俗，因此，他们被一些人称为垮掉的一代，基本上被视为不健康、没有出息的一代。而国家、民族的前途与希望都要寄托在青年人身上，“80 后”、“90 后”垮掉了，国家民族的前景岂不令人堪忧？

在那篇文章里，我阐明了这样一些观点：

我从来也不认为有垮掉的一代，没有哪一代是垮掉的，每一代都有自己的历史使命，每一代主观上都努力振兴我们的民族，我只能说我更喜欢哪一代人，而不是自大到妄说哪一代人不行。

在说垮掉的一代时，我们常常犯以偏赅全的毛病。很多时间，我们说某一代人垮掉，并不是用观其一生的视角，而是截取他青春年少的那一段来说事。这样与其说是一代人的垮掉，不如说是人生某一个阶段的特性。青春年少时力比多过剩，要充分释放，而这个时候，恰巧社会的宽容度相对较高，力比多伸展的空间很大，于是很多逾出常规的事情就做出来了，这在他们的父辈看来是惊世骇俗的、不可理喻的。

长辈看不习惯了，就说他们垮掉了。其实，过了这个时期，就像是退潮后的平静，一切恢复过来，也就无所谓垮掉不垮掉了。在说“80 后”、“90 后”是垮掉的一代时，我想更多地忽视了这样一种生理现象，或者说把一种生理现象夸大成社会现象，甚至夸大为社会危害。

事实正是这样，时间再往前推十年，我记得那时很多年纪稍长的人也对“70 后”意见很大，忧心在怀，也有反感，甚至到了“不与‘70 后’交朋友”的地步，他们眼里“70 后”一代显然也是垮掉的一代。可现在是较少有人担忧“70 后”了，是不是他们已经垮得无可救药了？我看不是的，70 后现在大展身手，在各行各业都有挑大梁的。

愤青也可以说是人生某一个阶段的特性，是一种生理结果，但是，愤青并非“叛逆青年”、“力比多青年”可以概括，如果愤青仅仅是某个年龄时期的特征，则无法解释在我们生活中为什么存在大量的愤中、愤老。我们也很难理解，为什么有些人“少年老成”，年纪小小，其心智见识要远远超越大人、老人，比如说韩寒，就是一个很好的例子。

愤青的生产有深刻的政治、经济、社会、文化等原因，愤青对中国的危害也是多方面的，这在本书的很多章节里，有比较深入全面的剖析，相信读者在读完这本书后，会有一个相对完整的理解，不会简单地把愤青作生理化的解读。

类似韩寒这样的青年的存在，让我们对“少年中国”抱有无限期待，他们清醒、理性、自觉、对自由民主有追求，能够从容平衡地看待问题，思考自己与国家、国家与世界的共同发展，追求人类共同的价值，他们代表中国青年的主流。但中国仍然存在大量的愤青，他们在人格、思想和行为上与韩寒式的青年截然相反，盲目冲动，虚骄自大，整天像无头苍蝇一样嗡嗡直叫，他们是“中国世纪”潜在的阻碍和危险，他们不仅不能代表中国青年，还败坏着中国青年的正面形象。因此，要掀起“捞愤运动”的高潮，让“打捞愤青，人人有责”深入人心。打捞愤青是一种形象的说法，一如将愤青比喻成“失足青年”，对于青年失足掉进水里，稍有爱心的人都不会见死不救。

青年影响国运，具体一点讲，就是“价值决定成败”，一代青年的价值取向直接决定国家的命运。崇尚暴力的会走向野蛮，崇尚和谐的会走向文明。打捞愤青的办法其实也没有什么高明神秘的，无非就是讲道理，用代表人类发展方向的文明价值指引他们前进。唯此，才可以说，“美哉我少年中国，与天不老！壮哉我中国少年，与国无疆！”

二 愤青是"团结的对象"，不是"革命的对象"

我对愤青有过很多的批评和嘲讽，并不是要获得智力上的优越感和精神满足，我没有那么狂妄和变态，也不是我跟愤青有什么不共戴天之仇，我跟愤青素不相识。说实话，正像一些朋友说的，"愤青都是好孩子，就是脑袋不好使"。

这并不等于我不能批评和嘲讽他们，我甚至觉得，我的批语和嘲讽就是一种拯救，是不是算作由爱生呢？或许吧，总的来说，我对愤青是"爱恨交加"，大约也就是鲁迅那种"哀其不幸，怒其不争"吧。真正要我去恨一个人，我恨不起来，一个杀人犯在他领受了惩罚之后，我仍然会报之以同情。

就像我们在写一篇城郊黑帮的深度报道，绝不仅停止于对黑帮恶行的愤怒，更要探明黑帮是怎么出来的，如何生存的。当发现城郊的土地被大量征用，这些没有上过几天学的青年人既没有地可种，也没有工作可做，整天无所事事，最终滑入黑帮时，与其说我们是在控诉他们，不如说是同情他们，至少，是在用一种持平的眼光看待问题。用一种揭示事实真相的方式，已经表明了我们的态度。

对待愤青，我也是这样的态度，没有人天生是愤青，愤青是"后造"的，不应止于痛批臭骂，还要打捞救治，要揭示他们的生存环境。

经常地，我们会发现，愤青单纯得可爱，你不能说他们的本质是多么的坏，是多么邪恶的人，他们甚至是一群超可爱的人，有着乌托邦的梦想，他们的梦想泼不进一点点"脏水"。

我在我的专门教育愤青的 QQ 群里发现，很多群愤青虽然嘴巴很臭，行为偏激，思想固执，只是在交流中发现，他们并非不可救药，他们单纯而热情，也更加宽容。我记得十年前我做愤青那阵子，周围人全是愤青，很少能听到反对的声音，做愤青是不需论证。现在，他们在听到不同的声音，他们在争论，他们在反思和进步。

从深层去讲，愤青是一面镜子，映照出中国历史与现实的种种弊病，无论政治的、文化的、社会的、心理的，都能在每一个角落里找到病毒。愤青也是受害者，而且可悲的是，受害了也不知，视为“理所当然”。

古语说，“子不教父之过”，世界上没有天生的坏孩子，是家长及社会弄成了坏孩子。不幸的人可怜，制造不幸则不可饶恕。如果说愤青是可以原谅的，那么制造愤青的人，制造愤青的机制不可原谅，把好端端的聪明可爱的孩子的大脑里灌满三聚氰胺，是谁都难以忍受的。

我一直坚持一个观点，爱国首先爱人，如果我说我是爱国的，我就没有理由不爱愤青，我们不仅要爱愤青，而且要如爱自己一样爱他们。只是爱的方式可以表现为给糖吃，也可以表现为打屁股。对于被蒙蔽双眼的好孩子，只需要用真情去感化就可以了，对于一些邪恶的老愤，只管痛打落水狗，这叫打也是爱。愤青既有中毒深浅之分，也有性格好坏之分，还有人格的高低之分，恐怕也得具体愤青具体对待。

我跟愤青有共同的成长经历，我自己也是从愤青走过来的，我知道自己是怎样一步步变成愤青，也知道自己如何完成一次思想的蜕变。我的病因就是他们的病因，我的症状正是他们的症状，我的身影一如他们的身影。我对愤青根本恨不起来，反倒觉得他们无辜可怜，所以，我对愤青只有爱，没有恨，只有同情，没有敌对，只有关爱，没有抛弃。只是，想到他们随时会成为帮凶，成为中国民主进程的挡路石，想到这里，牙齿痒痒的我不免会说上两句，做些打捞与转变的功夫。

但是，你能转变自己，未必能转变别人，你觉得你是在团结和打捞愤青时，他们正认为你这是在攻击和加害他们。纵然如此，也要想方设法去团结他们，争取一个是一个。

我从来不惮与愤青争论，也不怕被愤青臭骂，有争论比无争论好，被臭骂比寂静好，在争论与对骂之中，总还是要讲点道理，那么道理总有一天会讲明白。这个讲道理的过程，就是不断地清理愤青体内的“抗体”的过程，清理掉了肌体内的“抗体”，愤青就会成为健康人。而且，讲道理也可以看作进行公民民主训练的必要，在辩论中提高公众的判断力，在妥协中寻找共同点。

我还一直坚持一个观点，那就是胡适所说的宽容比自由更重要。倘若想做一个民主的布道，重要的是用平等对待的态度去争取，要让愤青认可自己的理念和思想，才能达到目的。就此，也应将愤青当成“团结的对象”而非“革命的对象”，因为人，尤其是年轻人，往往很容易和伤害自己尊严的人作对的，即使他知道对方是对的，自己是错的！对待愤青，要春风化雨，帮助教育为主。但是宽容是有限度的，宽容并不等于无原则地扮老好人，对于那些皮实的愤青，用粗犷的话语来反驳，嘲讽甚至攻击他们才稍有痒痛，刺激他们麻木的神经，从而达到警醒效果，让掴醒成为可能，温文尔雅反被认为迂腐可笑。

愤青在成长，我也在成长，当我们都成长了，或许有一天，我们就“有共同语言”了，并非不会相逢一笑泯恩仇，成为“革命战友”，灵魂上的知交。

基于对愤青的同情与关爱，本着治病救人的原则，我还是送给愤青们一些苦口良药式的醒世恒言吧。

赶紧去“现代文明政治常识班”扫盲，把国家、政权、民族等基本的概念搞清楚。

爱国要基于人性、真理、正义的基础，扶助弱者，批判权贵；接受文明，反对愚昧；有自豪心，更有羞耻感；要承认别人的优点，正视自己的不足；有深厚的感情，更有清醒的理智；能接受别人批评，更敢于自我批评。

每个平凡的人都争取让自己“活得像个人样”，就是最大的爱国。

“异议是最高形式的爱国”（语出美国第三任总统托马斯·杰弗逊），真诚良意地批评是一种爱国，自卖自夸地赞美是可怕的害国行径。

每个不幸的人都应该问一句，我的不幸除了自己的原因外，社会根源在哪里？

贪官（不管是被发现了的还是没有被发现的）是目前中国最大的卖国贼。

别把历史上所有的屈辱都背在你一个人身上，让你背你也背不动。责权对等，谁有权力谁就背责任，帝王最有权，帝王最有责。

忌盲听盲从，面对纷繁信息，不妨想想，究竟什么更可信？

多看别国的长处，多检点本国的缺点，不仅使人谦虚谨慎，而且能发现真相。

真正与世界接轨，就是与世界文明制度和主流价值观接轨，而不是把厕所改称 WC。

愤青的“双刃性”，决定了愤青的“工具性”，即便专制的国家和无耻的政客也敬愤青而远之，他们怕愤青完全不相信他们讲的那一套，又怕他们太当真了。

让愤青变成奋青的唯一办法，就是让他们明白真相，而一切真相从怀疑开始。

三　远离传销，拒做愤青

我曾经采访过一个被骗入传销窝点、经历十天噩梦的小伙子，他刚刚大学毕业一年，社会经历不多。当他回忆起被骗进传销窝点那十天，脸上显出恐惧的神色，“这哪里还是传销，简直就像进了黑社会，上个厕所都被人监控”，然后他给我讲起那令他一辈子都不能忘却的十天。

他是被他的一个高中女同学骗去某市搞传销的，那个一直在他的印象里清秀乖巧的女同学给他打电话，谎称自己得了重病住院，希望他来看看她。小伙子出于善良之心大老远跑去看望她，不幸掉进了传销窝点。

在那十天里，传销头目不停地给他上课洗脑，要他加入组织，在没有交3000元“入门费”和发展三个下线，并且下线在交入门费之前，他不能“请假回家”，其实就是被非法拘禁在屋里，他的手机被拿走，说是“集中保管”，上厕所都有人站在门外监控，上厕所时间长了都会有人来催，天天上课洗脑，天天吃水煮萝卜白菜，拘禁的日子里，他每天晚上都睡不着觉。

幸运的是，小伙子早就听说了传销的危害，而且顶住了一天天的洗脑，与传销人员巧妙周旋，想方设法寻求外界的帮助，最终成功获救。而那些已经被成功洗脑的人，仍然在做着发财的美梦，当地警察驱散传销者，对他们伸出援手时，他们都不愿意走，对他们说，你们搞这个发不了财的，传销者却说“能发财，不信你跟我们去做”，他们反倒要拉警察下水。有的父母来劝自己的孩子回家，参与传销的孩子说“不要让我错过发财的机会”。

面对这些被严重洗脑的传销者，我真的很震撼，我没有想到这种稍微有点头脑，一说就穿帮的传销骗局为什么能让他们坚信到如此固执的程度，竟像中了邪一样执迷不悟。这件事情让我警醒，一定要远离传销，不然就害人害己。这件事也让我相信了一个事实，这个世界上即便是最坏的谎言、最差的骗局也会有人相信，前提是不断地灌输谎言，不断地洗脑，将脑子洗得白白的，就可能任由骗子画世界上最美的图画。所以讲，“谎言说上一千遍就是真理”也是一条真理。

当我在跟愤青的争鸣过程中，发现有一些怎么也不为所动的愤青坚持己见时，我不知道是敬佩还是悲哀，但我想到了传销，想到了“洗脑成功”。我倒不是说愤青被邪恶的东西所洗脑，而是说，愤青太过于自信了，他们太过于相信自己获得的东西是正确的，是无可辩驳的，是绝对权威的，是不由分说的。他们的逻辑是，愤青是爱国的，你批评愤青，你就不爱国，你不爱国，你就是汉奸，你一个汉奸就不要跟我说什么大道理了。这样反过来加重了他们所坚信的一切更加的正确无误，堵住了所有反思的路径，把自己圈成一个“真理国”，什么水都泼不进去。

这其实跟传销有多大的区别呢？难道世界上就自己掌握的东西无可辩驳？不是的，比如我驳斥愤青，但我仍然不免对他们抱有十二分的赞赏，也宽容他们的恶骂和辩论，为什么呢？不是我多么宅心仁厚，而是我知道，每个人都是有局限性的，必然有我所不知道的。而况，主张言论自由的人，必须捍卫别人批评自己的权利。而在容许愤青的争鸣中，才可能走向打捞的成功。

我们知道，愤青的成因十分复杂，那么打捞愤青，或者说让愤青脱“愤”必将是一个艰难的过程。千万不要以为通过一本《打捞中国愤青》的书就可以“一网打尽”，捞上来就“鱼满仓”。对此，我是相对悲观的，以一己之力对抗俗世的力量，以一己之力对抗庞大的群体，从来都不是那么容易的。

不过，如果愤青们喜好读书，不读《打捞中国愤青》，而是读另外一些我认为更好的书，来一次又一次地“货比三家”，于他们的走向成熟理性定然有很多的好处。这些书，在此列出十本书的单子，这可不是一个教学必读书目，也不是什么世界十大最优秀或最有影响力的书推荐，这世界上有比我推荐的书更好的，我只是觉得这些书籍于捞“愤”十分有益，故而推荐让愤青们读一读：

《一九八四》（乔治·奥威尔，上海译文出版社，2008 年 6 月），这是一本具有颠覆的世界观的奇书，我在此多说无益，愤青只有多读有益。

《动物农场》（乔治·奥威尔，上海译文出版社，2007 年 3 月），这本书同样体现了作者惊人的远见和对历史的洞察力，所以他对苏联和中国的预见是那么令人惊讶。一个人能写出一本好书，我认为已经很难得了，奥威尔能给你“又一个惊喜”，真是奇才。

《乌合之众》（勒庞，广西师范大学出版社，2007 年 9 月），这本书简直就是愤青的真实写照，充分揭示了愤青为什么会丧失理性，没有推理能力，思想情感易受旁人的暗示及传染，变得极端、狂热，不能容忍对立意见，甚至变得肆无忌惮的社会成因。

《开放社会及其敌人》（卡尔·波普尔，中国社会科学出版社，1999 年 8 月），读完这本书，我只记住了一句话：人世间是不可能有天堂的，乌托邦就是乌托邦，每个试图在地球上创造天堂的人，带来的都不过是地狱。各位愤青，我们回头想想，不正是这样么？

《通往奴役之路》（哈耶克，中国社会科学出版社，1998 年 7 月），这本书告诉我们从计划经济走向市场经济，中国人获得了计划经济不可能获得的自由。这已经很好地证明了哈耶克在 60 多年前提出的观点：计划经济必将导致极权统治，这是一条“通往奴役之路”。

《隐蔽的秩序》（吴思，海南出版社，2004 年 4 月），这是一本让我们能看透中国历史的书，看透历史，也就知道我们现在处在什么环境之中，但这绝对比“鉴古知今”更深刻。

《近距离看美国》（林达，生活·读书·新知三联书店，2006 年 6 月），林达写了不少关于美国的书，我建议仇视“美帝国主义”的愤青有机会读一读林达的书，不能说会全然改变我们对美国的看法，至少能看到美国是怎样成为美国，不至于无头无脑地对空地反美。

《菊花与刀》（本尼迪克特，九州出版社，2005 年 1 月），这本书我大学的时候读过，读过之后，有两个想法：美国人真是很科学求实，想要跟一个民族较量，一定要知己知彼；日本人不是我们想象的那样，这本书改变了我单纯用情绪看日本的态度。

《野火集》（龙应台，文汇出版社，2005 年 8 月），对于那些对人的基本权利还十分模糊的愤青来讲，读龙应台的文字是最好的选择，因为她的文字深入浅出，笔尖饱含情感，是很好的启蒙读本。

《小逻辑》（黑格尔，商务印书馆，1980 年 2 月）都说愤青缺少逻辑，那么适当的读读逻辑书是很有必要的。

有人或许会觉得，打捞愤青就打捞愤青，怎么搞起读书座谈会来了？况且，这些书，很多人都读过。这是我的诡计，与其让我自己口干舌燥地跟愤青讲道理，不如让他们多读点书，去“货比三家”。“货比三家”是一个自我反省的过程，人的觉醒固然需要别人来苦口婆心地教导，但自我反省一下比别人说一年都管用。而自我反省就是一次次地求证自我、校正自我。好像笛卡尔说过这样的话，人生是需要一些呕吐的，吐什么？就是吐掉那些被我们自认为很正确的东西，保持对自身的清醒认识。

当一个愤青一次次地呕吐，一次次地重新摄入新鲜的精神食粮，他其实就走在脱“愤”的路上了。再辅之以社会人生的种种艰辛，愤青是可以正常过来的。

四 一个可爱的民族，还是少一点狼性为妙

我有一个朋友在一所中学当老师，在谈到某大学老师被学生砍杀于教室的事情时，心有余悸，“以后上课可以戴头盔了”。

在她看来，中国教育让她无奈且恐惧——“中国的教育是一种互相折磨的教育，学校折磨老师，老师与学生互相折磨，家长与学生互相折磨……”

她给我讲了一个堪忧的小例子，有一天晚上十点下晚自习，一个女老师骑自行车被一辆小车撞倒了，好几个学生在旁边当看客，连扶起来的念头都没有，显得十分冷漠。

为此，我跟她有过一点交流，我所关心的是，现在的学生为什么会变成这个样子（虽然30年前也曾有过那样的时候），她站在基础教育的第一线，她应该较有感受和发言权。而她告诉我的，是我很费解的。

在我的习惯思维里，没有教不好的学生，一个学生教不好，那是因为老师的工夫没有下够。而她告诉我，有的人是永远也教不会的，如果像你所说的那样，世界上就没有监狱了，都在学校学好了。这显然不是没有道理的，一个学生在学校教好了，进入社会也不一定不学坏啊。这个道理，我后来在一所工读学校采访时得到了印证，那所学校的校长告诉我，来这里的孩子60%以上是家庭有问题的，不是家庭不和就是教育方式不妥，这些孩子当中，有的一辈子都改正不过来。

我最为关切的是，到底是什么导致了这种互相的折磨，培养了这些冷漠的人？她认为是这些学生的母亲的失败，他说这些孩子的母亲都是“文革”后成长的人，传统思想已经没有影响力了（已经被“文革”扫荡几近于无），也没有了“文革”前的狂热信仰。除了灌输竞争，灌输人上人，教给孩子拼命赚钱外，没有什么理想、人生和信仰可以教给自己的孩子。

这肯定是很重要的一环，一个人的童年对一个人的成长有莫大的影响，而一个人在童年时期，对其影响最大的莫过于母亲，倘若一个母亲只会生只会养不会教，这孩子定然是要让人失望多于寄望的。那么，如果我可以说得恶毒一点——她们是

母狼一代，而她们的孩子是喝狼奶长大的一代。朋友对我的说法表示赞同。

这或许找到了一点问题的根子——有其母必有其子。然而，这些年轻的母亲又是如何变成母狼的呢？这恐怕又是十分复杂的社会问题了，总不能一步步地上溯到其母亲的母亲的母亲上去吧。这样的上溯，总还是可以找到恭、良、温、俭、让的母亲。

因了这些母狼一般的母亲教育出狼一般的孩子，然后再来接受学校的教育，我的朋友说他们“就像是义务的清洁工，不但要扫大街，还要打扫狗屎”。而她最渴望的是孔子所说的那种状态，如果一个人不想受教育，不愿意接受教育，就没有必要教育他，可现在的教育是垃圾都要当宝贝一样教育。这是朋友所最引为痛苦的互相折磨的事。

“喝狼奶长大的一代”让我想起前两年很畅销的“狼文化”著作，包括《狼图腾》、《狼道》、《狼魂》、《酷狼》、《像狼一样思考》等，一时间竟引来很多人对狼的崇拜，甚至有人说要反思“我们是龙的传人还是狼的传人”。狼是狡猾、凶残、贪婪的象征，历来为人所不齿，无论从狼身上挖掘出多少“好品性”，如“狼是一种集竞争性、合作性、服从性、忠诚性为一体的智慧动物”。但狼终究是狼，把人降格为狼，或者说把人塑造成狼是对人的污辱，更是对文明的背叛。

狡猾、凶残、贪婪的狼受到如此推崇，并不是几本图书制造出来的，而是人性中的恶像魔鬼一样从瓶子里被放出来的结果。是市场经济下资本原始积累的野蛮表现，是市侩哲学大行其道、颠覆传统道德的表现，是谁像狼谁就有肉吃的弱肉强食价值观的表现，是健康文化遭摒弃、人性的善良和崇高被边缘化的表现。于是乎，我们看到大街上奔跑着很多披着人皮的狼，于是乎，我们看到大量像狼一样凶猛决然的人，随时都会咬伤别人以填饱自己的肚子。

狼行大道，个人要有狼性，企业打造狼团队，民族以狼为图腾，这个社会必然“狼道主义”猖狂，人道主义湮灭，每个人人格严重扭曲，这个社会必然会变得缺乏亲情和友情，冷漠而残酷，不适合于人居。

都什么时代了，居然还把人降格为狼，难道人不但不进步还退步了？想来想去，发现，不是不进步，而是进步得太慢，有时是一进三步跟不上文明的潮流。为说明这个问题，我举一个段子来说。这段子是取笑农村人的（农村出身的我并无歧视农村人的意思），说农村人总是跟不上城市人的脚步，于是农村人感叹，不是我不明白，这世界变化快：过去我们吃野菜你们吃肉，现在我们吃上肉了，你们又满山遍野去挖野菜了；过去我们住平房你们住楼房，现在我们住楼房你们又去住平房了；过去我们穿土布你们穿毛料，现在我们穿毛料你们又穿土布了；过去我们出门靠11路你们坐车，现在我们坐车你们又走路了；过去我们在农村你们在城里，现在我们进城了你们又下乡了。

愤青就跟那些乡下农村人差不离，总是赶不上世界文明的脚步，当他们被西方列强的坚船利炮轰破城门时，他们死守着自己的“国粹”，实在不得已了，也要“中学为体，西学为用”，对西方殖民文明那一套进化论、丛林法则、狼化生存、落后就要挨打是拒斥的，这不符合中国文明中的和合哲学。

等到发现自己的失败确实不够丛林，转而将进化论奉为至宝，推崇丛林法则、狼化生存、落后就要挨打之时，西方文明已跃升到一个新的阶段，反思殖民，反思两次世界大战，以《世界人权宣言》为代表，前所未有地将人权摆在高于一切的位置，将整个人类文明推向新高度。“第二次世界大战的意义远非只是侵略与反侵略的斗争，而且是正义与邪恶（反人类）、民权与独裁、自由与压迫的较量（总体如此，不排除局部反例，如芬兰—苏联战场）。”（施卫江《幸灾乐祸庆袭击——愤青的价值观批判》）较量的结果就是正义、民权、自由获得胜利，获得普世的认可，越来越多的国家和人民认同并践行这些普世的价值。

愤青们再次跟不上脚步，还在抱着过时的观念不放，尤其是全球化成为近代以来世界历史的一个趋势的今天，显得与主流文明那么的格格不入，愚昧可笑。

愤青不仅跟不上“国际形势”，连“国内形势”都跟不上。20世纪80年代初，邓小平就指出，当今世界面临两大问题，一个和平，一个发展，这两大问题一个也没解决。时代主题变了，和平与发展取代了革命与战争，因为和平发展共生共赢利人利已。但是愤青们还在叫喊着打打杀杀，像狼一样侵略别国。现在，国家又提出“以人为本”和“和谐世界”，愤青还是没有跟上脚步，狼性思维已经封固了他们的脚步，他们还在提什么“太幸福就成了弱者，我们就得把他变成虎狼”。

中国需不需要竞争？当然需要，任何时代和社会都需要竞争，竞争才能进步。但要记住，竞争不等于进化论，竞争更不等于丛林法则，竞争的不排除合作，竞争需要文明规则，丛林法则却是动物形态的竞争，无文明可言，无关爱合作可言，只有你死我活，没有双赢。我们这个社会误解的竞争，将它降到动物层面，也难怪要把人降低到狼的层面思考问题，我们走到大街上，虽然有一个个的人在走来走去，但每一个人看上去都很像狼，包括我们自己，也很像狼。

我曾写过一篇杂文《一场残酷的赛跑》，或多或少从一角度描绘出了被狼性蚕食中国社会的残酷现实之一面：

中国人喜欢拿赛跑来比喻人生拼搏。孩子开始上学了，家长劝他们刻苦学习，就说不要输在起跑线上；孩子工作了，劝他们勤奋工作，就说不要掉队；孩子有点怪异的言行了，做父母的急得不得了，害怕他们学坏，害怕他们偏离正常的轨道

（跑道）。所有的担心，就是怕他们在一场人生的赛跑之中落败，以至于“被社会抛弃”。

拿赛跑来比喻人生拼搏很形象，每个人都是选手，都为着更好的“名次”拼命向前冲。这个“名次”其实就是“人生的目标”，看似繁复的标准，无不围绕着“成功”二字展开。成功既可以是升官，亦可以是发财；既可以是出名，也可以是得利。总之在世俗的眼里，你拼搏的结果值得别人赞美、向往、羡慕、效仿。

既是比赛，就总有跑在前面的，有跑在后面的，总有冠军，也有最后一名，这是再正常不过的事情了，尽管，谁都想成为冠军或领先者，谁也不愿意成为落后者。在体育场上，有一种林语堂所说的“费厄泼赖”精神（fair play），即在体育比赛中，光明正大，公开、公平和公正，不准使用不正当手段。在这种文明精神的光照下，领先者会赢得掌声，落后者也会赢得掌声，对运动员的拼搏精神表示由衷的赞美。因此，在体育赛场上，只有参与者，没有失败者，每一个选手都是可敬的英雄。

然而，在社会这个大赛场上，我们会沮丧地发现，人生的赛跑，只有领先者赢得有掌声，落后者不仅没掌声，还有无尽的嘲笑与歧视等着他们；在社会这个大赛场上，只赞美结果，不赞美过程，只赞美看得见的成绩，不赞美看不见的拼搏精神；在社会这个大赛场上，只有成功者与失败者之分，每个人都在“鉴定”自己成功与否，也时时在“鉴定”别人成功与否。

来看看我们的“比赛现场”吧，成功者拥有无数的鲜花掌声，咔嚓的闪光灯，成为上流社会、精英分子、成功人士，风光无限；而落后者成为下岗失业、流浪乞丐、“闲散人员”，他们在黑暗的角落里独自神伤，没有鲜花，没有掌声，更不会有人关心他们的梦想与不幸、叹息和眼泪，甚至连他们的家人都会觉得他们是“没有用的家伙”。只因他们在这场人生的赛跑中落后了，被贴上失败者的标签。一如成功者得到的荣耀，作为失败者，他们所获得的“劣等待遇”被视为合情合理。

社会是弱者最后的接纳者、抚慰者、救助者。在这场赛跑中，落后者不仅被领先者远远地抛在后面，还被观众冷酷地抛弃，被社会冷酷地抛弃，被文明冷酷地抛弃，他们还有什么生存的希望？一个落后者、弱者动不动就被抛弃的社会，实在谈不上温暖可爱，也绝谈不上和谐，而是冷漠无情到可怕。人生的赛跑如果是这样一场残酷的赛跑，实力不济的选手站在起跑线上，就已经一眼望到一败涂地、凄惨悲伤的终点了。因此，我对人生或社会赛跑式的比喻感到不寒而栗，丝毫也激不起美好向往。

必须得有一种残酷的比赛规则，才会上演一场残酷的比赛。这个规则就是这个社会坚定地信奉优胜劣汰，优胜劣汰是弱肉强食的“温情表达”，弱肉强食遵守的其实是一种丛林法则，它是不相信道德和眼泪的，它只相信强力，只相信实力。我跑得比你快，我就通吃，你跑得比我慢，你就一无所有。这种规则被张扬，被不假思索地拿到任何一个领域使用，真让人怀疑，这个社会是进化了还是退化了。

如果我们真的要拿赛跑来比喻人生的拼搏，为什么照耀体育赛场上的人类文明之光不能照耀到社会里？如果我们真的要拿赛跑来比喻人生的拼搏，那么，每一个社会成员都是一名选手，每个选手的能力有大小，机会有多寡，只要拼尽全力去跑了，就值得敬佩，就应该赢得掌声，在他们跑不动的时候，就给予鼓励和帮助，而不是“被社会抛弃”。

五　多一个韩寒，就少一批愤青

打死韩寒算什么本事，生出韩寒那才叫牛叉

2008年9月份，韩寒再次炮轰作协，且连发数炮：《关于中国电影的十堆炮灰》、《领悟》、《副主席郑主席》。

韩寒炮轰作协又不是头一回，早先就听他说过："如果我当作协主席，下一秒就解散作协!"不过这一次，有人是真正接招了。河北省作协副主席谈歌反打一炮："要是我当韩寒他爹，那下一秒就把他打死!"同是"战友"，同是作协副主席的河南省作协副主席郑彦英，站出来与谈歌并肩作战，她在《人不能无耻到信口雌黄》中，否认自己靠领悟文件写作，说韩寒轻浮到肯定连他的父母亲想什么做什么都不知道。这就让韩寒找到了更具体的炮轰对象，火力也用得更猛，有些话说得真是刀刀见血哪，心地善良的人最好不要去网上找来看。

还会不会继续有作协主席、副主席站出来接韩寒的招？大半年过去了，还是没有发现有人出手，韩寒稳胜无疑了。不过，这几年，大凡跟韩寒接招的作家、评论家、歌手，好像没有不落荒而逃的。我这样讲已经很顾及这些朋友的面子了，有人形容起来更加难堪：被韩寒砍瓜切菜似的打翻。

琢磨谈歌先生那句骂韩寒的话，觉得谈歌先生似乎认为，韩寒是不太配活在这个世界上的，消失得越快越好，至少让谈歌见到这种人活在世上，心里堵得慌。

韩寒又没有挖谈歌的祖坟，又没有抢谈歌的老婆，不过是表达了一点个人见解，这般容忍不得一个年轻人活在这个世上，真叫人匪夷所思。当然，谈歌先生也就讲了一句气话而已，新闻证实，谈歌原话是说："我也可以说，要是我当韩寒他爹，那下一秒就把他打死。大家都瞎说，没意思。"谈歌在开玩笑，说戏语，并不是真的要掐死韩寒，只是被媒体断章取义了。

谈歌虽然不会下一秒打死韩寒，但是我却相信，真的会有人想下一秒打死韩寒

的。韩寒特立独行、四处骂战，肯定得罪了不少人，以及“不少人”的粉丝，谁能说他们看见韩寒牙齿不嘎嘣嘎嘣地响？就我的经验来说，我也就写了与愤青争鸣的文章，就曾经接到过谩骂甚至恐吓的电话，告诉我出门小心点，我相信以韩寒的影响，应该树敌更多，招致更多的妒恨。

我们不妨假设，如果当真打死韩寒会怎么样（当然我不希望有这样的事情发生）？我想，打死韩寒的人也不会得到武松打虎那般的英雄礼赞。因为，当韩寒这样以言论戳破窗纸的人尚且活得好好的，那么，大多数规规矩矩的人更应该可以保全性命于世。如若因言论打死韩寒，那么每一个人的言论空间都会降低下来，就算不是为韩寒，而是为自己，就算不同意韩寒，而是捍卫他说话的权利，也不应该打死韩寒。

诚然，你要用那种打死一个人就像踩死一只蚂蚁的手段，我就无话可说了。我只是觉得，打死韩寒是容易的，冒出韩寒很不容易，打死韩寒算不了本事，生出韩寒那才叫牛叉！

这两年，韩寒不光谈文学方面的话题，社会上的时政新闻他也“掺和”。我读过他几篇针砭时弊的文章，发现他就事论理，看得准，拿捏到位，尤其语言丰富机趣，读来余味缭绕，完全可以羞死一大群天天写八股时评的时评人。人有才没有才，文章放在一起看看就晓得，韩寒的才气是想藏拙都有点费力。撇开才华不说吧，即便时下之中国，文笔才气好的人多的去了，只要你愿意，就可以拉出一个大名单来，不过，又有多少人拿那文笔才气作拍权贵马屁的工具和资本呢？

韩寒之成为韩寒，就是以他的年轻，以他的名气，以他的聪明，更以他的良知和胆气，敢于向权威叫板，也可以颁发个“勇气奖”。

这样一个有自由之思想、独立之精神的人，某种程度上说就是我们一直所渴望与向往的，不晓得某些人是吃了什么药，见什么鬼了，偏偏把他看成“坏孩子”，恨不得下一秒就把他打死。这不是韩寒的悲哀，是社会的悲哀，社会的悲哀，反衬韩寒的光彩。

学坏只需要一天，学好可能需要一辈子。某些人要真是认为韩寒是个“坏孩子”的代名词，怕自己的孩子跟着韩寒一学就坏，我劝你们就让孩子学学看，看能不能学得来，我估计有些年轻人一辈子都学不了。为什么？因为韩寒那不叫做“学坏”，而是一种独特的存在，并不是你想学就学得来的。再说了，如果韩寒只是像《伤仲永》中的仲永那样，吃点天赋才华的老本，不懂得继续下工夫，早就“泯然众人矣”，哪里还有本事单挑作协？说实话，我也想学韩寒那样出名啊，我学得来么？我学不来，我只好称赞两句。

按照谈歌一类先生的意思，韩寒的父母有这样一个儿子，一定是太不争气，丢尽颜面，不如一掌掴死算了。可是，我们想想，谈歌先生真有一个像韩寒这样的儿子，他舍得打死么，他不乐死才怪呢。我觉得，如果谈歌有韩寒这样一位儿子，说不定自己就不想笔耕不辍了，趁早感叹“父莫如子”，挂笔养老的好。

可惜，并不是人人都可以生出韩寒，也不是人人都可以成为韩寒，尽管有人天天在喊“生子当如某某某”。韩寒就是韩寒他自己，谁也不要冒充“韩寒第二”、“韩寒第三”。你要能够不跟大伙一个模子“烧制”出来，而且也不跟韩寒一个模子“烧制”出来，另外弄成一种存在，而且还功成名就，那你祖上真的烧高香了，百世修来的福分，你就好好的享受吧。

多一个韩寒，就少一批愤青

听说韩寒要创办一个杂志。韩寒的征稿启事我读了，他说这本杂志要“展现各种新的声音，接受对世界的质疑”。这是个很笼统的说法，具体指什么韩寒没有说，但是他说“杂志认为作者脑残，反人类反常识反正义反自由，杂志也会发表此类并且示众”，这不就将这本杂志价值追求公之于世了么？它似乎让我看到了当年《新青年》、《语丝》一纸风行的时代背影。

与其说这是一个征稿启事，不如说是韩寒借此做一个思想解放运动宣言。我的理解是，在网络上能卷起狂风巨浪的韩寒有无数粉丝，他可以用自己的文字来影响无数人，但他觉得还不够，还要让更多爱人类爱常识爱正义爱自由的人借他的平台来影响更多的人。从这个意义上讲，韩寒不光是一个火种，而且要做播撒火种的人。

80 后是目前中国愤青的中坚力量，没头没脑的，同样是 80 后的青年人，韩寒却清醒得像个异类，做人怎么差别就这么大呢，而且韩寒连大学的门槛都没有跨进去，这样讲，不是要否定中国教育，也不是打击那些跨进大学门槛的人，也不是说跨入大学门槛头脑就会变糨糊，正规大学学习可以为人生做很好的积累，我只是觉得韩寒清醒得难能可贵。他背叛了他那一代人的主流，他站成了一道风景。

还好，80 后还有一个韩寒，否则，我对这“火炬一代”的看法肯定要打折扣。80 后肯定不只一个清醒的人，韩寒只是显得特别突出而已。就算 80 后只有一个清醒的韩寒也行，韩寒有振臂一呼，应者云集的本事，不是十个八个清醒者能匹敌的，他忠实的粉丝就会受他思想的影响，就不怕没有改变愤青的可能，韩寒的“捞愤”功德应该大大地记上一笔。单为此，在时下的中国，“生”出韩寒是牛的，让韩寒“存活”下去也是牛的。只要韩寒保持足够的清醒，只要有条件继续摇旗呐喊，他就能挽救无数愤青，中国有足够多韩寒式的人，中国就会大有希望。

从弄博客到做杂志，韩寒已经从一个叛逆青年转变成一个公共知识分子。只是，如此一来，韩寒也就更加树大招风了。原先，韩寒在网络上纵横驰骋也就罢了，那毕竟是网络，可较真也可不较真。一旦冲到现实中来，变成白纸黑字，出版发行，又另当别论了。本来，韩寒可以活得很滋润，但他现在硬要把头伸出来，伸到令某些人讨嫌的程度，伸到别人可以轻轻松松打下去的地方，那人家岂能视而不见？所以，我虽然认为打死韩寒算不了什么本事，但是不打死韩寒被认为没有本事，那就麻烦了。

如若韩寒并非要办这样一个杂志，或是因为事前过于张扬，或是事后策略不当，连想法也只能“胎死腹中”、做法“难以为继”，也不要紧，韩寒的征稿启事也够得上是一篇不错的杂文，让后来者去学习并实现他的梦想吧。

六　不要把柏杨归为中国愤青

网络时代，地球真的变成了一个“村子”。知名作家柏杨于2008年4月29日凌晨1时12分在台湾病逝，几个小时后，大陆就有人为他写了纪念的文字，之后，网上更是一片纪念的海洋。

每一个人离去，都应该得到像样的纪念，除非他有交代，不要给他以纪念，可至少总有他的亲人不会淡忘。但是纪念已无关逝者本人，而是关乎逝者亲人的体面，关乎生者的文明。盖棺论定只是后人安排俗世秩序的某种要求，与逝者本人无关。

一个人与这个世界作最后的告别之时，并没有多少的人赶来为他掬一把同情泪，他撒手西天，却有很多人在难过，除非不知其病情，多少有点虚伪。包括我在这里写下这篇文章，都有虚伪之嫌。

虚伪就虚伪吧，人生如此虚幻，昨天还是一个热血斗士，今天已荡然无存，以虚伪来应对这虚幻也不失为不错的办法。因此，逝者已矣，哪怕我们给逝者多么美好的谥名都无妨，但是在种种盖棺论定中，我唯独不能忍受有人称柏杨为“老愤青”。

如若“老愤青”里的“愤青”是指西方社会意义的愤青，我举双手赞同，如若指中国愤青，我断然不敢苟同。正如我在《什么是中国愤青》里分析，在我一贯的认知世界里，中国愤青并不是一个褒义词，浅显一点讲，他们只是一些“四肢发达，头脑简单”的人，是最容易被“领头羊”牵引着盲目奔跑的羊群，他们被牵引着奔跑，哪怕是跑上断壁悬崖，也不自知，还乐陶陶。虽然，我也曾经愤青过，但我不认为那是光荣的历史，甚至觉得羞愧。因此，中国愤青，哪怕是中国“老愤青”，在我看来都算不得多么美好的声名。如果我们要给柏杨某些不好的论定，用愤青也是不恰当，用来当做赞誉，更加不恰当。

这样一个对中国历史与现实有着深入骨髓的清醒认识的人，一个“不为君王唱赞歌，只为苍生说人话”的人，怎么可能是一个头脑简单的人，怎么可能人云亦云，怎么可能被牵着鼻子乱跑。他的愤怒也只是智者的愤怒，是理性的愤怒，不要把他等同于愤青的糊涂愤怒、表面的愤怒。

也许有人说，柏杨年轻的时候不是也很热血，很“爱国”么。是的，柏杨曾经是一个热血爱国青年，盲目得很，他崇拜蒋介石、“七七事变”，他参加三民主义团，宣誓“愿为领袖活，愿为领袖死”，将爱领袖当做爱国，他还曾担任蒋经国文艺部队“中国青年写作协会”总干事，是一个不折不扣的愤青。

不过，柏杨后来脱愤了，他发现，爱国≠爱执政党，爱国≠爱政府，爱国≠爱领袖，他对于爱国的理解是：我们的国家只有一个，那就是中国。我们以当一个中国人为荣，不以当一个王朝人为荣；当中国强大如汉王朝、唐王朝、清王朝时，我们固以当一个王朝人为荣。当中国衰弱如南北朝、五代、宋王朝、明王朝以及清王朝末年时，我们仍以当一个中国人为荣。中国——我们的母亲，是我们唯一的立足点。所有的王朝只是中国的王朝，所有的国，都是中国的另一种称谓。

这跟时下自诩爱国的愤青对爱国的理解显然不是一回事，我们可爱的愤青把国家政府党派煮成一锅八宝粥，分不出哪是红豆哪是绿豆。

柏杨明白了真正的爱国，当他真正爱国时，却触恼了领袖和执政党，给他扣以“侮辱元首”的罪名投进监狱。之后，又以“思想左倾”、“假事自诬”、“为匪作文化统战工作”、“有明显意图以非法之方法颠覆政府”等等罪名，判他 12 年。然而，历史终究给了他客观公正的判决——他是一个真正的爱国者。

柏杨对民众的爱，也是“批判地爱”，他对中国的国民性表示了极大的愤怒，并给予了猛烈地炮轰，他写《丑陋的中国人》，专门揭中国人的丑，强烈批判中国人的“脏、乱、吵”、“窝里斗”、“不能团结”、“死不认错”等，指出中国传统文化有一种过滤性疾病使我们的子子孙孙受感染，到今天也不能痊愈。柏杨的愤怒和批判就是希望中国人正视自己的陋习缺点并加以改进，他的“酱缸理论”，在今天看来，丝毫不减批判的力量，因为，这个酱缸还没有完全被打破，我们还或多或少地腌在里面，陈腐的气味无处不在。

这跟时下的愤青又是那么的迥然，时下的愤青恪守“家丑不能外扬，国丑不能外揭”，最怕别人揭短，若听到有批评中国、中国人的声音，立马跳将起来，反攻倒算，完全无法体会柏杨先生“爱之深，恨之切”的深沉大爱。

柏杨一生著作等身，写下了 2200 多万字的作品，为国人争民主、争人权而呐喊呼号，柏杨用实实在在的行动来爱国，并为此遭来牢狱之灾，几乎丢掉性命。这又岂是“口水爱国”、“安全爱国”的时下愤青可以比拟的？柏杨可以为独立思想去坐牢，而现在，某些像“王羡鬼”那样的作家，正忙着舔屁沟呢。

在柏杨的爱国词典里，爱国包括爱两岸同胞。2006 年 12 月，柏杨向中国现代文学馆捐赠57箱文物，只是为了更好地传承中华文化，柏杨的爱超越了政治，是人间大爱。时下的愤青则把仇视台湾同胞，“核平台湾”看做是爱国，是狭隘之爱，两者不可等同而语。

纵观柏杨的一生，他是一个“满身是伤”的人，他对政治的怀疑要盖过对政治的支持，他用自己的人生经历来教会自己辨清是非，解放自己。倘若说他曾经是愤青，就不能说他一生都是愤青，更不能以愤青来给他盖棺定论。

中后期的柏杨与愤青根本不是一路人，他是愤青的死对头，是一个身体力行的愤青打捞者，愤青们引以为自豪的东西，往往是柏杨在尖刻批判的，愤青们所要袒护的，正是柏杨要揭露的，愤青们司空见惯的，正是柏杨如鲠在喉的，愤青拉柏杨来撑门面完全找错了对象。好比一个求雨的人请水神共工，结果误把火神祝融请了回来，这干旱的日子还有没有个尽头？

“他在世的时候，让所有人觉得刺痛。而没有了他，又让所有人怅然若失。”这个人就是一个脱离了“愤青趣味”的人。不要把柏杨归为愤青，不要在一个可爱的逝者的脸上抹黑。

七　愤青眼里容不得一个“范跑跑”

能不能宽容一个不够勇敢的人

2008年“5·12”汶川大地震震撼中国，震惊世界。当感动与被感动，“灵魂被洗礼”成为主旋律之时，却出现了“杂音”。北大毕业后在四川一所中学教书的教师范美忠在天涯论坛写下了《那一刻地动山摇——“5·12”汶川地震亲历记》。文中有这样的“表白”：“在这种生死抉择的瞬间，只有为了我的女儿我才可能考虑牺牲自我，其他的人，哪怕是我的母亲，在这种情况下我也不会管的。”

此文掀起轩然大波，理性的人认为，地震了老师先跑了是一种本能，无可厚非，但范美忠还要“扬扬自得”地自我表白，实在不明智。而在愤青的眼里，根本容不下一个“范跑跑”，“范跑跑”在他们眼里，成了一个没有人性的人、邪恶的化身，“看到他我终于知道什么叫无耻的N次方了”。

在一场惨重的大灾难面前，在媒体歌颂以生命换取生命的壮举时，在全国人民都掏肝掏肺地奉献爱心之时，范美忠的言论显得如此的突兀，如此的另类，如此的不合时宜！无论当时或是现在，站在范美忠的支持立场上说话也显得不合时宜，都有被指责的可能，但我还是要说。

按照那些明智的国人的聪明做法，哪怕在地震当中，抛妻弃子独自逃生出来，事后也会避而不谈，会加倍掩藏，却不会扬扬自得，四处宣讲。他们会用“别人不知道”、“别人没有说起”，来让自己的心灵获得安稳，然后进入庸常的生活，继续做一个明智者。此时的明智者固然很明智了，但何尝不是明智到了虚伪，明智到了可怕，慢慢地练就了见风使舵和表里不如一的本领。

不做这样的明智者又会如何呢？无非遭人唾骂、鄙视、攻击、踩踏。为了逃避这些后果降临自己身上，只能让自己在道德上站得住脚，可是自己的实际行动明明又站不住，怎么办？只好或沉默不语，或假装不知，或编造假话，一个本来真诚的人，被有意无意地强行“纠正”过来，汇入众生之中。所以说，在中国，假人、伪人特别多，大家都戴着面具生活，一片其乐融融，容不得另类的生存。

范美忠好像做不到、学不来，他好像总是直面自己最真实的想法，坚持他的价值标准，无论是在他跑出教室的一刹那，还是事后原原本本地端出来说，他都“知行合一”，是怎么想的，就是怎么做的，就是怎么说的。平时“绝不会是勇斗持刀歹徒的人”在这种危急关头，他仍然不是一个挺身而出的人。

这样的人，在明智者眼里确实太不谙世事了，有些事情是只能说不能做的，有些事情是只能做不能说的，范美忠恰恰犯了后一种错。所以，他这样做“是件异常傻的事情”，挨批是他自己早就预料到的事，不见容于明智的愤青也是很显然的事。

后来，范美忠通过媒体公开道歉：“第一，要向我的学生道歉，在当时那种情况下，他们把我看做了一个强者，一个可以保护他们的强者，但我由于自己还不够勇敢，我让他们失望了，我想向他们道歉。第二，要向校长和光亚学校道歉，他们因为我的事情而承受了太多的压力。第三，我要向看过我文字而在情感上受到伤害的网友等道歉，但这并不代表我向我的观点道歉，我仍然坚持我的观点。”但范美忠的道歉被视为狡辩，仍然没有得到愤青的谅解。

我们得承认，任何时代，任何社会，都需要每一个人仰望星空，循守心中的道、德、律。基于人类美好价值的道德，比如人性、真理、宽恕、公平、自由、正义和爱，是维持一个美好社会、战胜天灾人祸的力量。任何人践踏这样的美德，都会削弱这样的力量。

猛然一看，范美忠有违这些美好价值，他确实过于自私了，他自私的后果，可能是造成别人失去儿女。可是如果范美忠无私呢？他无私的后果，可能是他父母失去一个儿子，他的女儿失去一个父亲，他的妻子失去一个丈夫。生命是等价的，我们如何能够硬心说一个学生的生命比范美忠的生命更值钱？我尊重范美忠的选择，如果他能牺牲自己，值得敬佩，如果不能，也没有天大的错（可以说他失职，没有尽到作为一个教师的职业道德），我不想逼着人人都当道德楷模，要范美忠必须赴难。鲁迅说过，“倘不能赴难，就应该逃难”。退一步讲，我即便不同意他的观点，我也要捍卫他说话的权利；我即使不同意他的做法，我也尊重他的选择。

我很欣赏一个网友的说法：平心而论，范美忠的行为很可能是未经受过必要训练的普通人大多数的临机反应模式。试想，若易地而处，我们每一个人是否必定不会如他一般行动呢？他原本可以保持沉默，但他没有，说明他能直面内心，难能可贵。

是的，如果范美忠保持沉默，不会有人押他到道德的审判台上，他可以平静地生活，可是他没有，他的真诚换来了口诛笔伐。不过，当我看到有理解范美忠的网友出现时，我觉得，我们这个社会不再是铁板一块，我们每一个人都有机会活得更为真诚一些了。

我觉得腾讯网在做“范跑跑：跑调的理想主义者”专题时，写下的结束语很好：我们应该保持理性、平和的态度，去正确对待和分析“范跑跑”，竭力找出隐藏在道德话题背后的真问题。对于“范跑跑”，我们应当首先认清如下真相：灾难应急演练的缺失，是造成“范跑跑”的根源——这才是我们真正需要解决的问题，也是我们真正能够解决的问题。

有人说，范美忠是道德虚无主义，虽然他声称自己是自由主义，其实是伪自由主义。这就从另一个角度去看待范美忠的行为了，在此我也说两句。

愤青对范美忠无论其行为还是言论的“零容忍”，本质上就是用道德威权来否定行为观点的多样性，要所有的教师都像谭千秋老师那样，用自己的生命换取学生的生命，牺牲自己家庭的幸福和欢乐换取学生家庭的幸福和欢乐，要教师去担当“伟大”这个超越教师义务的道德，实际上就否定了老师可以不崇高可以不伟大的选择，道德威权在肯定真理的同时，否定了人可以卑亢到尘埃里去的权利。

道德虚无主义呢，则是容许行为观点的多样性，一个人可以做真小人，也可以做伪君子，可以流氓，可以无赖，可以正直，可以高尚。但它以多样性来否定真理等美好价值，尽管人人都可以自由表达，但是没有一个真理标准，没有什么值得共同信仰的东西，这就是伪自由主义，自由最终失去自由的意义——追求真理的意义。因此，在哲学社会学的讨论中，特别强调，在实现自由以后，要防止道德威权卷土重来，防止虚无主义泛滥成灾。

如果中国目前是一个民主自由风行，相对主义、虚无主义的泛滥成灾的时代，那么OK，对范美忠的言行，我会持一种反对态度。但中国现在不是，与民主自由相反的力量还非常强大，道德威权经常在绑架个人，换句平常话说，把人逼成伪君子的力量远大于宽容真小人的力量。在这个时候，我愿意做一个宽容自由的人，哪怕他看起来还不那么像真自由主义；在这个时候，我愿意站在范美忠这只鸡蛋这边，而不是道德威权之墙那边。

我劝范美忠别再当老师

中国愤青对范美忠可谓是“宜将剩勇追穷寇”，穷追不舍，在写出《那一刻地动山摇——“5·12”汶川地震亲历记》之后，形成了愤青围攻之势，范美忠因此丢掉原学校当老师的饭碗。不久，有报道说，“范跑跑”要‘复出’了，将正式受聘于北京某教育学校，担任该校文科教研室主任和潜能开发研究院研究员，据说还要在中央民族大学礼堂公讲人文关怀及如何考上北大。

愤青一听说范美忠要“复出”，且重操旧业，真是十分地气愤不过（或许当初骂范美忠还没骂够，气还没解完呢），自然不会把那位挖掘他的校长当伯乐，更不会把范美忠当千里马。岂只是不当千里马，连狗屎都不想拿来相提并论的，“可耻的家伙，还有脸讲课?”看看那些义愤填膺的评论，就差有机会能生啖其肉，以解心头之恨了。

这是令我很吃惊的，弄不明白这个社会怎么会有这样一群人，不禁要问：要不要饿死说真话的人？真话不等于正确的话，范美忠在大地震后抛出的言论，姑且不论是否正确，但绝对是他自己的一番真话，即范美忠的行为很可能是未经受过必要训练的普通人大多数的临机反应模式。若换位而想，我们每一个人是否必定不会如他一般行动呢？范美忠原本可以保持沉默，但他没有，他直面自己的内心，说出了真话。一个说了真话的人，因此丢了工作，已经很令人遗憾，一个说了真话的人，获得一个“复出”的机会，又遇强烈的阻遏，难道，我们要将这个说了真话的人生生地饿死，才能让人举国同庆？或者，这就是一个官话、套话、假话、谎话吃香的环境罢了？

我想，真正的道德家总该是有道德与爱心的，连只飞蛾被烧死都不忍心，不至于喜欢随随便便就把一个人饿死、逼死。如此，那些自诩站在道德高处的人，又要将范美忠式的人逼到无以生存的境地（据说，前阵子，有网友担心失业的“范跑跑”没了给女儿买奶粉的钱），足以说明，这些人只不过是些挟道德以制其人的伪道德家。伪道德家满嘴的仁义道德，都是对别人的要求，要是对自己的好处无利，那是坚决不讲道德的。我们且不论范美忠的“逃跑言论”多么地不符合自己的职业要求，一事归一事地说，离开了那个特殊的时刻，范美忠有生存与工作的权利，是谁也没有资格剥夺的。

如果有些人非要坚称自己就是有道德，就是出于真诚的道德坚守，就是要范美忠名声扫地，人生也扫地，那么我要问，这种道德是怎么样一种可怕的道德，它里面究竟窝藏着多少吃人的东西？事实上，回望一下历史，类似要求女人终生守寡，立贞节牌坊的道德曾经吞食掉多少美好的生命？我们是不是还秉承这种吃人的道德，拿它去残害现在的人?

范美忠只是一介平民而已，除了讲点真诚的、独立的、有思想的、不媚俗的言论外，“手无寸铁”，家无万金。我们淡出对地震的反思（或是根本就不让反思），淡出对建造危楼的贪官的谴责，只留下可以听任辱骂的小老百姓范美忠，成为一场大地震中的唯一小丑或罪人，真不知道是我们特别能遗忘，还是特别懂得捏软柿子，而且还捏得上瘾。

“北京某教育学校”聘用范美忠，很难说这位校长有什么蔡元培之风，我也不知道这位校长是不是借范美忠来为自己的学校做广告。但是，可以肯定，这是令人感到温暖的一个举动，这至少说明，我们这个社会尚存一种包容的心态，并可能在慢慢地成熟。如若是某些人要避免范美忠越走越远，成为体制的对立面，所以要给个工作以“圈养”和“安慰”，那就另当别论了。

纵然是这样，我仍然要劝范美忠别再当老师，尤其是中学老师，虽然当老师并不一定要上讲台去传道授业解惑。首先，以范美忠的独立思考能力和批判精神，他恐怕更适合于启迪学生的思想，不适合做一个陶瓷工，要他教出一批不会只点头称是的考试机器、应声虫、无知者、脑残人、顺良民……恐怕有违自己的理想，也有很大的难度。其次，在这样一个环境里，范美忠实现不了自己的教育理想，还可能将自己也一并废掉，因为，巨大的磨蚀力终将会把一个有棱角的人磨得光溜圆滑，未尝不是一种悲哀。

八　扒掉愤青那条三角裤

有人讲了一个讽刺独裁时期的阿根廷的笑话，在此援引：

两个大学教授去看服装表演，演到精彩处，姑娘们幻化着五颜六色的泳装，像蝴蝶一样在台上翻飞。

“我们的政府就像挂在姑娘臀部的三角裤。”A 教授给自己灌了一大口啤酒，有点醺然地说。

“老兄何出此言?”B 教授舔了一下有点干燥的嘴唇茫然问道。

A 教授哑着嗓子笑了：“这还不明白吗？人人都希望它掉下来，只有她自己想把它坚持住。”

这笑话极具杀伤力，深入骨头。从人性来讲，如果人人可以自由选择，谁都希望独裁者下台，而不是骑在自己头上作威作福。从象征来讲，把那块掩羞的布扯下来，她们就不敢招摇撞骗了。如若扒光了还能在台上自信地摆 poss，那是百毒不侵，我无话可说。

愤青还没有到那个地步，愤青还是要点面子的，他们要用一条“爱国”的三角裤把自己的丑陋遮蔽起来，期望走上星光大道，然后说，你们看，我们爱国是不是很性感啊？我们爱国是不是很出位啊？我们爱国是不是很风光啊？

我就不给愤青这个面子，我就要把愤青那条三角裤扒下来，让他们赤条条地，让天下人看得清清楚楚，哦，原来爱国的下面是那玩艺儿啊，呵呵。

愤青会不会觉得被扒下三角裤是一件很丢丑的事啊？依我看，这不是什么丢丑的事，被扒下来了，反倒可以证明自己也还是一个正常人啊。

最可怕的是，一个人被别人裁成三角裤穿起来还自鸣得意，甚或是自己争着要做别人的三角裤。此时，人人都希望它掉下来，三角裤反倒不乐意了，要誓死捍卫，而且还叫嚷着说，不能扒，扒了俺们，“中国不高兴”。那我就点一把火把三角裤给烧了，你信不信？

这把火，就是《中国谁在不高兴》。《中国谁在不高兴》一书是周筱赟、叶楚华和我“网络三剑客”撰写的一本书。看这书名就知道，这是一本专门批驳《中国不高兴》（宋晓军、王小东、黄纪苏、宋强、刘仰著）的书。

《中国不高兴》是2009年3月出版的一本热门时政书籍，坚持了一贯的病态民族主义脑残立场，看起来是要中国做一流国家，依托国家大目标实现众生幸福平等，告别自我矮化的精神历史，其实是主张“霸权主义”，将中国推上完全反西方、与世界为敌的穷兵黩武道路。

《中国不高兴》里面的很多观点并不新鲜，与13年前那本《中国可以说不》一脉相承，只是在中国国力日增的特定情势下，开始炫耀肌肉，为中国愤青炮制了一个新款的“精神保健品”，让他们又得到一次意淫世界的快感。

如果说《中国不高兴》有什么可取之处，我认为是该书的写法，由故事、场景和新闻事件切入，娓娓道来，直率议论，没有故作高深的学术腔调，保持了普通读者喜爱的文风，流行的俚语、双关性的讽喻，使本书趣味盎然。

在《中国谁在不高兴》出版之前，我曾跟一位朋友讨论说，对于《中国不高兴》，我们得有点回应，得发出我们的声音。这位朋友说，是的，我们应该提出我们的主张，中国要是只被《中国不高兴》的声音所湮没，是多么的可怕。但是他又很担心地说，《中国不高兴》的声音容易发出来，甚至会得到鼓励，而要发出与《中国不高兴》不一样的声音，恐怕就不容易。

谋事在人，成事在天，我们还是尽力去做，在做的过程中，发现与《中国不高兴》相关的书在不断推出，比如《中国很高兴》、《中国为什么不高兴》，我看了一下，这些书都不是针对《中国不高兴》而写的，只是起个书名搭《中国不高兴》的便车。而《中国谁在不高兴》则是真正与《中国不高兴》PK的书，针尖对麦芒，刺刀见红。

我的朋友的担心最终没有出现，《中国谁在不高兴》顺利出版，虽然文章被删改不少，有一些文章根本没有收录进去，但它毕竟出版了，与《中国不高兴》截然相反的一种声音发出来了。这让我感到欣喜，中国社会仍然有太多的不足，但其进步有目共睹，至少它认可了价值多元这一现实。为这本书作序的阳光卫视董事局主席陈平先生在序言里也不无欣慰地说：“我说为之高兴，不仅仅是指本书、本书的作者、本书的观点，还包括今天中国大陆社会既可以出版《中国不高兴》，也可以出版《中国谁在不高兴》，双方唇枪舌剑。若是时光倒退30多年，回到为当今某些无知的愤青所憧憬与向往的以阶级斗争为幌子、以乌托邦前景为天堂的诱惑的‘文化大革命’时代，两本书不可能出版尚是小事，两本书的作者如果能够活在狱中，已是命大、福大、造化大!”

凡读过《中国不高兴》与《中国谁在不高兴》都能看出两本书的分野，在一些根本问题上是水火不融的。2009 年 7 月 5 日《春城晚报》曾用漫画加台词的方式做了一期《新倚天屠龙记》，看似讲的是武侠小说世界的事，实则是中国思想界的一起交锋，我觉得漫画版的编辑用漫画加台词的方式来“图解”这场交锋，十分生动形象，在此不妨摘录一些，以飨读者。

元末明初，一把屠龙刀一柄倚天剑，相传得之者可以号令天下，一时间引无数江湖英雄竞折腰。

时序飞渡，公元 2009 年春夏之交，中国民间网络江湖。

狂飙再起，巨浪滔天。银光闪处，民族派 5 少侠剑气逼人——宋晓军、王小东、黄纪苏、宋强、刘仰们，挟 12 年前《中国可以说不》之余威，断定《中国不高兴》! 祭起“铁血王霸”之倚天剑，撮“为国直言替天行道”之旨要，以“英雄国家大目标”立论，主张重建道德文化，脱去文艺腔调，敢于持剑经商。

正当宋晓军们激扬文字之际，自由派 3 刀客豪气冲天联手反制——叶楚华、周筱赟、廖保平们见招拆招，力著《中国谁在不高兴》，祭起“理性务实”之屠龙刀，以“逆流”指斥 5 少侠，批其“物质向右精神向左”之双重人格，揭其“爱国市场愤怒商机”之愤青经济，重申回归常识、关切民生之普世价值。

两飙人马激战方酣，恍然间如塑如雕，勾勒出中国民间思想精英之另类家国抱负济世情怀。本期环球浮世绘力图漫画这场特殊的思想交锋，以佐诸君茶饭之余一笑三思。

一方高举民族主义大旗，一方高举普世价值大旗，两班人马不仅在网络上，而且在图书上均展开了厮杀，这就是中国民间思想界的博弈，也是中国民间思想界的现状，也可以说是中国民间社会现状。“把《中国不高兴》与《中国谁在不高兴》对照起来阅读，可以看到今日中国青年的分野与交锋，从而管窥未来中国发展之趋势。”(周瑞金，人民日报原副总编辑、皇甫平系列评论作者)

这话没错，这种分野与交锋，其意义不在于打口水仗，过把瘾就去睡觉，说明中国青年在回答“中国是什么”与“中国在哪里”有分歧。这与 30 年前比较一致地赞同拥护改革开放是不太一样的，这是“中国世纪”背景下的新抉择，这种分野与交锋可能决定中国的未来，这才是至关重要的，对民间存在的这种思想分野与交锋，高层不能不引起重视。

每一个真正关心中国去向的青年人，都可能会关注并参与到这场交锋中来，在这场交锋中，愤青无疑是双方争夺的重点。愤青虽然愚昧自大，但因为有热情，只要解除愚昧的枷锁，就会变成中国积极正面的力量，没有人忽视他们的力量，也没有人会舍弃这样的力量。

在我的理解之中，《中国谁在不高兴》是一本足可以扒掉愤青那条三角裤的铁力手，也是可以将病态思想烧毁的光明之火。它如此不留情面地扒下愤青的三角裤，难免会引起愤青的愤怒，但是不扒下这条三角裤，他们还会拿这条肮脏的三角裤掩盖肮脏的东西，用这条肮脏的三角裤为冷战招魂。为让中国走向光明之路，而不是歧路邪路，这本书尽了一点绵薄之力。

九　给愤青上堂历史课

人们也许还能记得2006年7月18日，瑞典仿古商船“哥德堡号”在航行9个多月后，驶抵古代海上丝绸之路的发祥地广州，这是瑞典商船与广州时隔261年的重逢。当时，中国掀起了股“哥德堡号热”，广州更是万人空巷。

一些人也许还能或多或少地了解哥德堡号。这个哥德堡号其实是“哥德堡Ⅰ号”，是瑞典东印度公司（Swedish East India Company）建造的用于海上贸易的商船。1745年1月11日，“哥德堡Ⅰ号”从广州起程回国，船上装载着大约700吨的中国物品，包括茶叶、瓷器、丝绸和藤器。

8个月后，“哥德堡Ⅰ号”航行到离哥德堡港大约900米的海面，离开哥德堡30个月的船员们已经可以用肉眼看到自己故乡的陆地，然而就在这个时候，“哥德堡Ⅰ号”船头触礁随即沉没，正在岸上等待“哥德堡Ⅰ号”凯旋的人们只好眼巴巴地看着船沉到海里，幸好事故中未有任何伤亡。

人们从沉船上捞起了30吨茶叶、80匹丝绸和大量瓷器，在市场上拍卖后竟然足够支付“哥德堡Ⅰ号”这次广州之旅的全部成本，而且还能够获利14%。这之后瑞典东印度公司又建造了“哥德堡Ⅱ号”商船，它最后沉没在南非。1813年，瑞典东印度公司关闭。

这艘复古的哥德堡号时隔260多年“重访”中国，让许多中国人充满了好奇、好感和憧憬。好奇是因为这是一次跨越历史时空的故地重航；好感是因为哥德堡号从来没有向中国贩运过鸦片；憧憬是因为哥德堡号的到来，象征着和平往来、公平贸易、友好交流在两国之间正驶向新的里程。

其中对于中国愤青来讲，最为重要的，恐怕就是这艘商船从来没有向中国贩运过鸦片，如若是英国东印度公司复古一艘商船重访中国，一定会重揭中国的历史伤疤，遭致愤青们的坚决抵制。同样是进行海上贸易，哥德堡号从来没有向中国贩运过鸦片，这是多么值得庆幸的事，是多么值得友好对待的事，这庆幸与热切的背后，多少有一点心酸。

不过，哥德堡号的到来，如果只是给我们带来这些是不够的，还应该给中国愤青上堂历史课，只有在温习历史后，再憧憬未来，这样的憧憬才显得热切而不失理性。

哥德堡号能给愤青上什么历史课？这要从西方人为什么来中国说起。显而易见的是，西方人不惜花费巨资建造海船（瑞典耗费了15%的GDP来建哥德堡号），冒着丢掉性命的风险跑到中国来，是因为与中国进行贸易可以带来巨额利润（据称，瑞典东印度公司一条商船赚取的利润相当于当时瑞典全国一年的国内生产总值），为什么这种贸易会有如此巨大的利润空间？因为在当时的欧洲正掀起一阵“中国热”，央视的解说是，中国是时尚和财富的代名词，人们对任何来自东方大陆的物品都趋之若鹜，唯恐落在时尚潮流后面。上等的宴席一定要用中国进口的瓷器才够高雅，豪门名士家中一定要有中国式的摆设家具，包括园艺的风格都受到来自中国的影响。

如此说来，中国理应是国力雄厚，傲视天下，万邦来朝了，就连吃穿也引领国际潮流。不管国力是否真正雄厚，当时的国人倒确确实实是以天朝上国自居的。1739年，“哥德堡号”首次抵达广州。当时，清政府已在致英王的敕谕中毫不客气地称：“天朝物产丰盈，无所不有，原不藉外夷货物以通有无。”眼睛里根本就不把外夷当一回事。

遥想当年，马戛尔尼来华，乾隆皇帝硬要他行三跪九叩之礼——“一到殿廷齐膝地，天威能使万心降”，下跪表示英国的“归服”。据说马戛尔尼只同意行单膝跪礼，朝野舆情一片愤然，有官员甚至嘲笑马戛尔尼说英语像野驴叫。

乾隆皇帝的傲慢也不是没有理由，瑞典东印度公司总经理戈贝尔松说：“在18世纪，中国的很多商品比别的国家先进”。既然自己先进，别人都来求着自己，傲慢一点也是自然而然的事，何况他是大清帝国的皇上。

可是，就这么一个皇帝，他只听到别人夸他的瓷器做得如何的先进，却没有看到别人造的海船多么先进！他虽然不像顺治那样“无许片帆入海”，但延续着清朝皇帝对海运一贯的谨慎。

如果上溯得远一点，是延续了明朝朱元璋的海禁政策。朱元璋曾有“明祖定制，片板不许下海”的禁海“祖训”，后世子孙奉行不渝。这将唐宋元的海上贸易好局面毁于一朝，把中国的强项——造船航运业一点点地葬送掉，对外交流的大门被关掉，或是只开一条缝，形成闭关锁国的格局。虽然，明成祖时期，有三宝太监郑和七下西洋，但这并非真的要“海洋立国”，也不是要放开海禁，而是炫耀武功的官方行为，为皇帝搜罗奇珍异宝，是中国航海业的“回光返照”。

也就是这个乾隆皇帝在位的期间，西方文明发生了翻天覆地的变化，在物质科学上，英国工业革命开始了，德国修建了首条铁路，英国建成了第一座铁桥，美国科学院在波士顿成立，英国瓦特制成了蒸汽机，法国蒙哥尔费兄弟发明了热气球，英国化学家卡文迪许证明了水是化合物……

在文化思想上呢？西方文明也发生了翻天覆地的变化，创立“人性论”的休谟、创立“国富论”的亚当·斯密、创立“社会契约论”的卢梭都完成了自己一系列的重要学说，歌德、伏尔泰、莱辛发表了自己关键性的著作……尤其是孟德斯鸠的《法的精神》（1748 年）、卢梭的《社会契约论》（1762 年）、亚当·斯密的《国民财富的性质和原因的研究》（1776 年），“建立了代表资产阶级利益的经济理论体系，确立了资产阶级政治制度的基本原则”，对世界的影响极其深远。

而这期间我们在做什么呢？在物质科学上，我们乏善可陈，我真的想不出什么可以拿出来一说的东西。在文化思想上，除了编撰《古今图书集成》、《四库全书》，我也想不出多少先进的事。有时我在想，这段时间，西方知识精英在创造一种新文明时，我们的知识精英在做什么呢？难道我们这个民族集体地停止了思维？

在我读郑曦原编的书时（《帝国的回忆——〈纽约时报〉晚清观察记》，三联书店，2001 年 5 月）我找到了答案。1875 年 7 月 6 日《纽约时报》的一篇《士：“无知”的知识分子》的文章是这样写的：“在大清国，士，或称知识分子，通常都非常仇恨外国人。他们反对电报、铁路以及一切新鲜的东西。他们阅读的经典著作是孔夫子时代创作的，世界历史或人类思想、智慧的发展史，以及所有事物发展和学问的来源之一切最本质的东西，就在那个时候停顿下来。从那以后，华人就一直在不断地咀嚼着那几块干骨头，并且，如果有任何其他知识的小舟敢于向他们靠近的话，他们就会咆哮不止。”

原来，直到这个时候，时光又过去了一百年，西方人在饕餮一般地猛啃新知识、创造“新知味”时，中国人还在咀嚼着那几块干骨头，别人在向前走的时候，我们正在回头看，别人已然搭上了近代化的高速列车，我们还在古老的牛车上慢悠悠地移动，在先进文明面前，我们的创造力了然无存。

然后在这本书中另一篇《“四书五经”维系着清国灵魂》的文章里，我又读到这样的报道：“我们从清国人那麻木、呆板的面孔上看不到任何的想象力。他们的面容从未闪现出丝毫幻想的灵光。他们并非弱智，他们不乏理性，但就是没有创造性。在人类智力发展的进程中，他们是世界上最教条、最刻板的人。个人如此，整个民族更是如此：冷漠、很难脱出既有的条条框框、缺乏进取心、厌恶一切创新和改革，汉民族的这种特性就好像是与生俱来的、深入骨髓的。实在不应该是这样啊！”

是的，实在不应该这样啊！连当时的外国人都替中国人着急了。如若自己的文明无力激发创新，那么学习别人行不行？他们致命之处恰在于，“很难脱出既有的条条框框、缺乏进取心、厌恶一切创新和改革”，而且还仇恨文明。这就注定了这个民族要沦陷下去，直到当头一棒之后才会警醒，历史已经证明了这一点，也还将继续证明这一点。

这一切都发生在一二百年前，发生在哥德堡号一样的西方船舰穿梭往来于几大洋期间。照说，这来来往往的海舰应该让国人看到外面的世界很精彩，但是故步自封的大清帝国却甘做井底之蛙。随后我们终于看到了“辉煌的落日”的景象，接着就进入一段惨不忍睹的黑暗……

当我看到中国愤青仍然抱着那种“天朝物产丰盈，无所不有，原不藉外夷货物以通有无”的狂妄自大心理，以及动不动就抵制西方文明时，我就仿佛觉得我们还没有走出历史的怪圈，历史就是这样会如此荒谬地重演。

如今，瑞典这个人口只有900多万的北欧岛国，被世界公认为最具创新力的国家之一，在历年世界经济论坛发布的国家竞争力榜单中，总是名列前茅，这是不是与他们在200多年前的“大航海时代”树立的开拓创新、征服冒险和竞争进取的意识有关呢？而中国要想成为一个有竞争力的国家，热诚地拥抱先进文明必不可少，断不能因为盲目爱国而狂热排外。

现在，我们驶向新的未来之前，回去看看那段历史，吸取一点教训，是大有裨益的。

第七部分　愤青向我开炮

说明：为了更真实地呈现本人与愤青的论战，这一部分收录了一部分驳斥我的文章，大部分是从网络上找到的，用的也多是网名，因此无法联系到本人。但为了避免不经作者授权就转用，这部分驳斥的文章除了白珉先生的《致廖保平先生》外，余者均采用了节选摘录的方式，文章的完整性可能受到损害，也不排除意思会因为摘录节选的原因而不完整，在此特表歉意。

一　抵制法货，有人说不？

首先，我认为廖保平应该不是白痴（当然，弱智的话就另说了），毕竟头上挂着那么多还算有点材料的名头，咋看也不能连最起码的审时度势也不懂吧？但是，我就比较困惑了，你怎么就会做出这么强大的“抉择”，在这个风口浪尖上跳出来高喊“我不抵制法货”。莫非您廖先生对于挨板砖这种很前途很光明的活动无比向往？而时下做出您那样的评论很明显会被拖出去乱棍打死，很明显会被人乱砖拍死，但您还是跳出来了，嗯，请允许我向您这种“勇气”以 45 度角的目光瞻仰一下。

而且，最强大的是貌似您没有搞懂别人为什么抵制法货？真的不是我想说你，你不抵制法货就不抵制吧，没有人会去说你，你跳出来就跳出来吧，顶多挨挨骂也就好了，但是您自己有没有搞清楚自己想说的东西？连民众为什么抵制法货都不知道，就可以跳出来在这里乱喷了，有点所谓的“评论员”的责任心吗？我见过那么多的评论员就楞是没见过您这么高竿的评论员，您也是个学中文的，但是您无论说什么东西总有个站住脚的东西吧？手下没根，就敢乱喷？很好很强大很猥琐很（请恕我手拙，本人不是学中文的，实在找不出比较合适您的词了）。

然后，嗯，您又提到抵制日货的问题了。的确，我承认很多即使国人在高喊抵制日货的同时手里或家里还是有日货的影子。就像日常大街上爬满了越来越多的丰田、本田、尼桑、三菱，旅游区里的游客们手里都拿着索尼、佳能等等。但是也请您能看到国人在这方面的进步，远了不说，就往前退三年，你见过有几个说抵制日货的人？甚至抵制日货的人会被挂上愤青的牌子，扣上有个性的帽子。而现在，国人在这方面已经逐渐有了认识，精神层面上开始有了自发团结的意识，这并不单单是一种口号，并不单单是一种愤青的行为，而是国民的一种气势，一种团结的气势，这是在向世界表明：无论外面哪个国家再敢欺负中国，他面对的将是团结的中国人民的反击！像这种抵制 X 货的做法，确切来说是在表达我们国民的一种情绪，至少他代表着人们心里是觉醒的。而您的“文章”却恰恰在表达一种要熄灭国民的这种团结热情！难道这就是您所谓的廖先生式的“众人皆醉我独醒”？我只想问您一句：您作为一个中国人，还有脑子么？还有良心么？你TM就是想把国人往不醒的方向拖下去！（不好意思，暴句粗口）脑残尚可，心残则无药矣。

再然后，就是廖先生您“抵制家乐福就是抵制我们自己”的说法。首先，我要向您的中文老师表达一下个人的遗憾，接下来，请再次允许我向您这种“勇气”以45度角的目光瞻仰一下。我又一次困惑了，这难道就是一个成年人应该有的逻辑么？抵制一家外国开在我们国内卖东西的超市等于抵制我们自己？我十分恳切的想知道您是怎么得出这种结论的——莫非您认为法国人很白痴么？他们拿自己的钱到中国来仅仅是为了给中国解决工作岗位的么？他们拿着大把钱来，然后是空着手回去的么？他们把赚的钱都捐给我们国家了么？拜托，醒醒吧！人家来中国是来拿钱的，而不是送钱的！再有一句，我很疑问，家乐福到底想要做什么？身为一个商团，但是却插手政治？莫非家乐福经商也经营到我们中国的自家事来了？他这是一种商人的形态吗？而你，居然会为这种东西说话？好吧，我委琐他问你一句：“您拿了他多少钱？”

（摘自厌雨《抵制法货，有人说不？》）

二　别动不动就抢人家老婆

以前本人并不知道廖保平是卖什么的。结果有一天在网上转悠的时候，不知怎的就看见了一篇文章，《愤青，我是抢了你老婆咋地?》，一下就被博主的文章题目所吸引。你想想，中国人口13亿，愤青数量能少吗？这兄弟一下子要抢这么多人的老婆，肯定不是等闲之辈，吾要学学，若有所得，也照猫画虎抢几个老婆回去。

点开看来几段后发现博主在文章中有贴进了别人的文章，细读之，发现是宋祖德及其同伙回敬给廖某人的一篇文章。其文章如行云流水，滔滔不绝，俨然一段相声。不过此文有失真之处，如“盆骨般的脸”、“一张摩擦系数极大的脸”。我仔细端详了下廖先生的照片，发现他的脸很普通，是一张普普通通的大众的人脸。其脸也甚是平整，不像盆骨，和摩擦系数更扯不上边。回敬篇里面也有一些话攻击性极强，有失体统的，比如“廖保平对工作太忘我了，要注意身体，你不属于自己，你的身体属于所有肇事司机。另外，出门时，一定要佩戴避雷针，防患于未然。真有一天，被雷劈后，又被车轧烂，用勺子往盆里舀尸体时，我们会难过的。”

像这样的话太不礼貌。廖先生好歹也是一二线名人，这么在大众面前诋毁他，太不给人家面子，万一人家脸面上过意不去，生出摩擦系数来，就是你们的不是了。

看完了一篇中篇，又看完了廖先生的真迹，才发现，廖先生整篇文章原来不是想抢愤青们的老婆，而是被别人骂狠了，无处发泄，而心中怨气难平，就拿愤青及其老婆来出气，比如：A打了B一巴掌，B打不过A，不敢还手，于是就找来谁都可以欺负的C，然后给了C一巴掌，以求心理平衡。

（摘自棉花糖贩子《别动不动就抢人家老婆》）

三　到底是谁该被拯救？

从分析深度上讲，廖保平的《廖氏拯救愤青教材》不值一驳，但听见一片叫好之声便觉分外刺耳，也来说两句，以正视听。

第一，义和团。当帝国主义的炮火将圆明园化为一片灰烬的时候，当列强竖起“中国人与狗不得入内”的牌子的时候。你要求我们的人民做什么？在一个正常人看来，揭竿而起是唯一的选择。当然，被愤怒充斥内心的人们是一定会有过激行为的，这是完全可以理解的。甚至可以说是再正常不过了，如果没有才叫不正常。从历史的发展来看，义和团运动也有相当的历史功绩，它展现出了反抗外族奴役的民间巨大力量。我要说这样的愤青是我们的民族脊梁，它代表了一个民族的气节。虽然有着这样那样的问题，在很多具体的操作上有着不妥之处，但他们面对强敌首先站出来了，以一种大无畏的精神站出来了，以一种舍小家为大家的牺牲精神站出来了，以一种捍卫家园匹夫有责的民族精神站出来了。他们奉旨了吗？他们欺软怕硬了吗？

第二，人永远也不会知道在没有社会舆论影响下的人类社会是如何发展的。每一个社会现象都是当时社会形势与政治斗争下的必然产物，不可能不发生。而参与其中的人们自然而然的为历史进程做出了推动。现在把他们提出来做一番批驳是视历史于不见，脱离了历史背景的事件什么也证明不了。汉王朝强大之前经历了六国之乱，唐王朝的傲立起自玄武门之变，郑和的无敌船队得益于靖难夺权的永乐皇帝，康熙帝国的长盛历经了铲除鳌拜的血雨腥风。就算号称民主标杆的美国也是在三年多的内战之后才真正走上强大之路。说到这里，你觉得这些是简简单单的愤青的能力与社会地位可以做到的吗？你能说他们都是愤青的表现吗？

第三，盲目自作主张进行定义。看了廖先生的定义后，有一种简直是莫名其妙的感觉。你是把所有的贬义词进行了一个大集合，然后堆在愤青这一臆想的群体上，大肆批驳。然后又自相矛盾地说他们是可以争取的，可以团结的。我不知道先生团结别人的基础在哪里？是你所罗列的各大罪状其中之一吗？亦或你所说的团结与拯救本就是一个假惺惺的伪命题。

第四，廖先生说“愤青都是一些外表强大，内心懦弱的家伙。有一句名言好像也是这样说的，爱国主义是懦弱者或者无耻者最后的遮羞布”。我是想不明白了，人的思想是自己产生的，推理也是由自己的经验而来，所谓推已及人说的就是这个道理。廖先生做出上述推理的理论基础是依据自己的心路历程吗?

第五，认为所有的人愚昧不知外面世界的想法实在可笑，也实在是最大的愚昧。现代通信技术的发展让一个村里的小事都可以在第二天家喻户晓，更遑论影响深远的大事件。“当愤青抵制某某洋货时，经常不知道有权有势的人正在洋国公款旅游，花天酒地，狂扫某某洋货，皆因待在猪圈里太久。”这句话更是莫名其妙，我不知这可以佐证什么。佐证的是愤青消息不通，还是腐败者的明目张胆，亦或是愤青不关心这样的事件。如是后者，那就请看一下周久耕局长的烟与手表是谁发现的，然后你就会明白到底是谁在猪圈里待得太久了。

（摘自深夜泊客《到底是谁该被拯救?》）

四 廖氏是个不折不扣的现代“汉奸”

这位廖氏（廖保平）是个不折不扣的现代“汉奸”，《廖氏拯救愤青教材》是一株不折不扣的“毒草”。

这是现代“网络汉奸”的共同特点：1. 以文人学者或民主斗士的面目示人；2. 引经据典只想证明中国党和政府是万恶之源。因为这个主旨本身不客观、缺乏逻辑，稍微认真一点就能发现逻辑混乱、自相矛盾之处。即，汉奸的文章无一能经得起客观和逻辑的推敲；3. 对所有爱国的、希望中国强大和稳定发展的、愤慨于国外反华行径的，以及与其持不同意见者扣上“愚蠢”、“政府的走狗”等等各种帽子。这三点“汉奸文章共性”是我半年前就总结出来的，有博文为证，我非直指廖先生，是他对号入座得太准当啦！

一旦看清了他所具备的“三大特征”后，廖先生的苦心就一目了然了——不管当代青年多有文化、持啥文凭，如何会利用网络了解世界，如何口诛笔伐、声势浩大的让各国反华领袖都灭了火，如何群情激奋、热血沸腾地将瞒报三聚氰胺的、说百姓“算个屁”的、抽天价烟的、躲猫猫的……一个个不把人民当回事儿的贪腐官员拉下马……廖先生完全视而不见。

其实，现代汉奸们几乎还有一共性——喜欢断章取义鲁迅的文字为凭。为什么没归为第四共性呢？因为他们的文章未必每篇必谈鲁迅，只在辩论时才必拉鲁迅进来，因为鲁迅是反政府、反封建的战斗精神领袖，所以，只要打起鲁迅的旗号，谁还奈之何？鲁迅反的是怎样阻碍民族发展的社会？他们反的是怎样领先世界发展速度的社会？刻舟求剑呢？还是拉大旗作虎皮？（这一汉奸标配“武器”现象，有心人在我博客跟帖论战里也不难找到。廖先生又对号得准当！）

说来也巧，我发现的第一个网络汉奸——自诩旅意作家的“马可中国”是先看到他一篇把西方吹嘘到无以复加的完美无缺之《天堂》的文章后，又看到他前一篇疯狂污蔑愤青的爱国热情的文章，才拍案而起，开始了鉴别与揭露当代汉奸的战斗历程。

廖氏的《廖氏拯救愤青教材》写到三分之一时，已经清楚地表明，他可以无视中国愤青们对政府官僚的腐败、昏庸的斗争一直轰轰烈烈、战果斐然，并利用网络发言权将反映民意的民主事业进行到底的决心。只要愤青们打击了西方分裂中国、制造混乱的阴谋，只要愤青们不把中国搞成大动乱，他就要将洋洋洒洒的万言辱骂送给你——咋这么不讲理呢？

唉，理解吧！中国愤青把一心想当“伟人”的萨科奇们都整老实了，西方大佬们很生气，后果很严重。廖先生之流大概得到了“拯救”中国愤青的密令、衣带诏什么的，敢不以老吾老以及西洋佬之心，憋出这么长篇大论来交差，虽罔顾事实而注定逻辑混乱。唉，各为其主、勉为其难嘛！

（摘自禅眼《这位廖氏想把愤青“拯救”到哪里去?》）

五　廖保平之流实质是“极端理性主义者”

廖保平之流叫嚣“愤青”可以误国。事实上，廖保平之流的“极端理性主义者”一定会是卖国！

可怜的廖保平之流，1. 对于国外势力，成了哈巴狗，对于国内，却成了法官！2. 世界上哪个国家是最大的恐怖分子？3. 可耻充当西方走狗，素质太低了！

也好！廖保平之流这种素质的人也只有去国外当狗的理想，天要下雨，娘要嫁人，由他去吧！

“网络汉奸”之流呢，说白了，是一群浅薄、尖酸、投机、贪婪、呆板、偏执、忌妒、蛮横的泼皮无赖。他们把不得志的怨愤、把企盼时来运转的梦想，把受人蔑视与冷落的伤痛，把蜷缩在底层的无奈与压抑，把对阔佬们钱财和情妇的垂涎，通过“民主”的口号，如野猫叫春一样痛快淋漓地嘶鸣出来。

这些蠢笨的东西啊，吃着美国主子扔过来的狗粮，凭着寥寥几个诸如“思维混乱”、“手淫”、“意淫”、“共狗”、“毛匪”之类的陈词滥调，如获至宝，不厌其烦地反复发布。

说老实话，看这些东西的文字，如听泼妇骂街，虽尖酸刻薄，蛮横恶毒，但内容却实在是太苍白了，苍白到了如同听到几声“汪汪”一样。这些东西就像癞痢头的混混阿Q，那种幻想“把秀才家的宁式床搬进土谷祠”的贪欲，那种看到未庄的女人“喜欢谁就是谁”的冥想，用“民主”的方式表达出来是多么理直气壮、多么豪气冲天啊！我们仿佛看到了，癞痢头的混混阿Q正言厉色地振臂一呼：“老子爱法国，爱法国货，更爱美国！”——这才是网络汉奸的“爱国主义”破旗！

（摘自 safely《廖保平之流实质是“极端理性主义者”》）

六　“愤人”廖保平

“愤人”是愤青大圣人的简称，我解释一下为什么廖保平是愤人。我先挑篇《对不起，我不抵制法国货》来说说。

首先他用了提到的第一个论据是“犯我华夏者，虽远必诛”，因为现在已经有部分人将这句话作为愤青的标志，认为这是他们出现的独门印记，其实这是汉唐以来，中国人在备受外人欺辱的历史环境下愤而反击，胜利后喊出的一句口号，也作为后来中国人振奋士气的工具。从廖保平写这段文字的态度来看，他是不赞同这句话的，那么就大概有三个原因：第一，认为武力不能解决问题；第二，认为活该受辱；第三，现在还不是时候。从他的态度来看，不可能是第二，不然他真的要带避雷针了，从他其他文章来看也不是第三，大概就是第一了。自认为是一个理智的人，一个有高尚情操脱离了低级趣味的人。孰不知很多见识不高的人看问题往往一针见血，目光远大的人往往妄自尊大，目无余子。

后来又提到抵制法国货，其中提到了法国梧桐，孰不知法国梧桐并不是法国货，原产北美洲、墨西哥、地中海和印度一带。学名悬铃木，17 世纪，在英国的牛津，人们用一球悬铃木（又叫美国梧桐）和三球悬铃木（又叫法国梧桐）作亲本，杂交成二球悬铃木，取名“英国梧桐”。因为是杂交，没有原产地。在欧洲广泛栽培后，法国人把它带到上海，栽在霞飞路（今淮海中路一带作为行道树）。人们就叫它“法国梧桐”。麻烦你老人家写东西的时候严谨一点，毕竟你也算公众人物了，不要人云亦云。

还有就是买与不买是一个行为的问题，抵制与不抵制是一个态度的问题。何况你也说了法国货多奢侈品，你买不起，连你个张张嘴就能吃闲饭的都买不起，遑论那些毕业就面临失业的青年朋友们？难道就不能让人家带动几个富豪爱国一把？把钱花在其他有用地方？先进带动落后这是中国的普遍作风，难道有人落后的就一定要大家都落后么？难道就不能带动落后的跟上来？照你说，管不了就不管，那那些吃不上饭的乞丐难道就不吃了？弥留的病人就不救了？智商有问题的痴呆儿就让他傻下去？你这是那些无良老师坐看差生堕落的渎职行为，还说你是著名的引导大家走向正确的思想观价值观的评论家，你要是GPS就非得把司机都带沟里去。

说到空客，自鲁迅先生的拿来主义发表至今也快一百年了，相对论更是超过100年了，为什么你廖保平老人家还要用这样绝对的语气去评论人和事？又是误导，何况这是民间倡议，买空客的都是国有企业吧？除了那几家国有航空公司，除非谁想举家逃难，谁家出门要用能装千把人的空客？

说到抵制国货，貌似这些年不用咱们先招他们，他们动手已经好多年了吧？你怎么就不说点实话呢？几乎整个世界的发达国家都在不断设置贸易壁垒对国货进行围追堵截，不断的用反倾销等贸易诉讼打击中国企业，某一家公司的某一种玩具有问题，欧美媒体疯狂炒做中国产品质量问题，这些事实你怎么不摆出来呢？

而且你难道满脑子都是经济利益么？你就没点骨气？哦，怕人家不给你钱你就让人家胡来？你老板要流氓摸你老婆一下，你是不是怕人家炒了你就任他摸？中国出口到法国的大都是生活必须品，中国进口的法国货大多是奢侈品和工业用品，不买中国货价格低廉，不进口中国货伟大的法国人民的日常消费起码上涨20%，中国人不用法国货基本问题不大，买不了空客就不会坐波音？

应景怎么了？坐过牢的人出来就一辈子不是人了？错了改了就是朋友，难道还死盯着不放么？除非你在人家闹腾的时候直接把人家灭了，把国际问题转为国家内部问题，幼稚！

还有一点就是抵制家乐福怎么了？他倒了又怎么了？市场是固定的，超市品牌那么多，他走了自然有其他超市进来，没有家乐福难道那些去家乐福买东西的人还就不吃了？以前没有家乐福的人吃什么？家乐福倒闭自然有其他的超市顶上，家乐福不进货的厂子自然有其他超市去进，家乐福用不了的员工人家自然愿意用熟手，为了区区眼前利益而掷民族气节国家形象于地，你还真是见利忘义鼠目寸光的表率。何况家乐福卖的是中国货，请的是中国人，但人家大把大把赚走的是中国的RMB。

（摘自龙少爷《“愤人”廖保平》）

七 请别把三角裤套在自己的脑袋上

廖保平先生在自己的腾讯博客里面不断的讽刺愤青、打击愤青、辱骂愤青，在这么做的同时，好像你就已经成为一个愤青了。你用你的无知向世人说明了一个道理：你这样的人属于拔掉了愤青的三角裤套在了自己的脑袋上，伪装一下效果而已。

廖先生写的那本《中国谁在不高兴》是什么为国为民的书吗？难道比圣人的书还要起到教育人的作用吗？什么思想家、反愤青斗士。思想家你们也配吗？真是天下的奇闻。你们所起到的作用不过是在书里、网络上骂来骂去，你们真正的为社会做过什么？为青少年做过什么？为这个国家做过什么？不要说的国家没有你们就不行了似的。叫愤青们一齐把三角裤脱下来扔向你们，不就是你们心里所愿么？中国，就是愤青在不高兴。为什么不高兴，因为有你廖保平这样的人，不过你也不用洋洋得意，正因为有这样不高兴的因素存在，你的反愤青生涯在没开始就即将结束了。

我可以光着身子走在大道上，请问廖先生，你敢吗？你敢与我一起以天为被，以地为床吗？你不敢，因为你怕把你的三角裤脱下来以后露出你那副丑恶的嘴脸给世人看见。如果有一天全中国的人都戴上你所说的那条三角裤，那么你戴不戴？不要总是夸夸其谈，例如“文革”中大批特批孔子的文学大家们，在“文革”以前推崇备至，“文革”一来，很怕自己被牵连，所以向孔子倒戈相向，“文革”一去，他们便又成了保卫孔子生命的大英雄了？

韩寒在我眼里算什么？生出韩寒那也会成为我们愤青的耻辱。用你的眼睛好好看看愤青不是一类人，他们中间也有许多类型，像你那样一棒子打死的方法，怎么能叫我们接受呢？我们不喜欢把汉奸的大帽子随便扔，我们也不喜欢别人把误国的大帽子扣在我们头上，你不要把自己吹上天，你在愤青的眼里其实就是一条三角裤而已。

（摘自愤青《请别把三角裤套在自己的脑袋上》）

八　廖保平只是一个“伪自由主义”分子

一、什么是国家？

廖保平嘲讽“愤青”不知道国家是什么东西，他自己对国家是怎样定义的呢？他说“国家”就是公民与政府立约构成的关系，国家首先是为他的国民服务的“服务员”。“公民和政府立约构成的关系”就是“国家”？

国家的概念，有着复杂的解释。

所有的中国人都知道，按照马克思的说法，国家是阶级统治的工具。原话是：“国家是一个阶级压迫另一个阶级的机器，是使一切被支配的阶级受另一个阶级控制的机器。”

但是马克思的说法不能让“自由主义”分子口服心服，他们认为这是共产党人对国家定义的歪曲。请记住，马克思作这个论断时，世界上只有资产阶级的国家。

廖保平是“自由主义”分子，看看他的祖师爷们对于国家是怎样定义的。

西塞罗那的《共和国》中说道，国家乃人民之事业，而人民是许多人基于法的一致和利益的共同而结合起来的集合体。

韦伯说：国家是一种制度性的权力运作机构，它在实施其规则时垄断着合法的人身强制。

Duguit：国家是一种人群组织，在这个组织中，人被区分为统治者及被统治者。

Bodin：共和国是对公共事务的主权性管理。

这些关于国家的定义中不论对错，都没有“公民和政府立约构成的关系”就是“国家”这样的内容。

可能廖保平还不服气，那么就看看卢梭的《社会契约论》中对国家是怎样定义的吧。卢梭说：“概言之，即‘一切社会之中最古老的而又唯一自然的社会，就是家庭'，各个家庭成员，一经成年脱离家庭依附关系后，为了维护各自生来具有的自由和平等，确保自身生存的利益，理智地于社会生活中发生一种约束，当社会发展需要人们共同协作，'以全部共同的力量来保障结合的人身和财富时'，'每个结合者及其自身的一切权利将全部转让给整个集体'，而原来的约束就转化成了'社会契约'。结合行为产生的道德与集体之共同体，'过去称为城邦，现在则称为共和国。当它是被动时，它的成员称它为国家；当它是主动时，就称它为主权者'（卢梭《社会契约论》第一卷）。"卢梭说国家是一个构成复杂的"共同体"。

不知道廖保平关于"公民和政府立约构成的关系"就是"国家"的论断（请大家先接受廖先生还有过论断吧），到底是出于什么地方。只能断定他的说法是为了自己的需要，不仅藐视马克思对国家的论断，也故意歪曲和阉割了他的祖师爷们关于国家的论断。所以，廖保平只是一个"伪自由主义"分子。这是现今所有伪自由主义分子的共同特点：为了当汉奸，什么都是可以歪曲的，不论是马克思，还是卢梭。

国家的定义可以概括为：当在一个固定的领土范围内，居住着一个或多个有共同认同感的民族构成的人民，而在这个人民中又行使着一个合法的政治权力时，便存在着国家。

所以国家至少不是廖保平所说的"公民和政府立约构成的关系"。

二、要不要爱国？

廖保平说爱国是有条件的，他嘲笑那些"无我主义"的爱国，也就是无条件的爱国。他说："你们爱的国究竟是什么样的国，自己应该十分清楚才对。……你爱的国，是一个只有一种声音的国，还是百家争鸣的国？是民生多艰的国，还是国民幸福生活的国？如果是前者，我也就无话可说了。如果是后者，我们倒是可以坐下来好好的谈谈该如何爱国。""国家首先是为他的国民服务的'服务员'。我们爱它，是因为它为我们服务的足够好；我们不爱它，是因为它服务的不够好。"所以人们现在应该明白廖保平们的嘴脸了：国家对他们好，他们觉得舒服了，他们就爱国；如果他们觉得国家是一言堂（从廖保平们的汉奸言论可以自由传播的局面看，现在还不是一言堂），民生多艰，对他们的服务不够好，他们就不爱国，或者说，他们就要卖国，他们当汉奸就有理霸道的。这比汪精卫的理论还要汪精卫。

所有的中国爱国青年，爱国人士，绝不可以上了廖保平这类帝国主义走狗的当，被他们混淆视听的胡说八道所蒙蔽。我们就是要爱这个国家，爱这个政府和这个执政党。现在中国要强大，民族要强盛，他们是无可替代的。尽管他们有问题有缺点，只要他们的基本面还有希望，就还要支持他们，这个支持当然包括监督和批评。否则，我们就会被廖保平们出卖给帝国主义分子，做亡国奴，就会付出难以想象的代价。

（摘自原上草《廖保平们，可以休矣》）

九 廖保平在操弄文字中享受被恶骂的快感

不知道是哪个文坛的蹩脚者发明的一个词“爱国贼”，就其字面而言：爱国的人就是一群误国的贼了。我想廖保平就是这样的一个蹩脚者，是一个骨子里没有血性的奴隶。也许其祖上拥有太多被奴役历史，已然不知道什么是汉子，什么是站着做人；什么叫做中华脊梁，他现在所会的，所能够拥有的只不过在被呵斥的过程中点头哈腰的进行自我检讨：是我的错，我为什么要犯这等错误呢？

对于一个只知道奴颜膝卑，只会刻意阿谀奉承的典型二等人类而言，廖保平所言或许有其追捧者。

通读廖保平全文所堆积出来的不抵制法国货的理由，不禁哑然失笑，这是一个只会摆文字却没有丝毫生活常识的二等人类。什么抵制法国货会让很多的同胞失业，什么抵制法国货会造成国际关系的不和谐等等，无一不是为他生命中所自带的那种可怜的奴性使然。

家中养狗的人或许有这样的经历：当你莫名的对你的狗一通臭骂，甚至一通拳打脚踢的时候，你的狗往往只会灰溜溜地走开，而过不时长，这只才被你痛殴的狗奴才又会撒娇般的走向你，摇摇头摆摆尾极尽所能向你展示着它的可爱，也正是这样的一只狗才继续的助长了你做主人的尊严。

我想也许正是廖保平之流的长期忍让与一味的奴性才助长了那些敢于对狗展开行动的人，我想也许这个廖保平也就是如狗一般的个性吧，也许我们每个人都是那只狗，只是我们这些被称为愤青的人是只恶狗，我们懂得在遭受不公正的对待时，勇敢的对那些比我们不管是哪方面高级的所谓的人吠吠，让他听到我们的声音，了解我们的想法，直视我们的态度。如果他一直视若罔闻，如果他胆敢无事就动起手脚，我们锋利的牙齿真的也会咬下去：2008 年有句传播很广的话——你不给我说法，我就给你说法；我们真的会给你说法。

当廖保平在伏案写《抵制洋货的最高境界是回到小国寡民》的时候，我想他的内心修炼已然入魔，我无意与他在如何才是爱国间争议，只是想跟与我一同愤愤的愤愤们说：民不畏死，奈何以死惧之？廖保平既然已经决意去做他的狗奴才，就让他去吧，哪个时代都是有汉奸和卖国贼的，只是往后的历史中会多写这个名字而已。

耻辱的十字架上从此多了一个名字，也许廖保平又会坦然地接受，并乐得屁颠颠地说：谢谢！

（摘自我手写我心《廖保平在操弄文字中享受被恶骂的快感！》）

十　右愤廖保平的“逻辑学”

俺对于右愤廖保平先生，在一篇文字中频繁的偷换概念、以偏赅全，无视事情的前因后果，摆出一付高谈阔论老气横秋的做派是很看不惯的。

青年的热血，是真诚而莽撞的。我们都知道青年必然是国家的未来。古人所谓气可鼓而不可泄，对于青年的热血，我们应该持鼓励和引导的态度，青年愿意爱国总比某些人无耻卖国甘心做外国走狗要好。但是青年也是易于莽撞行事的，爱国的热情我们不应该冷嘲热讽地泼冷水，当然也不应该过于纵容。

什么叫长者式的谆谆善诱？劝说与勉励都是不可缺少的。

从廖保平的一系列言论来看，他不知道“谆谆善诱”是什么样的长者风度，在文字中表现出来的，除了刻薄的讽刺和泼冷水的踊跃之外，再无其他。

俺本来想说点什么，以表明俺个人的立场。因为俺是站在左边的愤怒青年，自当不与站在右边的愤怒青年们同流合污，必须真率地说点什么。

然而，俺发现，网友中比俺有才的多的是。俺不知道右愤廖保平先生是不是奉命作文，也不知道他是不是政治写手，但是俺觉得某些网友的评论已经基本上把俺的大概意思说清楚了，虽有小小分歧，却是无关大碍。

俺需要提醒一下廖保平先生的是，廖保平先生的近代史和清末史需要补课了。另外，报纸这个玩意，并不是廖保平口中的洋大人发明的，你口中的洋人把“报纸”发扬光大并不等同于你口中的洋人发明了“报纸”（廖保平先生的原话是，“如果要抵制洋人发明的网络、报纸，我们现在连讨论这个话题恐怕都只好‘基本靠吼’。当然，退而求其次，只停留在吃喝拉撒这个最动物、最基本的层面，那是可以的，如果想生活层次再高一点，就很难做得到。”俺需要说明的是，廖保平先生在这短短的一句话中，也运用了偷换概念的手段。“洋货”真的可以与“网络”、“报纸”等同吗？）至于其他的纰漏，俺实在都懒得说了。

（摘自金龙鱼在水晶宫《右愤廖保平的“逻辑学”》）

十一　“友邦惊诧”穿马甲

其实仔细想想廖保平这些言论不过是“友邦惊诧论”穿上了马甲又浮出水面。

友邦的学生天天教化你们这些个愤青：别去抵制洋货，别去对外争取国家尊严和权利，因为你们在国内没有抵制的权利，所以你们就没有抵制我们洋大人的权利。假如不听我们的教化，那就会使洋大人更加看不起你们和你们国家。呵呵。以前只是怕友邦惊诧一下，怕友邦被吓一跳。现在则是更没胆气了，直接怕友邦看不起了。被友邦看不起！这可怎么得了？我好怕的。你们这些个愤青们怎么就没有一个怕的？可见你们确实是幼稚的、盲目的。

在精英们的口中，愤青们爱国是不分国家和政府的，往往在维护国家利益和尊严的同时维护了政府的利益和尊严，所以是幼稚的、盲目的，是对国家有害的。而精英们不敢说不爱国，不过他们一定会说不爱这个政府。所以，只要是这个政府的所作所为，不管是否维护的是国家利益和尊严都一概批判和抵制。我看精英们跟他们口中的愤青们有的一比，他们不应该被称呼成为精英。由于和愤青们有的一比，他们应该叫愤精。

社会发展了，分工就要细化。其实呢，愤青和愤精们习惯上关注的是不同的问题。一个更多的是关心国土利益，所以才有灭日弱美，剑锋西指，这是愤青，而愤精们更多的是关注国民利益。所以，两边最好别互相掺和，假如非要互相掺和，愤青们对中国国家实力要有清醒的认识，要多关注民生。愤精们也要多关注国家利益，国民是需要国土这个生存空间的，国土利益是不能放任不管的。

说句不好听的，愤精们就是因为怕被洋大人看不起。洋大人所居之国若真是文明的、民主的、有道德感召力的国家，按愤精的说辞他的国民就应该是文明的、民主的、有道德感召力的国民，这样的一伙人怎么会看不起我？信仰什么是我的自由，民主的洋大人不仅不应该反对我，而是应该支持或至少容忍我信仰共产主义，怕什么！

以前看过一个小说，最后有一句话：哥哥唉，你胆先怯了。这句话算是送给愤精们的。

（摘自只见树木不见森林《“友邦惊诧”穿马甲》）

十二　看自虐文人的全新嘴脸

廖保平先生在文章《一个国家靠什么赢得尊严》一开头就提出一个非常有水平的问题——一个国家靠什么赢得尊严，他先后否定了军事实力、经济、文化、科技，认为这些都不是，而是靠每一个公民活的有尊严，否则军事实力再强大，经济、文化、科技再发达，也不能为其赢得尊严，由此推断出，一个国家的强大，不等于国民有尊严；一个国家富有，不等于国民也富有。

上述观点我虽说并不完全同意，但还能接受，不完全同意是因为国家强大虽说不能等同于国民尊严，但却是国民尊严的重要组成部分，也许每个人看问题的角度不同吧，正当我以为他会在此基础上提出全新的看法时，不想他笔锋一转，终于露出他真正的嘴脸。按照他的看法，国人连红包都抵制不了，权力滥用抵制不了，假牛奶也抵制不了，如此活得没尊严，还去抵制什么法国货。最后他又补充说，他之所以写这篇文章，是抵制自己像木偶一样被人掰来掰去，抵制他的视线被人转来转去，他坚定地看着一个地方，直到他变得好起来，这个国家才能赢得尊严。

廖先生始终没有说清楚他坚定地看着哪个地方，不过通过他上面的文章，我可以看出，可能是民主二字要不就是西方。但他文章却始终没有说出来。其实很有意思，这篇文章如果一分为二的话，也许真看不出是同一个人写的。先不说这篇文章跑没跑题，但通篇文章流露出的，无非就是国家虽说发展了，但国民并没有尊严，我们中国是个没有尊严的国家，我们就不要指望别人尊敬我们。按照这种强盗逻辑，20世纪中华民族所经历的种种灾难，都是应得的，活该你的国民没有尊严，你的国家就得受欺负。按照这种逻辑，西方所谓的民主社会就应该得到尊重。而一些第三世界国家和西方所谓的极权制度国家，也别指望有任何人来尊重。

如此看来廖先生的这些先进思想比西方学者还要西方，至少他们不敢说出的话，廖先生能够而且义正词严地说了出来。我是一介女流之辈，而且是一些文人所说的80、90后没有希望的一代，但我至少还知道廉耻二字，不知廖先生或和廖先生一样的文人们是否也知道，我想大概是知道的吧，之所以不要或许是因为他们认为还有更重要的东西。算了，再说下去恐怕我自己都没法控制又要说些有失尊严的话了。

（摘自至柔《看自虐文人的全新嘴脸》）

十三　肮脏目的在不停解释中昭然若揭

表面上看，廖保平，不过是一位名不见经传的某小报人士，《对不起，我不抵制法国货》，不过一篇并不具有高端舆论导向意义的普通文章，然而，他竟然敢在这种特定的形势下，逆潮流而动，足见他的无畏和勇敢精神，足见他写发此文所掂量的得与失是何等的昭然若揭。

写了就写了，敢做敢当。在不断走向民主的地球上，不会有人把他当做什么，而与他结怨成仇的，一篇小小文章能翻得了天？绝对不可能，永远办不到。过去了就过去了不是。可没想到的是，廖大博士，大概是文采太过飞扬横空了，却要跟大伙来个水落石出，来个“不见棺材不掉泪”。瞧，他不是陆续出笼了一篇篇欲盖弥彰的昭章臭著？

《且看愤青们是如何驳斥我的》、《愤青误国大大的》、《再跟愤青谈爱国》、《再三跟愤青谈爱国》、《愤青怎么炼成的》。廖大博士，就那么几天时间，写了这么多狡辩文章，你不觉得累吗？在这一点上，你真让我感动。可我无论如何无法恭维你此时的心态。前面我说你有点想拿网络文章赚名气，这回我要说的是，你在不断地描自己，想越描越帅。不过帅与不帅，是给别人看的。只有别人都认为你帅，那才是真正的帅，不然自我陶醉的帅不是真帅。目前的我，只认为你这么描下去，只会越描越黑哦。

（摘自吹雨听歌《肮脏目的在不停解释中昭然若揭——与廖保平再聊一会儿》）

十四 “愤青”爱国还是误国?

《中国不高兴》一书通篇围绕的是爱国，而网络反“愤青斗士”周筱赟、80后思想家叶楚华、打捞愤青教材创始人廖保平组成一个“网络三剑客”，舞出了一本书《中国谁在不高兴》，反对的是愤青似的爱国，他们自称不反对爱国，但是不提倡“只讲奉献，不讲获取”的爱国。也就是说爱国得讲条件，不是无缘无故的去爱的，比如这句经典的爱国主义的诠释：“不要问你的国家能为你做些什么，而应该问你能为你的国家做些什么。”就是廖保平们非常不喜欢的，他们认为爱国就像是谈恋爱找对象，得看清那人到底漂亮不漂亮富有还是穷困，才能最终决定是否谈婚论嫁，有条件的爱国。

当有人指出他们把国家当成了老婆而非母亲，他们又有一套说词：祖国并非国家，祖国是生养我们的土地，国家是政权统治机器。把祖国与国家割裂开来实际上就是在混淆是非，实际上就是为自己的卖国叛国在找借口，廖保平们大言不惭的叫器“爱国并不是一种道德问题，而是一个自由的问题。”可见其内心已无道德的力量，自由这顶迷人的帽子已经成为无所不能的垃圾袋，近来李连杰入籍新加坡，有人就为其辩护称，爱祖国是自由的行为，觉得她可爱了就爱，觉得她不可爱了，就可以走，这是人身自由嘛。

精英们为了自己的高兴扯上自由华丽的面纱罩在身上，只要我高兴，法则可以说了不算，规矩可以重新确定。下岗工人、失地农民是为了先富起来的人作出的牺牲，他们为了我们的享乐作出了奉献，我们高兴了，他们高不高兴是他们的自由，不高兴了你就是愤青，你就误国，为了自己的高兴可以不管不顾别人的不高兴。

不爱国家本来就是可耻的行为，在他们的嘴里却蹦跳出胡说胡有理的理论，国家像老婆，以前我爱是对的，现在不爱了也是对的，一切要尊重人性，人性就是自私的利己的，现在这个老婆黄脸婆了没有魅力了，我看着引起不了性冲动了，没了激情了，我就理所当然的可以离婚另找黄花闺女或者傍富婆找二奶小三，这都是我的自由，与道德无关，只和我高兴不高兴有关。

专家学者精英胡说八道当今尤甚，规矩都是给他人定的，准则条例弄出来都是为了约束他人而不是自己的。好在群众的眼睛自然是雪亮的，腾讯网作的随机调查里，反对这“三剑客”的比例占到58.12%。对某些人来说，中国也许需要你们这些误国的亲美派，但是中国更缺少的是强硬派的声音，你们的亲爱的美国都可以有鹰派和鸽派，中国为何就不能有一心一意维护自己国家的力量?

从这些反对愤青者的言论，更能让大家清楚地看出来在国家危难之时，能拿起手中枪战死沙场的人是愤青，衣冠楚楚辱骂愤青的人一定会第一个铺好退路甚至卖国求荣。国家需要愤青，只有愤青才会义无反顾地以一腔热血无怨无悔地爱着祖国爱着自己的同跑。

（摘自红木棉《“愤青”爱国还是误国?》）

十五　谁在阻碍中国发展?

无意中看到一篇“雄文”，标题是《愤青严重阻碍中国发展》，同时还有另一个标题《愤青是中国的最大危险》。本来是不喜欢看这类仿西式八股文章的，但被某网站弄到了抬头，还是不由得进去逛了逛。

为什么这些所谓的文人墨客总是反人民反社会反民族呢？文人精英有两种，一种是具有强烈的爱国主义情怀的文人，屈原、陆游、文天祥就是这类的代表。而另一种则是卖国文人，秦桧、蔡京、严嵩（这些都是当年的中榜进士）。热爱自己民族与国家的文人，往往都把学习在实现个人愿望的同时更关键是把个人与国家与人民与民族紧密联系，而那些奸人则把读书看成是实现个人仕途满足个人利益的门路。这正好是中国文人的两种分化，也就是具有高尚的民族主义情怀热爱国家热爱人民的民族精英，和那些自私势利为图奸诈阴险的文人墨客。

而当代主流精英正延迟发扬了古代卖国文人的传统，成为权力与内外资本集团最忠实的奴才！这些文人精英强调普世，超脱阶级、国家的界限，正好符合古代当时奸贼卖国求荣的逻辑，如果在古代，这些人肯定干的比秦桧更杰出。他们超出了国家、民族与阶级，追求那种所谓文明，不防设想，当初巴黎合约，北京工人、学生火烧赵家楼就非常不文明，是极端民族主义的暴力行为，因为在当时合约的国家都是他们向往的文明国家以文明的方式（非暴力方式）签订的，都合乎他们追求的所谓的文明主流；以至于后来的五四运动就是一群愤青，爆发出来的“兽性”了。这些人难道要都要否定五四运动不成？在中国，不缺西方的代理人！

是谁在阻碍中国的发展，谁是中国最大的危险？作者说是愤青。听起来像童话，更像天书。如果说愤青是中国最大的危险，是在阻碍中国发展。那这个廖保平岂不是要说那些官僚买办集团、国内外资本利益集团及贪官奸商正在推动中国的发展，他们是中国最充满善意的天使？的确，他们是在推动中国发展，但他们正在推动中国向一个无底深渊发展，他们是中国人民的最大敌人。

我们需要民族主义。这种民族主义是一种理性的爱国主义，不是那种极端的民族主义，是一种民族自尊心自信心，需要每个人民热爱自己的国家与民族，而不是像那种跪地式的奴才主义。那些文人精英在追求所谓文明时，必然超越国家欺凌无视阶级压迫，也自然反对每个有良知的爱国者的爱国者情怀，他们就是要把人民的爱国情怀与国家民族剥离，在制造一个空洞虚无的所谓文明来驾驭无权力无资本的人民。资本无国界，良知有国界！

主流精英一直以来，从思想文化上控制人民，充当权力与资本的帮凶。在思想上虽口呼公益，却主推自我为中心，强调以少数人为主的精英思想，在文化上以空洞的内涵娱乐大众，制造那些虚无缥缈的不切实际的文化来毒害社会与人民，让老百姓无法真正认清这个社会本质，使大众解除信仰，他们最后再以圣者使者的姿态欺骗广大人民，殊不知他们背后就是一个个内外的权力利益集团。

在中国，不缺精英，尤其是主流精英，他们缺的是良知。

（摘自毛泽东思想评论精华《谁在阻碍中国发展?》）

十六　对不起，“廖保平”我反对

刚看了一篇网络文章“廖保平：对不起，我不抵制法国货”。

廖保平的意思我看懂了，事实上他是抵制法国货的。他所说的“买不起”不就是抵制的一种方式吗？廖保平也很爱国，因为他从进出口的“量”上去说明这个事件的问题。我们也常用这样的办法，想要更好的整治一个人，不是把他拽过来痛揍他一顿，而是生活过的比他还潇洒，日子过的还要惬意。但是，但是在今天，在这个时候。我不同意你的说法。廖保平，你听好。我不同意你的说法，更不同意你的做法。

还记得清政府闭关锁国的年代吧。中国由于闭关锁国导致的科技没有进步，政府腐败，人民思想迂腐导致的国力下降。一群中国人看着自己的同胞被外国人杀死的时刻还在笑着谈论脑袋被砍下来后身体还能不能动的趣事。不知道，也许下一秒被抓上断头台的就是他自己。但是，今天，我们的思想已经被开放，东方的雄狮已经睡醒了，我们还会出现100年前的那一幕吗？我可以告诉你，不会。为了能让兄弟们冲上去，我宁愿自己去挨那一刀来争取时间。这就是现代的中国人。

还是那句话，我们可以包容别人犯错误，但我们绝对不能允许别人拿着刀来指着我们的脑袋说“中国猪，爬过来，摆好姿势，让我把你脑袋砍下来”。今天，法国政府已经开始公开的侵略我们国家的主权了，我们还凭什么要用委婉的方法去面对这个实实在在的威胁？该反抗的时候就要反抗，让外国人都了解了解，敢和中国人叫板的下场，当年有戚家军、岳家军，今天还有我们13亿中国人组成的爱国军，就是天大的困难我们也能克服。不是吗？在这个时刻，我们就要主动的去抵制法国货，尽管不买也是一种抵制，那我们也要说出来。让法国人听听，看看。让他们知道，他们做了一件多么愚蠢的事情，让全世界的人都知道知道，中国是多么的强大。欺负中国，无疑是自掘死路。

（摘自Ax2001《对不起，“廖保平”我反对》）

十七　廖保平，请放下洋奴身段，尊重“愤青”

我想对廖先生个人性格总结一句：典型的国人式“猥琐”代表。谭嗣同先生有言“各国变法，无不从流血而成，此国之所以不昌也。有之，请自嗣同始!”换做廖先生，是不是该改成“全国人民都流血，我廖保平才不要流血!”

民族情绪，民族团结，永远都不会在一个时代完成，我们今天做的，抵制法国货也好，抵制日本货也好，即使那些现实的人们，并没有切身去做，我认为也是种很要得的情绪。这最少代表人们内心是觉醒的，而至于这种呐喊声带来了多少的实际行动，这不应该是你廖先生关心的事情，你需要做的就是要么加入到呼喊队伍中来，(如果你民族感更强些，从自己做起，不买法国的一毛钱东西)，要么闭上你“猥琐”的那张自认很聪明的嘴巴，做一名老实的旁观者。我们并不奢望每个国人，官僚也好，有钱人也好，甚至老百姓都能理解甚至加入进来，这也永远是种幻想，但是，只要多一个人加入，我们队伍就会壮大一些，我们就应该多一些宽慰。

星星之火，可以燎原的道理相信廖先生懂的比我深，陈胜吴广的起义大旗，刚开始也不过寥寥数百人，而我深信，会有越来越多的国人意识到这种利害关系，并义无反顾地举起拳头，向西方那些曾经侵略过我们，今天依然侵略着我们的国家说 No!

我为什么说西方国家今天依然侵略着我们，这不得不提及廖先生的文章。廖先生说道，家乐福卖的都是中国货，员工都是中国人，所以抵制家乐福就是抵制我们自己。这种无知语句竟然敢拿来糊弄中国人，实在佩服廖先生之大无畏勇气。法国人不是傻瓜，他们不会白白拿自己的钱到中国投资，然后为中国人创造就业机会，试问，家乐福在为中国创造就业机会的同时，压榨走了中国多少利润？国人付出最简单的工作，拿最低的薪水，虽不及夏衍先生《包身工》描述那么残酷，但其中赤裸裸地资本剥削，廖先生不会不知。至于挤跨本土多少家同类企业，无须我多言。

没有了家乐福，难道那些在家乐福工作的人们都要失业？我看不见得，外国人可以开的企业，我们国人照样可以开，而且可以开地更好。为什么没有开，这是国情，我们原始资本积累不及人家，就得在初级阶段让人剥削。但这不代表我们可以逆来顺受，在政治问题上作出妥协！就像资本家到中国开办各种高污染、高消耗、低技术，处在技术最底端的企业，经济危机一来，《劳动法》一颁布，那些赚翻了资本家可以直接卷铺盖走人，我们照样要下岗，要为这种不合理的经济结构擦屁股，知道你为什么口袋没钱，买不起法国货了吗？不是因为你不勤劳，而是因为你骨子里的愚昧。

（摘自尘1008《廖保平，请放下洋奴身段，尊重“愤青”》）

十八　愿有更多的志士炮轰廖保平

看见腾讯网推荐廖保平的《对不起，我不抵制法国货》，不觉义愤填膺。

打个比方说吧，廖保平的儿子要是不如邻家的儿子聪明漂亮，你是不是要扔了自己儿子去抱养人家的儿子？我想没有人会这样做的！我们都懂得羡慕归羡慕，提升自己儿子的素质才是最重要的！我们会用更多的关爱更严格的教养让他尽可能成长为优秀的人！再退一步，就算我们的努力暂时没有效果，我们会把自己的儿子抛弃，让他自生自灭吗？我想请问廖保平以及那些对廖保平推崇备至的同胞们，如果你们遇到这样的情况，你会如何选择！抵制法货或者日货是不是也与此情理相同？鲁迅先生曾对当时麻木的国人“哀其不幸，怒其不争”，时间过去了近100年，我们还有多少同胞依然“不幸”而且依然“不争”！

想起著名诗人田间的那首诗《假如我们不去打仗》：“假如我们不去打仗/敌人杀死了我们/还要用刺刀指着我们的骨头/说/看，这是奴隶!”楼主，以你之学识，竟然这么堂而皇之的以一己之利（很抱歉，以我看来，你无非就是要泄一己之愤或者发一家之言以赚取点击率而已）误导民众，诋毁中华脊梁的正义行动，你心何忍？你情何堪？古之乞者尚且不食物嗟来之食，当今饱食饱学之士岂能罔顾民族大义？儿不嫌母丑，狗不嫌家贫。我们的国家固然有许多的问题，我们的产品固然有许多的毛病，可是如果我们因之就不爱她，甚至抛弃她，我们还算中国人吗？

我希望有更多的人炮轰这样的垃圾文人！

（摘自邂逅时光《愿有更多的志士炮轰廖保平》）

十九　也来为中国“愤青”说句公道话

一、中国愤青主体决不是极端民族主义分子！

将健康的民族主义情感，偷换为狂热的民族主义，并故意将其与极端民族主义混为一谈，从而将数以亿万计的中国愤青一网打尽，是廖文的一大手法。例如他说：“近代以来，人类经受的数次战争人祸，就是因为民族主义得势，导致民族冲突，无论是日耳曼民族还是大和民族，都是如此。灾难还没有远去，逝者的坟头上还长着新草，我们就不要用民族主义再给世界添乱了。”这就完全将以希特勒为代表的法西斯主义、以东条英机为代表的日本军国主义，等同于日耳曼民族、大和民族的民族主义了，其立论的荒谬之处不言自明。

二、对文明的人讲文明，对虎狼则只能讲“铁血”！

廖文极为欣赏世界级的“文明”，主张“以理服人的和政”，完全拒斥“以力服人的霸政”。

客观事实是，中华民族是一个热爱和平的民族，愿意与世界上一切平等待我之民族和平共处。为此，我们不惜放弃了被侵吞的大片国土，放弃了对战争赔偿的追索。在国际关系中，我们谦恭退让，忍辱负重；即使是在与国家切身利益息息相关的东海、南海纠纷上，我们都信守“搁置争议，共同开发”的承诺，从不以势压人，够文明的吧？然而换来的是什么？大使馆被人炸了，在自己家门口捕鱼的渔民被人家抓了、打了。不要说美国、俄罗斯、法国、日本这样的大国、强国，连菲律宾、越南都敢明目张胆地欺侮你。怎么办？不敢打，难道呐喊几声、抗议一下就是不文明？就是“丛林法则”，就是“兽性”？难道人家打你左脸，你再主动将右脸迎上去才是文明进步？别扯了，现在离廖先生世界大同的美好梦想实现还早着呢！

对方文明你与之讲文明自然没错，但对方是虎是狼你还要与之讲文明，除非你是死而复生的东郭先生！

三、随意干涉他国内政，不管以什么口实，都决非文明！

廖文还有一个怪论，即他国内政可以随便干涉。文中说：“愤青动不动就说别人在干涉内政，好像一旦成为内政，就可以关起门来自己想怎么整就怎么整了。这就跟不许别人干涉自己的家事是一样的。”“愤青抵制的不是‘说三道四’，而是世界的主流文明。”够了，真够恬不知耻了，引这样的文字一定会脏了自己的笔！

按照这样的逻辑，不但北约轰炸南斯拉夫、美国占领伊拉克是“文明的进步”，连当年日军侵华都是正当的了。这样赤裸裸地为侵略行为辩护，为侵略者张目，哪里是什么“主流文明”，明明是现代版的汉奸理论。

（摘自陈卿谋《也来为中国“愤青”说句公道话——兼评廖保平先生大作〈愤青严重阻碍中国发展〉》）

二十 “愤绅”与中国热血网民犹如苍蝇之与战士

绅士和权贵们所谓的愤青群体，实际就是今天亿万的热血网民！因为如果不是网络的阵地，被主流媒体不屑和边缘化的普通民众，是不可能顺利表达出、并传达出自己质朴而热血的心声的！那么还有谁知道分散、个体的他们，谁能感受到他们强大的活力、热血和心声?！相对于目前泛指的中国3亿网民中那些不关心时政时事，不关心社会问题民众心声的单纯的游戏玩家和聊天的闲者，至少还有8000万到上亿人是比较关注时政时事和社会热点问题，关注政治改革和社会改革问题，对严重的官场腐败表达愤怒，并以具体到对藏南地区、对东海、南海岛屿的领土、油气的海洋资源的守护来表达对国家主权和民族尊严捍卫的热血心声的。

这一亿之众就是当代中国的质朴无华的“热血网民”，我们不要再继续沿用那些伪善绅士们设计而强加的概念不清、范畴含糊什么“愤青”的称词！因为亿万的爱国网民日益广大，日益成熟，有青年、有中年，还有老年，有工人、农民，有学生，有知识份子、军人，有自由职业者，还有部分爱国华侨。我们只用这个称谓——“热血网民”！但是，那些养尊处优、既得利益者的伪善绅士们何其老练精明，他们无论如何也要回避“热血网民”这个称谓，而故意要使用字面就显得幼稚、冲动而且范畴狭窄的“青”字。

……

偌大中国，到底谁在执守中国社会道德和民族尊严的最后底线？不正是亿万质朴的中国热血青年和民众吗?！一堆自诩为主流学者的垃圾，看看人民大众对你们这类苍蝇的嘲讽吧。“愤绅”算哪门子的“网络剑客”？是某些既得利益者的“门客”吧！有本事，请多来民众的网络论坛对阵亮剑！送“愤绅”们一句鲁迅的话——有缺点的战士，终究是战士；再完美的苍蝇，也只不过是苍蝇！

（摘自ww12345qd《“愤绅”与中国热血网民犹如苍蝇之与战士》）

二十一　廖保平就是一站街女

廖保平在反愤的路上渐行渐远，已经沦为一个寻找嫖客的站街女。

夜幕降临，华灯初上，某些路段就会有站街女出没。她们留恋顾盼，搔首弄姿，在路人的注目下，无所畏惧地向那些可能是潜在的顾客展示招标，发出愿意交易的信号。标的物就是自己遮羞布包裹下的肉体，出卖的是本人臭皮囊的器官：一个中心，两个基本点。这些站街女总会招来窃窃私语，指指点点。大多路人会侧目转身，不予理睬，也有经不起诱惑着，近身看看货色，砍砍价钱，走人。当然，总会有掏钱做完交易的人存在。林子大了，什么鸟都有。商品市场嘛，什么都可以卖的，只有你想不到的，没有你买不到的。

廖保平现在就是一站街女。站在街头，声嘶力竭，脖筋青紫，向一切路人兜售他的《中国谁在不高兴》。他的本钱也是一个中心，两个基本点。一个中心是“反愤”，两个基本点是叶楚华和周筱赟。与站街女不同的是，这两个基本点对一个中心的作用更大，更强，更过瘾。

“反愤”没有什么更新鲜的内容，这一点与站街女是一样的。有限的技巧和花样只是为了尽快顺利地拿到钞票。他蹲在路边，对掉落臭水沟里的青年人大喊大叫，指手画脚，嫌他们又脏又臭，对自己引过来的围观人群说，这个不明真相的人影响了行进在改革大道上的急行军，严重阻碍了历史前进的车轮，必须批判。我是怎样进行具体批判的，请看我的打捞教材，请看我的新书《中国谁在不高兴》。如此这般……

路人看到这里才明白，原来这个家伙借沟里人说事，在卖狗皮膏药，纷纷侧身走人。有半信半疑的，有骂骂咧咧大呼上当的。当然，总还会有留下来的脑残们，要买两帖回家。

（摘自半山坡《廖保平就是一站街女》）

二十二　廖保平：一头猪和狗的杂交物

所谓“愤青”们如果有条件反射的话，那不是谁教育的，是他们爱国情怀的自然表达；而廖保平，你这个吃过肉就不再吃粮食的狗，对于广大青年的行为，感觉就像挖了你家主子的祖坟一样，才是被谁培养了政治上的条件反射。

那么你的条件反射是谁培养的呢？当然是你的主子。就比如，主人啾一下，扔块鸡屁股，你这只狗吃了，感觉很爽。于是，下次你的主子欺负了别人，如果别人胆敢瞪一下眼睛，你就条件反射地狂吠了。

我们小百姓，大事管不了，平日里只能管些自己的事儿。比如，我买牙膏，可以选牌子。选买什么不买什么，也应该是基本人权之一吧？我们作为国家的一个公民，当有某些人、某些势力、某些外国政客干预我们的内政，甚至企图分裂我们的国家，使她重新陷入分裂、战争的时候，我们是可以做一个自我判断的——判断谁是好人，谁是坏人。在这种情况下，即使我们上不了国际外交的谈判桌，私下里用自己的方式表达一下意见，应该没有越权吧？至于我愤怒时间的长短，也是根据我自己的心情决定的，与廖先生向干？

人与人之间的交往，不可能不产生矛盾。有人欺负了我，如果不道歉，我当然就要愤怒；如果对方道歉了，我就心平气和了，朋友可以照做。过去得罪我的我过去跟他急，现在得罪我的我现在跟他急。得罪我的时候我急，道歉了便了，谁要记一辈子？当然真有人一辈子跟我过不去，我要是一辈子不跟他急，我还是个男人吗？百姓之交如此，大国之交无异。

（摘自 ningshi001《廖保平：一头猪和狗的杂交物》

二十三 《廖氏愤青教材》实在有欠厚道

我的第一感觉是廖保平的文笔如风卷残云，把“愤青”剥得赤裸裸的，片甲不留，露出了本质：“一群不明真相的人”，“成事不足败事有余”，“是一群变色龙”。结果是愤青“标示着中国文明的倒退”，“一切愤青都是纸老虎”。这个语句中的隐含意是，愤青等于反动派。这就看出来作者在文末说的“愤青是‘团结的对象’，不是‘革命的对象’”很是虚伪，只是一个掩饰自己的伪装，等同于皇帝的新衣，自欺欺人而已。

廖保平在博客中的文题是《廖氏愤青教材》，以此施教于天下人，但文之犀利，实在缺少儒道风范。说风卷残云，只是不留情面；说一针见血，却是乱箭伤人，不分青红皂白，乱刺一通，以此标榜自己是个维护西方民主自由人权的斗士；说是“打捞”愤青，实是置之死地而后快。文中感觉不出大家的胸怀，感觉不出师长的温情，感觉不出同胞的血肉之情，反而高高在上，极尽讥讽、嘲弄、辱骂之能事：被填了的鸭，被关在猪圈里的猪，变色龙，纸老虎。说明白点，在作者的眼里，愤青已经不是人类，而是异类的动物。这实在有欠厚道！

（摘自幽山花语间〈廖氏愤青教材〉品读之惑》）

二十四　究竟是谁不高兴?

廖先生说，愤青们，你们不懂爱国！你们连自己的同胞都不爱，又何谈爱国？对此言论，笔者实在困惑至极。

第一个困惑，人们虽然应该热爱同胞，却也应该分为是什么样的同胞吧？诸如秦桧、汪精卫之流，贾似道、洪承畴之类，似乎也不是外国人，但是这些人，我们也要去爱？或者按照廖先生的说法应该尊重他们，给他们建立祠堂，高高供奉？这……似乎有点说不过去吧？九十年以前的那一场“五四”运动，爱国学生痛打章宗祥，火烧赵家楼，何等痛快，何等壮烈！不知在廖先生眼里，这算得上是误国否？

第二个困惑，廖保平先生大谈我们不爱同胞云云，我想知道，在廖先生的词典里，“同胞”这个词指的是您自己吗？廖保平先生既然身为“中国国际文学艺术家协会会员”，想来读过不少书，这种低级错误大抵上不会犯，那么 OK，廖先生说的这个同胞也就是指所有的炎黄子孙咯？但是笔者至今未发现我的愤青朋友们做出什么伤害人民群众的事情啊，更没有发现某地发生骚乱，汽车被砸，房屋被焚一类的报道。倒是廖先生，刚被指责了几句就坐不住了，赶紧跳出来大喊什么啊呀，你们不爱同胞！可笑，真是可笑，自己既然被骂，没有首先坐下来好好思索一下自己错在哪里，倒是先给我们扣上几顶大帽子，廖先生口口声声说愤青颇有“文革”暴徒遗风，其实我看倒是廖先生更适合回到“文革”年代罗织罪名，陷害忠良吧？

第三个困惑，廖先生之所以愤怒，是因为我们说了几句对您“不恭敬”的话，不知道廖先生是否思考过为什么我们对您不恭敬？假如没有，我倒是很乐意给您解释一下，去年，奥运圣火在法国传递时，火炬手公然遭到殴打，火炬被夺，这是什么？这是对中国人尊严的挑衅，也是对炎黄子孙的侮辱！在这种侮辱下，随便是哪个中国人都有权利表达愤怒！廖先生不抵制法国货，我们难道就不能表达愤怒了？如果你说我们不能，你写文章批评愤青又岂不是在表达你的愤怒？己欲立而立人，己欲达而达人，廖先生痴长几十年，居然连这么点道理都不懂？莫名其妙！三毛在她的《西风不识相》里说："我的同胞们所谓的没有原则地跟人和平相处，在我看来，就是懦弱。"廖先生不顾国家民族尊严，大喊不抵制法货，我看这才是大大的误国！

（摘自 DD 博士生《究竟是谁不高兴？——写给学界败类廖保平》）

二十五　粪青？奋青？

要说愤青，还真不是三言两语能够说得清的，但若要定义这一群愤怒青年，想自鸣得意地写个什么《廖氏愤青教材》，愤青的基本分支得要说明白才行吧？

愤怒青年，简言之，有愤怒，有情绪上的不满，才能称之为愤青吧？即使在网络上，人们对愤青这个群体至少可以分出两个支派：粪青、奋青。提到这两个词，应该有所感悟了吧？

的确，许多所谓愤青，遇到社会问题，以及国际问题，一律不问青红皂白，上来就是扣帽子、辱骂，满嘴跑着生殖器、排泄物，判断是非不依靠理智，仅凭好恶，就算自己高举着爱国主义这块大牌子，却从不顾惜人民利益、国家利益，听风就是雨、不管谣言还是真相，听啥信啥，什么都是自家的好，别人的都是垃圾，……这类人，愤怒是够愤怒了，举着的招牌也是够拉风的了，但，不过是一群成事不足败事有余的家伙。廖保平先生说的，大部分是这些。

再说奋青。奋青们愤怒什么？他愤怒国不富、民不强、社会不公平、人权无保障！但是，愤怒归愤怒，他绝不失去理智，他知道这所有的问题，仅靠愤怒、发泄是无济于事的，所以他奋斗，他深思，他行动。他知道偏远山区学子求学无门，于是他不仅自己捐款捐书，他还发动大家一起为孩子们捐款捐书；他看到暂住证害死大学生，于是怒而扼腕、怒而长啸，整个社会群起响应，暂住证终于逐步退出历史舞台；他看到灾民居无所、食无羹，他放下手中的工作，手缠黄丝带、驱车数万里，将大米、帐篷送往蜀中；……愤怒，是他奋斗的动力，奋斗，是他归于平静的途径。他愤怒而不失去理智，理智，却绝不代表明哲保身。他从秦末喊出“王侯将相宁有种乎”，到大宋啸傲“西北望射天狼”，至清末高呼“驱除鞑虏光复中华”，再后来红红火火的“打土豪分田地”，——试问：这里面哪一件是你那“要么傻兮兮地看，要么拿着白馒头去蘸这些‘汉奸’的人血”的木讷行尸们干的？

（摘自左擎苍《回复〈廖氏愤青教材〉》）

二十六　我来为愤青辩护

首先说明我并不是什么愤青，有些不同意见看法不吐不快，我要说的是大家（廖保平）为什么轻易对一个人或一个群体下定义，简单的说，大家对愤青的理解是，过于感性没有理性的人，不会认真思考问题的人，只说话不办事的人，说太多其实都是废话，这几句可以概括了吧。那么我要请教了。

首先，义和团和愤青有可比性么？我想知道他们的共同点在哪？如果硬要拿义和团来说愤青是合理的，我是否可以拿曾经抵抗侵略流血牺牲的那千百万英烈来说事？那些战士很多连字都不认识，我想这应该不算是知识分子吧。

我的老家有位抗美援朝老兵，不认识字不会说普通话，除了一身枪伤一间破房什么都没有。记者问到他为什么会上前线，他只说了一句毛主席让打哪就打哪，反正听毛主席的没有错。他甚至都不懂得一场战争的真正原因和意义，在他眼里开始当兵就是混口饭吃，有口饭吃长官让打哪就打哪，当兵就是单纯的拿枪拼命，就是这种人给我们打下的天下，我说起这位老兵并不是要突出他，在那个年代几乎都是这样的吧。

我不是要说这就是愤青的代表，只是告诉楼主拿义和团来说事是不合理的，不同的年代，不同的处境，不同的经历，人会做出不同的选择，这是最简单的道理，各位不会不明白吧？你能拿一百年前的人来说事，我怎么不能拿五十年前的人说呢？如果你认定你说的义和团没有错，那你也不能否认我的说法是错误的，你觉得你那说法有根据，我这说法也不是没根据，你推翻我的前提就得先推翻你自己。看待问题不但需要客观理智，起码还要和现实相结合吧。

（摘自鐵洫豪情《我来为愤青辩护》）

二十七　廖保平一听人说“爱国”就感到恶心

廖保平的话出自他发表在2009年3月27日《中国青年报》上的《打着高尚的旗号作践权利》一文，括号部分是我的评论。

孔夫子讲过：己所不欲，勿施于人——自己不愿做的事，就不要强迫别人去做。这是做人最基本的要求，自己拒毒品于千里之外，却教唆别人去吸毒，那是包藏祸心。

（廖保平居然用吸毒来比喻爱国，可见他骨子里对于爱国是多么地痛恨！）

如果人们总能“勿施于人”，世界倒也太平。世界之不太平，很多时候是“己有所欲，强施于人”。自己喜欢做的事情，别人不喜欢，就强人所难，矛盾就来了。生活之中，这样的事情很多，最近发生的“武大学子怒斥和服母女”就是其中一例。

（在廖保平看来，让人爱国是强人所难，是不道德的。由此可见，廖保平心中的道德是什么？——是不爱国，他认为不爱国是他的权利和自由，是他的道德。他并不会感到不爱国是不道德的。）

之所以“己有所欲，强施于人”，因为“强施”者常觉得自己是一片好心，而此时背后还有众多的支持者，就更增加了“强施”的勇气和戾气。所以，校园学生面对社会上的人，也敢义正词严地警告——“不要穿和服在武大拍照!”

（廖保平的汉奸奴气不是一般的重。难道武大的学生阻止校外的人违反校规，反倒是不道德不应该的事？还“戾气”？用这个词，说明廖保平骨子里仇恨爱国的人。）

倘若觉得自己喜欢的（如偶像）、热爱的（如国家）比什么都重要，自己仇恨的（如日本）、抵制的（如洋货）比什么都可恶，就更有了强迫的理由，别人不“合作”，不“配合”，“简直不是中国人”。不管用辱骂泼粪、出手打人之类的手段来“强施”都合情合理，至于对方的个人趣味、审美选择等于国无损的权利，皆不在考虑之例。

（请问廖汉奸：一个中国人选择日本的象征来臭美，也能叫于国无损吗？难道非得这个中国人勾引日本人再侵略中国一次，才能叫于国有损？我看廖汉奸你是贱到家了。）

正是基于这样一种心理，狂热的爱国者仇日，一并连和服日货也仇视了，并且因为这种仇恨被视为“政治正确”和道德优越，而强求别人也一起仇日。如果人家不仇日，或者虽然仇日，但还是穿日本服，用日本货，吃日本食，看日本片，就用强迫性、攻击性的语言和行为来对待，像“不要穿和服”的劝告，已经相当温和了。

（抵制个日货，就叫狂热？那日本人杀三千万中国人，该叫什么？叫“热狂”？作为一个中国人不仇日，那真就不配做一个真正的中国人，而只能是一个被阉割过的太监。）

一个人认定的东西可能是事实正确的，也可能是目的高尚的，但因为强迫就可能让其行为变成错误的、可耻的，自诩高尚的人也可能变成极端无耻的人。历史上，无数的人祸，往往是某些人打着高尚的旗号，号令强行、作践公众权利的恶果。

（廖汉奸为了推行他的洋奴理论，不惜偷换概念蒙骗读者。有人借着高尚之名干过坏事，就能证明所有高尚的主张都一定是邪恶卑鄙的？这是什么垃圾理论？恐怕除了洋奴，有骨气的人是不会这么思考问题的。）

因此，不懂得尊重别人的自由权利，甚至因强制而剥夺别人的自由权利，无论多么高尚的借口，都值得怀疑。理由是，再高尚的目标也要以人为出发点和落脚点。如果我们爱国，就要爱那并非恶意的、穿了和服的母女，就应该尊重她们穿和服的自由与权利。否则，强迫的行为可以理解为践踏自由权利的恶行。

（廖汉奸那么喜欢讲自由民主，就没有和你的洋主子学过，自由民主是有限度的吗？不伤害别人自由的自由才是真自由，汉奸要投敌也能称其为自由的选择吗？莫非在廖汉奸的眼里，就连投降敌人，也是追求自由的高尚品德吗？）

有些人说，武大有规定不准在樱花园穿和服拍照，我不知道是否有这一规定，这一规定是否有法律的依据，根据“法（法律非一般规定）无禁止即许可”，武大能不能禁止别人穿和服有待商榷。如若武大的规定站不住脚，恐怕就不能以此为理由来伤害他人的自由权利；如若站得住脚，也有“己有所欲，强施于人”之嫌。

（这叫什么理论？婊子加强盗的理论！你廖汉奸要觉得武大的规定违法了，你就去告武大，给你的洋主子出气。你要是告不倒武大，人家就有权力做出这样的规定。武大是中国人的武大，岂能按照你们一般汉奸的思路，事事照顾你们外国主子的和你等洋狗的感受？法律之下，社会之上还有各种各样的规定，岂能“法律不禁止就可以随便干”的婊子思路肆虐？法律还没有禁止你和狗性交，你也会去？武大的规定，只是限制在自己的校园之内，怎么谈得上“己有所欲，强施于人”？人家站得住脚你还给赔一个不是，要怎样才能合你汉奸的意？恐怕只有完全按照你们汉奸的主张，全体武大学生高呼天皇万岁、立志建立大东亚共荣圈，你才满意吧？要说强施于人，确实是有的。不过不是武大，而是那时丧失了人格的贼母女，她们怎么不在自己家里行使自由，偏偏要到人家规定禁止的校园里来出丑露乖?)

对于中国人而言，爱国经常是不怎么需要多说就知晓的，学会如何尊重他人的自由和权利却有很多课要补。爱国时，我们以尊重他人的自由权利为前提，不粗暴强行越界，那么，爱国就会变得理性可爱起来，而不会像现在这样，用践踏同胞的自由权利来换取攻击假想之敌的爱国口号。

（对于洋奴和汉奸一类人，你们最拿手的，就是把群众朴素的爱国情怀和言行，粗暴地斥责为“狭隘、极端、愤青、不理性”。实际上，你们这是一种无耻的话语霸权。就像是太监指责正常男人不理性一样，你们这样的言论只能说明，你们是精神被阉割了的伪男人。你们把自由看得比一切都重，甚至可以超越叛国的界限。在你们眼里，出卖国家是追求个人幸福，是不可以指责的自由。但是出卖国家，必定要损害其他人的自由和幸福。所以说，你们这些汉奸洋奴伪精英们，个顶个都是虚伪的东西。哦，不对，不是东西!)

（摘自刘海天《廖保平一听人说“爱国”就感到恶心》）

二十八　痛批廖保平先生的丑恶嘴脸

首先我想说明的是，我用了“廖保平先生”这五个字，廖保平先生不要真以为我比你小，其实我足以做你的老师。作为1999年毕业于北京师范大学中文系的廖先生应该知道，在汉语中“先生”一词是可以用来称呼成年男性的，与年龄、辈分无关，关于这一点，我想用不着我来教你了吧。

2008年5月19日，我在AC四月青年网站的“四月杂谈”上发表了《谈“中国GDP年内超过日本”》一帖，想不到，前些日子用百度搜索，发现廖先生竟然把我的帖子收藏在他的日志里了，名曰“且看愤青是如何驳斥我的（18）”（2009年6月14日，廖保平网易博客）。我只是随手一帖，谈一下看法，口口声声“自由”的廖先生，应该是允许的吧。意想不到的是廖先生对我这么个随手涂鸦谈想法的帖子如此看重，作为“有力的案例”、“呈堂供词”，归类收藏，并赠送鄙人一顶时下流行的“时尚”的“愤青”帽子，鄙人深感“荣幸之至”！鄙人也只是在AC四月青年网站的“四月杂谈”上发表了那么一次，廖先生却在他自己各网站的博客中广为传播，鄙人还得感谢廖先生煞费苦心的为我的帖子作免费宣传广告，真是辛苦了！

我看来看去，廖先生对我的《谈“中国GDP年内超过日本”》一帖并没有提出任何异议。不知道廖先生是没有理由还是没有能耐反驳。我也实在不明白廖先生的过度反应。当然，我十分欢迎廖先生反驳，我绝对给予廖先生充分的言论自由，决不会像廖先生那样没说个道道，就乱扣帽子。我反对廖先生没理找理的东拉西扯、牵强附会的扯淡，甚至信口雌黄、毫无根据的乱扣帽子，这样也是贬低了廖先生自己的人格。要明确告诉廖先生，如果你没理找理的东拉西扯，牵强附会、捕风捉影的乱扣帽子，我决不会怕你！古人云：“理胜者为强。”如果你廖保平只会张冠李戴、移花接木，毫无根据的乱说一气，没有道理还在那里强词夺理，呵呵！廖先生，那在我看来，你这所谓的“网络三剑客”只不过是花拳绣腿的空架子，徒有虚名！像你这样的也敢称“剑客”，只是在装腔作势罢了！还是借用荷兰文学家伊拉斯谟的那句名言，赠送给廖先生：“越是一文不值的人越是装腔作势。”

看来对“中国GDP年内超过日本”的问题，也没有什么可谈的了。我只是提醒廖先生，年纪轻轻的，你对中国的科技和工业方面问题的认识还十分的浅薄，你确实“未经风雨，未见世面”，不要光凭自己的想象就开口“虚胖”，而且你也并没有“消肿”的能耐，还是谦虚点为好。这不是我倚老卖老，可以告诉你廖先生，我摸机器手柄的时候，你廖保平可能还穿着开裆裤满街跑呢！问一下廖先生，你去过多少家工厂？跑过多少所科研机构？你了解多少条生产线？你对中外设备又知道多少？在这方面，我可以毫不客气的告诉你，我走过的桥比你廖保平走过的路还多！不是看不起你廖保平，你可能连个简单的科学技术上的专业名称都说不清楚，更不要说结构原理。对国外的技术，就是放在你面前，咱就不和你谈如何去制造，你能看懂多少？你又能理解多少？你又如何去提高中国GDP的含金量？说实在的，在提高中国GDP含金量方面，我确实比你有能耐得多，这根本不需要客气的。

当然，我这么说廖先生，可能未必肯服气！那好，廖先生能不能给个联系方式，请廖先生上我单位来，我当面向廖先生“汇报”一下我这一生的工作情况和成果，看看有哪些是居世界前列的，有哪些是世界首创的。以前的专家评审全不算数，就请你廖先生来评判一下这些成果究竟含金，还是含银、铜、铁？甚至是只含泥沙一文不值，纯粹“虚胖”？怎么样呀？或者我在参加技术审定会的时候，也请廖先生参加，请廖先生在会上公开一下他的“镀金秘籍”，提高提高中国GDP的含金量，解决中国GDP“虚胖”问题。廖先生，常言道：“光说不练假把势”，你有多大的能耐，不要只会扯着嗓子在网上瞎嚷嚷，能不能在实际工作中亮一亮呢？让与会的技术专家和企业家评论一下，看看究竟谁的可行。呵呵！廖先生，有没有胆量呀？不要表面上气壮如牛，实际上胆小如鼠，到时候以“没有那么多的时间”、“见谅”等借口逃避，成了个缩头乌龟！

既然廖先生已经把俺（凡是认为我是“未经风雨，未见世面”、“没文化又不爱学习还自以为是”的，我一律用老土的“俺”自称，以抬举像廖先生这样自认为“有知识”、“有文化”、“有头脑”，自认为“经风雨，见世面”的东西，下面一律用“俺”自称）“严格的打捞”为他认为“未经风雨，未见世面”、“没文化又不爱学习还自以为是”的“愤青”，那咱就来谈谈关于“愤青”的话题。俺想，俺怎么就对中国GDP“虚胖”问题没你廖先生“经风雨，见世面”呢？俺又是怎么个“未经风雨，未见世面”，“没文化又不爱学习还自以为是”？是不是请你廖保平先生给俺个启发？

廖先生，俺已经看过你不少文章，看到你口口声声主张着“自由”。请教一下，难道这世界上只有你廖保平发表言论的自由，就不允许别人有不同意甚至反对你看法的自由吗？廖先生，你这样的“自由”让俺十分费解！凭什么别人说你愤青是“莫须有”，你说别人愤青就“肯定有”？你未免也太有才、太伟大点了吧！呵呵！廖先生，把你自己说过的话还给你扇你的耳光：可惜，现在不让人随便干违法的事，否则，你廖先生对我们这些不同意你看法的人会格杀勿论的吧！

既然廖先生已经把俺“严格的打捞”成他所定义的愤青，那么俺就要问廖先生了，你是如何知道俺“把祖国、国家、民族、党、政府等概念混作一团”的呢？你究竟有真凭实据，还是信口胡言？

关于“爱国”及“祖国、国家、民族、党、政府”等概念，俺在2008年5月4日发表的《也谈“愤青”》一文中已经说过，不知道廖先生是否看过？当然，如果俺的观点存在错误，十分欢迎廖先生驳斥甚至批判，俺肯定给予廖先生充分的自由，决不会像廖先生那样乱扣帽子！那样专制！那样扯淡！

俺在俺的《也谈“愤青”》一文中明明白白写着：

我们看到有些人，甚至是某些学者、媒体，搬出伟人或名人名言，不顾说话者的用意和背景，作为砖头砸向民众，企图扑灭广大民众热爱祖国的热情！有些人在混淆“祖国”的概念，把“祖国”和“社会制度”、“当局者”混淆起来，甚至把“祖国”和社会弊端混淆起来，把民众的爱国热情说成是维护“专制”，甚至说成是“支持腐败”，简直就是一派胡言！我们所说的“爱国”，不可能只爱“今天”的祖国，而不爱“昨天”的祖国、“前天”的祖国；也不能因为“昨天”的祖国是封建社会，“前天”的祖国是奴隶社会，我们的热爱祖国就变成为维护封建制度，维护奴隶制度了，这样的说法是极其荒谬的！是极端无知的！试问，辛亥革命推翻满清封建统治是不是爱国呢？答案是肯定的，因此，爱国是与社会制度无关的，与当局者无关的，也决不因为政府的表现来取决我们爱国的态度。恰恰是那些提出荒谬论点的人们，把祖国看做是当局者的私人财产，而不是将祖国看做是全体人民的，他们的“爱国”观念仅仅是为了维护极小部分人的利益，而不是为了维护全体人民的利益。所以他们歪曲“爱国主义”，侮辱民众的爱国热情，目的就是为了他们的一己私利，他们也决不可能维护最广大人民的利益！他们的所谓“理性”，他们的花言巧语，只是种障眼法而已！他们的“爱国主义”，才是无赖最后的避难所！

反观廖先生一伙，不正是这样吗？凡一听到“爱国”两字，便会像触痛到他们的哪根神经那样蹦达起来，一跳足有十来丈高！唾沫飞溅地表现一番，比掘了他们的祖坟还难受！帽子、棍子漫天飞舞！毫无根据地认为别人是“爱当局者”，是维护“专制”，责问别人“你爱的国究竟是一个什么样的国”，甚至把别人说成是维护“既得利益者的利益”，“支持腐败”等等，这样的言行，网络上还少吗?!! 廖先生，你们的所作所为是不是这样呀？俺应该没说错吧！

廖先生，从你的“你爱的国究竟是一个什么样的国”这句来看，是你“把祖国、国家、民族、党、政府等概念混作一团”了。伏尔泰曾经说过：“我们必须爱我们的国家，即使它对待我们并不公正。”廖先生，像俺这么个“没文化又不爱学习还自以为是”的人都知道伏尔泰的这句话，想必廖先生不会不知道吧。既然这样，俺想，廖先生你没有理由以国家的制度不够完善、民生多艰、还存在社会弊端等，去号召人们不爱国吧。

廖先生，俺从来没有强迫任何人爱国。但是，俺要提醒你的是，既然你说爱国是“一个自由的问题，”那么别人爱国完全应该是别人的自由！你就没有任何理由反对，去责问别人“你爱的国究竟是一个什么样的国”，更没有任何理由捕风捉影的去污蔑！否则，你就是对他人自由的侵犯，就是对“自由”的践踏，你根本就没有资格谈自由！

廖先生，你把不同意你看法的人随意扣上“愤青”的帽子，按照你定义的那样去认为，你不是也喜欢“一个只有（一）种声音的国”（这里廖先生漏了个字，俺添上去了，应该没添错吧），你不也是“恨不得扒一个说了一点不同意见的同胞的皮，争食其肉的人，像暴徒一样，带着‘文革’遗风，真的很令人恐怖”？请教廖先生，你凭什么就可以为所欲为？呵呵！廖先生，你也“真是太有才了，你的才气令人敬仰如滔滔江水”！

不过，俺要告诉廖先生的是，俺对“爱国”的理解，和你廖保平的并不一样。俺认为：爱国不仅是一个自由的问题，更是一种道德问题。国家作为一个特定人群、特定形式组成的社会共同体，其中的每一个成员，都应兢兢业业的付出自己的努力，并都有权利享受相应的劳动成果，而不应该好逸恶劳、坐享其成，这就是俺所理解的“爱国”。任何好逸恶劳、坐享其成，都是非道德的，不允许的，都应当受到社会道德伦理的限制。

这里，俺同样也引用美国著名心理学家埃里希·弗洛姆在他《逃避自由》中的一段话：“我们必须区分两种不同的破坏倾向。一种是由特殊形势引发的，是在自己或同道的生命或尊严受到侵犯，或是他信奉的理想遭到攻击时的反击。这种破坏性是自然的，是人们肯定生命而采取的必要措施。”来说明2008年春夏之际抵制法国货的问题。俺始终认为，中国民众有表达自己愿望和情绪的权利和自由！而且，中国民众在自己的情感和尊严受到侵犯时，引发的反击是自然的、必要的、无可争议的！任何人没有任何理由，也没有任何权力剥夺中国民众反击的权利。

廖先生的论点是荒谬的。他认为“你在国内有了抵制的权利，你在国际舞台上的抵制才真正有意义。”那么我们来看抗日战争是不是应该进行呢？那时候，中国内战的战火纷飞，国共两党正拼得你死我活，各派系的军阀也不断的摩擦争斗，“你在国内有了争取和平的权利，你在国际舞台上的抵御侵略、争取和平才真正有意义。”按照廖先生的逻辑，我们不应该进行抗日战争，我们应该心甘情愿的当亡国奴！廖先生，是不是这样呀?!！显然，这位廖先生把国家利益和个人利益混作一团了。古人云：“不以私爱害公义。”俺不反对保护私权，限制公权，俺同时反对滥用私权和公权。在这里，俺明确表示反对和谴责任何由于私权没有得到满足而不顾国家、民族、集体利益的行径。请廖先生不要忘记，《中华人民共和国宪法》第三十三条第四款规定：“任何公民享有宪法和法律规定的权利，同时必须履行宪法和法律规定的义务”；第五十四条规定：“中华人民共和国公民有维护祖国的安全、荣誉和利益的义务”。俺提醒廖先生，在你主张自己权利的时候，请不要忘记自己应尽的义务！这就是社会公德所在。当然，俺要告诉廖先生，虽然俺没有权力和权利强迫廖先生履行自己应尽的义务，但是，俺有鄙视和谴责廖先生不尽义务言行的自由和权利。

廖先生，俺十分认真的、虚心的拜读了你的大作《廖氏愤青教材》。可俺有几个问题想请教你廖先生，也望你在百忙之中能给予回答。

廖先生凭什么认为俺“盲于世界”？那好，廖先生有没有胆量和俺论一论世界科技的历史、现状和发展？俺想，这对提高中国 GDP 的含金量应该有好处的吧。当然，俺知道廖先生是学文学的，俺可以不为难你，不谈世界科技的历史、现状和发展，就是谈苏格拉底、柏拉图、亚里士多德、康德、黑格尔、尼采、伏尔泰、歌德、莎士比亚、巴尔扎克、雨果、大仲马、司汤达、培根、乔托、米开朗琪罗、达·芬奇、拉斐尔、毕加索、巴赫、海顿、贝多芬、莫扎特、肖邦、华盛顿、林肯、拿破仑、罗斯福、孟德斯鸠、卢梭、贡斯当、托克维尔、伯林、亨廷顿、哈耶克、罗尔斯、萨托利等等等等，你廖先生就那么自信能胜过俺这么个“未经风雨，未见世面”、“没文化又不爱学习还自以为是”的？呵呵！廖先生，你没试过也未免太自信点了吧！廖先生，你不会也在学“凤姐”，是个有病的人（精神病人），是个可怜虫吧。

廖先生凭什么认为俺“聋于周边”？请教廖先生，俺何时有理由的在为房奴、讨薪、自杀等等辩护美化？证据何在？在《中国谁在不高兴》一书中，你们声称和咱这样“没文化又不爱学习还自以为是”的区别是，你们只相信证据和逻辑。那好，请你把证据拿出来吧！不会在你们的概念里，是否是愤青也是不需要证据的——只要认定是愤青，就是愤青，随手打捞上来便是的吧？

廖先生凭什么认为俺“昧于良知”？请教廖先生，俺哪里为朝鲜核爆喝过彩？哪里为黑心老板矿主贴过金？哪里忍心说过莺莺该死？说话要有证据！不是可以任由你廖保平信口开河、胡说八道，血口喷人的！从这里已经证明，你廖先生一伙所谓的“民主”、“自由”和“人权”，全是些骗人的谎话！在金灿灿的所谓“普世价值”大旗包裹下，只不过尽是些独裁、专制、蛮横和暴虐的丑恶嘴脸！

廖先生凭什么认为俺“奴入骨髓”？廖先生，从你们的言行完全可以证明，你们只许自己一家之言的“民主”及“自由”，不允许别人反对，有不同看法就被毫无理由的“捞愤”，确确实实是假民主、假自由。如果廖先生想考究俺什么是真民主，尽管俺不是 CP，但俺可以明确的告诉你，俺认为只有当国家、阶级、政党、货币等消灭后，权力受到极大的限制，不出现像廖先生这样天天坐在那里嚷嚷着私权，人们的觉悟和文明程度空前提高，各尽所能，按需分配，这样的社会才是真民主社会，这就是俺推出的真民主的观点方案。当然，俺要告诉廖先生的是，人们的觉悟和文明程度的提高是不会一朝一夕实现的，这样的真民主社会也不可能是一朝一夕建立的。而且，俺还要明确的告诉廖先生，俺并没有为建立这样的社会宣过誓，没有为之奋斗的义务，请千万不要为难俺。

廖先生凭什么认为俺“淫在深喉”？在俺看来，你廖先生的深喉，不也是经常能发淫声，作淫腔，知道何时放言，何时沉默，何时该吐，何时该吞的吗？比如对内时该吐，遇外国欺凌时该吞。这一好深喉，这一好口条，真是嗜痈舔痔、吞阴吐阳的好工具，有神鬼莫测之机，风云变幻之功，浸泡了千年奴颜婢膝之毒，此粪能不寒气逼人、惊艳世界乎？而且还振振有辞，泼粪于他人，白痴、弱智、愚民、暴民、无知、无耻、无畏、小屁孩、意淫癖、爱国贼、社会下层、网络流氓、投机做秀分子等等，正可谓五花八门、无毒不有，旷世绝伦乎？

呵呵！廖先生，在网络上俺跟像你这样的一伙论争时，每当他们被驳斥的哑口无言时，他们也会像你这样无凭无据拿出“白痴”、“弱智”、“愚民”、“暴民”、“无知”、“无耻”、“无畏”、“小屁孩”、“意淫癖”、“爱国贼”、“社会下层”、“网络流氓”、“投机做秀分子”等等朝俺身上泼粪。俺只问他们一句：像俺这样的“白痴”、“弱智”、“愚民”、“暴民”、“无知”、“无耻”、“无畏”、“小屁孩”、“意淫癖”、“爱国贼”、“社会下层”、“网络流氓”、“投机做秀分子”你们也说不过，你们又算个什么东西呢？俺已经找不出任何属于人类的词汇来形容你们了，那么凡属于人类的都知道，畜生的“话”是不能当真的，只有畜生才会把自己“说”的当成真的在满世界的乱叫，这是个常识。当然，俺决不自以为是。如果廖先生能够像你们所说的那样，只相信证据和逻辑（请注意是并连的，不是可选择的），用俺的行为证明俺确实如此，俺无话可说。如果廖先生也无法证明俺确实如此，那么也请廖先生在百忙中千万抽空解释一下你廖保平算个什么东西，以解俺这么多年来的困惑。

呵呵！廖先生，俺注意到了你在“教材”中的那个比喻。你廖先生根据猪的逻辑说明一头猪被关在猪圈里，觉得猪圈是一个好地方，不懂得外面的世界多精彩，不愿意出圈。可俺告诉你这是你廖先生猪的逻辑，当然，现代科学已经证明猪也有思维，但人类的逻辑和思维不是这样的。人类的逻辑认为，即使有头猪跑出了猪圈，看到了外面的世界多精彩，它也无法理解精彩与丑陋。适应与不适。人类的思维可以理解并灵活运用各种知识，审势适变，具有创造能力，即使没有看到、没有听说，也能创造出来。可猪不会，它的意识只是条件反射，只会模仿，不会理解、辨别、判断、运用、创造。比如有些东西把“西方的民主自由人权”（廖保平原话）当作“普世”的价值死搬硬套的拿来，不顾中国的情况硬要削足适履，这就是只会模仿的猪的逻辑。又比如，有些东西不顾历史和社会的变迁，把晚清时期及鲁迅、林语堂对当时社会的评价照搬到当今社会，这就是条件反射的猪的意识。再比如美国思想家塞缪尔·约翰逊有句名言“爱国主义是无赖最后的避难所”。这句话其实美国学者格莱斯尔已经解释的很清楚了：“塞缪尔·约翰逊有一名言‘爱国主义是无赖最后的避难所’。当然，他这里说的‘爱国主义’指的不是一个公民对祖国的赤诚无私的热爱，而是当政者历来惯用的、那种名为爱国实为己利的‘爱国主义’。”凡属于人类的都能理解塞缪尔·约翰逊那句名言的意思，正确的区分两种不同的“爱国主义”，并将正确的“爱国主义”作为道德规范和自己的义务落实于自己的行为；可属于猪等畜类的就无法理解了，把所有的“爱国主义”都看做是“无赖最后的避难所”，把一个公民对祖国的赤诚无私的热爱也看作是“无赖行为”，这在人类的思维和逻辑上都是无法解释通的。这就是人类和畜类的区别。当然，俺无法像廖先生那样去体会到猪跑到圈外懂得了外面的世界多精彩，会对社会、政治、外在的世界一知全解。因为俺还知道自己属于人类，不会像猪那样去体会猪的感受；因为俺知道苏格拉底的那句名言：“智慧意味着自知无知”，俺决不会像头猪那样只有条件反射就自以为什么都知道了。

廖先生，如果你的“教材”是泛指，谈社会现象，即使偏激，俺也不会理会你，那是你的自由。可你今天没有“伤及无辜”的将俺“严格的打捞”成你所定义的“愤青”，那你就成为了特指，“教材”内容就明白无误的指向俺，完全是毫无根据的对俺进行人身攻击，构成对俺的诽谤！俺就完全有理由讨个说法，你必须说个明白，对俺的名誉做出明确且合理的解释。廖先生，俺不得不郑重的提醒你，像俺这样被你们认为“未经风雨，未见世面”、“没文化又不爱学习还自以为是”的也知道：“自由就是指有权从事一切无害于他人的行为”。你们天天在那里口口声声地喊着“自由”，你也认为“没有自由，一切扯淡”，可你现在的言行已经超出了自由的范畴，已经成了对他人的名誉和尊严侵犯的行为。这样的行为不仅仅是扯淡，而且是无法容忍且不能允许的！廖先生，你可以不要名誉、人格、道德和尊严，甚至不属于人类，那都是你的自由，俺决没和你一切扯淡。但是，你没有权力要求别人和你一样不顾名誉、人格、道德和尊严。

廖先生说："在这个世界上，谁不搞自由民主，谁践踏人权，谁就会成为过街老鼠，人人喊打，管你是家事国事。"俺想请廖先生拿面镜子照照自己的嘴脸，你这样随意对不同意见的人进行恶意诽谤，你不也就是一副不搞自由民主，践踏人权的专制的模样？

廖先生，俺花了许多天业余时间学习并给你写帖子，并没有一分钱的报酬，也不会像你们那样拼凑成一本《中国谁在不高兴》的烂书去出卖灵魂和肉体的卖钱。俺是为了许多像俺这样平白无故地被你"严格地打捞"成"愤青"的讨个说法，请你不要诬陷栽赃。

呵呵！廖先生你所谓的"打捞愤青"，就是把和你不同意见的人毫无道理统统归入愤青，没头没脑扣别人一头屎盆子。这样恶劣的作风，和20世纪50年代的"反右"、60年代的"文革"，又有什么两样？呵呵！像你这样的东西，也配谈人格？也配谈人权？你早已把人格和人权践踏在脚底下了，还有什么"爱"可谈呢？更没有所谓"对人类的爱"可谈吧！廖先生，你洋洋洒洒的写了那么多帖子，可你忘记了两个字——羞耻!!! 你的脸皮也真够厚的!!!

廖先生，在俺这样"未经风雨，未见世面"的看来，你们这伙的所作所为和四十多年前的那些政治骗子、政治流氓又有什么两样呢？四十多年前那些政治骗子、政治流氓在自家门口挂了个"无产阶级司令部"的金字招牌，他们便成了"真理"的化身，便可以专横跋扈、为所欲为了，别人不能反对。否则就一定是"资产阶级司令部"的，必定是站错了队，走错了路，制造出许许多多的冤假错案，甚至是格杀勿论！今天，你们这伙不也是这样吗？在自家门口挂上了个"'普世价值'司令部"的金字招牌，你们就可以专横跋扈、为所欲为了，别人也不能反对了。否则就一定是"反民主"、"反自由"、"反人权"。俺真弄不明白！廖先生，为什么你们凭块"'普世价值'司令部"的招牌就变成了"基督耶稣"，就是在替"上帝"传播"真理"了呢？你们的行为哪点是"民主"？哪点又是"自由"？又有哪些是"人权"的呢？你们只不过是在装腔作势罢了！你们只不过是将四十多年前那块"无产阶级司令部"的招牌，换成了"'普世价值'司令部"，将红色的旗帜换成红白蓝三色而已！俺看到的是你们更加的独裁、专制、蛮横和暴虐！你们想建立的，不就是四十多年前的"革命委员会"嘛！以上的事实充分证明，你们不就是一伙打着"民主"、"自由"、"人权"旗号的两面派，你们不就是一伙"文革"的余孽吗?!! 俺要提醒廖先生的是，不要以为你们在自己的门前挂个"雷音寺"的招牌，你们就能成了佛祖，你们只不过是群“小雷音寺”中的黄眉妖怪！

廖先生，今天的争论完全是你一手挑起的。廖先生，俺已经花了许多天时间拜读了你博客中的大作，呵呵！像你那些以道听途说、听风就是雨，甚至捕风捉影、以偏赅全、牵强附会、指鹿为马、张冠李戴、信口雌黄、血口喷人作为依据的文章，在俺的眼里，根本就是不堪一击的！俺奉劝一句，廖先生，年纪轻轻的，不要那么自以为是！不要以为打上个“民主”、“自由”的旗号，就是天然的正确了。当然，如果廖先生坚持那么认为，这是你的自由，俺没和你一起扯淡。可反驳甚至批判，那应该是俺的自由，是不是呢？请廖先生也不要和俺一起扯淡。

廖先生，俺期待你的回复。廖先生，你应该知道俺上面的文字中大量采用了你或《中国谁在不高兴》中曾经说过的话，请恕俺冒昧，未经同意就采用了，因为这就是一记记巴掌狠狠地扇在你的脸上。你可以视而不见，你也可以装聋作哑，甚至可以以种种理由狡辩或推脱，那都是你的自由，俺没和你一起扯淡。

哦！廖先生，拜托一件事，如果碰见周筱赟记者，请代俺请教一个俺无法明白的问题：可以“出示证据”证明的，也是“编造谎言”？周记者在《中国谁在不高兴》一文中声称和咱这样“没文化又不爱学习还自以为是”的区别是，他有理性，只相信证据和逻辑。俺完全应该相信周记者说得是真话，决不会说假话，周记者逻辑上决不会有问题。俺也决不“自以为是”，虚心请教了。请恕俺这点愚昧和无知，谢谢！

最后俺也得郑重声明：如有网友跟帖并不代表俺同意其说法或描述，跟帖是由网友自由上传表达看法，对于此类跟帖俺一概不为其承担任何责任，以防某些人借机作为栽赃诬陷的“呈堂供词”的依据。

（摘自白珉《痛批廖保平先生的丑恶嘴脸》，原题《致廖保平先生》）

后　　记

如果不是因为北京奥运会，如果不是因为那篇《对不起，我不抵制法国货》，我可能与愤青是两条平行线，永远不会相交。何况，我跟愤青无冤无仇，我没有任何必要去反愤青。

然而，这似乎是不可能的，依照我的思想发展下去，迟早要跟愤青闹别扭的。有时我想，当一个人与愤青还没有闹翻，或是分道扬镳的时候，他的思想是否真的成熟是值得怀疑的。

2008 年 12 月 6 日，法国总统萨科齐与达赖喇嘛见面，国内又掀起了一波抵制家乐福，抵制法国货的高潮。在全国一片狂热反法、反西方的时候，我写了一篇评论《对不起，我不抵制法国货》（12 月 7 日），并随手贴到自己的博客上。没有想到，这篇文章像是长了"飞毛腿"一样四处奔跑，到处乱窜，单是在我的腾讯博客上，就沸腾开了。当天浏览这篇文章就有 30 多万人次，留言多达 6 千多条。

12 月 9 日，《中国青年报》刊登了这篇文章，文章刊登后，很多可能不敢转载博客文章的，或是不转载博文的大网站迅即转载。一时间，这篇文章如捅了马蜂窝一般，在那个特殊的时期引起了广泛的争议。我匆匆浏览了一些转载网站的跟帖，发现自己被骂得狗血淋头，连祖宗十八代都被问候到了。这辈子该遭受的骂仿佛这一回领受完了。

有朋友担心我会不会因为这些言论而遭到打击报复，甚至担心我的工作会不会因此受影响，会不会有人请我去喝茶。我得承认，"力战群愤"阵子，我真有点心力交瘁的感觉，我还是第一次这样出头挑战那么庞大的一个群体，感受到了许多无形的压力，觉得特别孤单。

这次与愤青直接"过招"让我深刻认识到，中国病态民族主义不仅没有随着改革开放的深入而消减，反而随着国家实力的增强而大面积病发，愤青就是病态民族主义的急先锋。对这一股逆人类文明潮流的力量，不给予有力的批驳，倘若还被利用，谁说不会再来一场灾难？无论中国还是世界，极端病态民族主义祸国殃民的教训已然太深刻，稍有良知的中国人，都不可能坐视不管。

随后，我一鼓作气，写了《廖氏愤青教材》贴到博客上，同样在网络上广为传播，再次掀起反愤高潮，也再次遭到愤青的猛烈“围攻”。

2009 年 4 月下旬，叶楚华兄、周筱赟兄找到我，约我合写一本批驳《中国不高兴》的书《中国谁在不高兴》，我欣然应允。《中国谁在不高兴》一书主要是 PK《中国不高兴》，另一个重要作用，就是痛批愤青，大有向愤青开战之势。

回顾这一段反愤历程，我发现，痛批多于友好，打击多于挽救。而且我还发现，光是打击和痛批，只是破坏而无建设，作用力越大，反作用力也越大，愤青并不屈服。而在我眼里，愤青都是好孩子，我应该把他们当成病人而不是当成敌人，不能只打击，更应该“救救孩子”，把他们从病态民族主义的粪坑中打捞出来。而况，一个人忠实于真理，还是依顺于自己的情感，经常是一个艰难的选择，不是简单的痛批能解决的。

这不是我的独创，鲁迅早有实行，他在《〈三闲集〉序言》中说，“……你看，现在不是还有猴子吗？嗯，还有虫豸。我懂得青年也会变猴子，变虫豸，这是后来的事情。现在不再给人去补靴子了，不过我还是要多做些事情。只要我努力，他们变猴子和虫豸的机会总可以少一些，而且是应该少一些。”愤青就是可能或已经变成了猴子和虫豸的青年，只要我努力，也可以让他们变猴子和虫豸的机会少一些，变为人的机会多一些。

有媒体称我为“中国反愤斗士”，并非我喜欢，好像我跟愤青有血海深仇似的。其实没有，直到现在为止，除了辱骂与恐吓，愤青没有给我任何实质性伤害，而在反愤中，我学到更多东西。写这本书，虽然起了一个很吓人的书名，但是未必不是打捞我自己。不过，我倒是喜欢网友“神州鸟人”称我为“中国脑残粪粪们的外科医生”，也喜欢网友调侃地称我为“掏粪工”。这让我想起 19 世纪末 20 世纪初美国的“扒粪工”（muckrakers），他们是一大批记者和作家，到处挖掘美国各个角落的阴暗面，政府腐败、托拉斯非法垄断、假药和食品不卫生状况、使用童工和种族歧视等社会现象被他们一一揭露出来。这好比把这个国家肮脏的、丑陋的，如同粪便一样的东西晒到阳光下。美国能有今天的成就地位，一代一代的“扒粪工”功不可没。因此，我把“掏粪工”视为一枚光荣的勋章。

在我参与写作《中国谁在不高兴》之前，安徽出版集团驻上海办事处的徐风老师找到我，建议我把《廖氏愤青教材》扩展成一本书，由他们来出。后来因为一些原因，没有下文，但是我很感激他鼓励和催促我去写这本书，这是难得的外动力。

在这本书快写成形的时候，我给我的大学同学、北京磨铁图书公司总裁，“下半身”诗派的领袖、国内顶尖诗人沈浩波先生去电话，想要他来出这本书。沈浩波看了样文后，“觉得非常好，很有出版必要”，要我抓紧操作。在此，特别感谢老同学的鼎力支持，让这本书得以顺利面世。

我同时要感谢吴稼祥老师，一个无论立场、思想和文字，还是为人都让我欣赏的学者，我和他未曾谋面，我打电话请他给本书写序，他正在首都机场准备赶飞机去外地，他超乎我想象地爽快答应了，而且在电话里就给我定下了序言的题目，这位师长的热心爽快令我很感动。

还要感谢南京知名学者邵建，北京文史学者张耀杰，独立学者、时评家秋风，中山大学袁伟时教授，著名节目主持人梁文道，著名杂文家鄢烈山对本书的推荐（按姓氏笔画排序），他们的鼓励，使我坚定地去做这项工作。

当然，我不能不感谢我的妻子，我经常加班写稿到深夜，身心俱疲，形容憔悴，是她在生活上给我照顾，让我全身心地投入到写作之中去，在短时间内赶完书稿。

廖保平

2010 年 7 月 18 日凌晨写于武汉最热的时节